収縮経済下の
公共政策

編著

四方理人

宮﨑雅人

田中聡一郎

慶應義塾大学出版会

はしがき

　1990年代以降、日本は長期の経済停滞を経験してきた。1997年のアジア通貨危機、2008年のリーマンショックに端を発する経済危機は、通貨や株価に影響を与えただけではなく、失業率の上昇や財政赤字の拡大といった労働市場や政府財政に大きな爪痕を残した。また、2008年以降、日本の人口は減少し、今後も確実に人口が減少し続ける状況が続く。本書は、現状の日本を「収縮経済下」にあると考え、政策的な問題点を明らかにし、望ましい公共政策のあり方を模索することを目的としている。

　内閣府の国民経済計算によると、1994年に502兆円だった名目 GDP は2015年においても531兆円に留まっており、名目 GDP 成長率は年平均0.3% 以下まで停滞している。そして、明らかな家計所得の低下がみられる。総務省「全国消費実態調査」によると、2人以上世帯の平均年間収入が、1994年の783.7万円から2014年の635.2万円に大きく落ち込んだ。それだけではなく所得格差の程度を示すジニ係数は、1994年の0.297から 2014年の0.314まで上昇している。また、合計特殊出生率は、1990年の1.54から2005年の1.26 に低下し、2015年現在では1.45へやや持ち直しているものの、おおよそ2.1を下回ると人口が減少することになるため、今後確実に人口が縮小していく。それだけではなく、地方から東京圏への若年人口の流入が続き、地方の人口の減少と高齢化は深刻化し続けている。このような人口構造の変化は、東京と地方の経済格差を拡大させることになる。ストックに目を向けても空家率は、1993年の9.8％から2013年の13.5％に上昇し（総務省「住宅・土地統計調査」）、地方を中心に空家問題が深刻化している。

　このような社会・経済の変化は日本の財政・金融に大きな負担をかけている。金融政策は非伝統的金融政策へと大きく舵を切り、1991年には8％に達した短期金利（無担保コールレート翌日物）は1995年には1％を割って、2016年以降はマイナスとなるのが常態化している。財政構造も大きく変容しており、税収に関しては国と地方を合わせて1990年に96兆円（国民所得比18％）

であったものが、2009年には75兆円（同11％）まで落ち込み、その後は2015年には99兆円（同15％）まで回復している（財務省「租税及び印紙収入予算の説明」）。この間、国と地方の歳出純計額は1990年の124兆円から2015年には168兆円へと増加し、財政赤字の拡大に対応して国と地方の公債等の残高は233兆円から1,004兆円へと増大した（自治省・総務省「地方財政白書」等）。

　以上のように、日本経済と日本社会が「収縮」に向かっていることを背景とし、所得格差と貧困、人口減少と地方経済の衰退、社会保障の限界、財政・金融の運営の困難といった政策課題が表面化している。本書では、このような「収縮経済下」における政策的対応についてデータ分析、歴史分析および国際比較から実証的に考察を行っている。

　本書は、2部構成となっており、第1部「衰退する日本経済における格差と公共政策」では、近年の日本における、所得格差や貧困の拡大についての分析および財政と社会保障のあり方についての考察が行われる。第2部「グローバル経済下の金融と財政」では、ヨーロッパ、北アメリカ、中国における各国の財政・金融の制度変化の潮流について考察される。各章は、財政、金融、労働、医療、介護、環境と広範な研究領域にわたる若手研究者による独立した単著論文であるが、現代の社会問題に対する共通認識を持ち新たな政策課題を提示すると同時に現在の制度派経済学の研究成果が展望できる構成となっている。

　第1部「衰退する日本経済における格差と公共政策」
　第1章「世帯主年齢と本人年齢による所得格差の寄与度分解──格差拡大は人口高齢化によるものか？」（四方理人）は、所得格差についての分析を行っている。近年、所得格差が拡大しているが、多くの先行研究では、年齢構造の変化により所得格差拡大が引き起こされていると指摘され、人口高齢化による「みせかけ」であるといわれている。しかし、先行研究では分析に世帯主年齢が用いられているが、親と同居する未婚者は、世帯主として現れてこない。そこで、世帯主年齢ではなく本人年齢を用いて所得格差の寄与度分解を行うと、年齢構造の変化ではなく、同一年齢内の所得格差拡大により全体での所得格差拡大が引き起こされていることが明らかになる。
　第2章「変わりゆく持家社会・日本と家計──居住形態別貧困率と住宅費

負担率の推計」（田中聡一郎）は、近年現役世代の持家率が低下しつつあることを踏まえて、住宅費や住宅所有が家計に与える影響を検討したものである。そこで「全国消費実態調査」から住宅費負担や居住形態別の貧困を検討し、住宅費負担率の上昇傾向や民間賃貸に住む高齢者の貧困などが問題となっていることを示した。

　第3章「『平成の大合併』における市町村合併要因の分析」（宮﨑雅人）においては、市町村合併の要因について検証が行われる。分析の結果、町村においては、歳入に占める普通交付税の割合や経常収支比率が高いほど合併を行う確率が有意に高いことが明らかになった。また、特に人口3,000人未満の小規模町村において普通交付税の割合の高いところほど、さらに合併を行う確率は高いことも明らかになった。こうした結果は、財政的に厳しい町村が交付税の削減によって合併に追い込まれたことを示すものである。

　第4章「社会保険制度における規制緩和の危険性——介護保険制度における混合介護の議論を中心に」（結城康博）では、安易な介護保険制度における「混合介護の弾力化」は、競争原理を加速化させ、利用者である高齢者にとっても、社会保険財政においても問題であることを論じている。保険料や公費が主財源となっており、規制緩和が進めば、利用者の選択幅が拡がる反面、「供給が需要を生む」といった弊害を述べている。

　第5章「デフレーションの再検討——公的固定資本形成と政府最終消費支出を分離したVARモデルによる分析」（佐藤一光）は、公共事業の削減と社会保障費の自然増抑制という公共政策のあり方が、デフレーションを促進させた可能性について、VEC（Vector Error Collection）モデルを用いて分析している。持続的な物価下落の原因として、一般に需要不足の側面とマネタリーベースの拡大不足という金融政策の側面が指摘されてきた。しかし、本章の分析によれば、実質需要が増加しながら歳出抑制のために単価を引き下げる場合には、総需要の増加が物価の下落に繋がる可能性が示唆される。

　第6章「市町村国民健康保険の保険料収納率に関する分析」（大津唯）は、国民健康保険の収納率低下の要因分析を行っている。国民皆保険の中核を担ってきた市町村国民健康保険は、1990年代から2000年代初頭にかけて保険料の滞納問題が深刻化し、制度の持続可能性が危ぶまれる状況となった。2010年度以降は改善傾向にあるが、改善の要因を分析した結果、景気回復や保険

料軽減の効果は限定的であることが分かった。収納状況の目標値達成を強く求められている自治体が、保険料支払い能力の低い世帯から差押え等により厳しい保険料徴収を行っていることが懸念される。

第7章「資源利用における行財政の役割と過少利用の影響——温泉資源を事例に」（高柳友彦）は、温泉資源管理を歴史的に考察している。近代以降の温泉地では、温泉資源の効率的な利用を実現することで利用客数の増加に対応してきた。本章で事例に取り上げた静岡県熱海温泉では地方自治体である熱海市が温泉資源の所有・管理の担い手となり配給事業を行った。しかし、過剰に利用されていた温泉の利用が減少したことで、市営温泉事業の経営内容や存在意義が問われた。過少利用の下での配給事業は大きな岐路に立たされており、温泉地全体の資源管理の見直しが必要となった。

第2部「グローバル経済下の金融と財政」

第8章「新常態における中国の政府間財政関係」（徐一睿）では、中国の政府間財政関係について分析が行われる。政府間財政移転制度1994年の分税制改革以後、大きくその形が変化してきた。特に2006年に「和諧社会」論が提起されてから、かつての特定補助を中心とする移転システムから一般補助を中心とするシステムにその様子は大きく変わりつつある。しかし、一般補助を中心とするシステムに転換したとはいえ、中央政府の政策意図をしっかり補助金制度に嵌入し、ブロック補助金の様相を呈している。本章は中国の政府間財政移転システムに対する歴史的回顧をしながら、現在行われている移転システムにおける財政調整の効果について分析した。

第9章「『オランダモデル』形成期の財政・社会保障改革——ルベルス政権とコック政権の政策連続性に着目して」（島村玲雄）は、1982年から2002年における中道右派のルベルス政権、中道左派のコック政権による財政改革、社会保障改革がいかにして行われ、どのような性格のものであったのか、経済的、政治的背景から明らかにした。従来、オランダ病から経済回復を果たしたとして注目された「オランダモデル」においては、両政権で行われた財政再建策が重要な側面であり、両政権には政策的連続性が見られた。加えて、政労使協調のオランダモデルに対しては、「第三の道」としてみなされたコック政権が労使協調でなく政治主導によって社会保障改革を行ったことが成

果を挙げたということがわかった。

　第10章「デンマークの所得税制と児童手当——負担の公平性と課税方式の変化に着目して」（倉地真太郎）は、デンマークにおけるジェンダー平等化が進んだ所得税制と充実した児童手当という2つの制度的特徴が、どのような過程を経て形成されたのかを分析した。本章での分析により、児童手当の拡充・普遍化は、1970年に実施された部分的な個人単位課税化、1980年代に実施された移転的基礎控除と二元的所得税制の導入といった様々な制度改革を経て、世帯間の公平性を追求していった結果、実施されたということが明らかになった。

　第11章「アメリカにおける産業構造の変化と法人税向け租税支出の変遷——2000年代以降を中心に」（吉弘憲介）では、アメリカの租税政策が扱われる。1980年代末から世界各地で生じた産業構造の転換や、これに伴う労働・資本・企業活動の変化はドラスティックなものであった。本章では、産業構造の変化により、投資奨励政策である加速度減価償却が、国内の雇用や設備投資の回復に繋がらなくなっていることを量的に示している。さらに、このような効果の乏しい政策が存続し活用された理由として、議会内対立の小さな政策であったことを議会資料を元に明らかにしている。

　第12章「金融自由化、金融革新と金融不安定性——「制度の経済学」によるミンスキー理論の深化の可能性」（横川太郎）では、1980年代以降の金融自由化とそれに対応した規制体系の構築が深刻な金融危機に結びつく原因を明らかにするために、ハイマン・ミンスキーの金融不安定性仮説の制度論的側面を「制度の経済学」の議論から深化させようと試みる。金融市場という市場的領域の安定的な機能には、「抑止的システム」による内生的不安定化の抑制にとどまらず、人々の自己決定を可能にする非市場的領域の形成が不可欠であり、その欠如が深刻な金融危機に繋がった。

　第13章「ブレトン＝ウッズ体制期における英米の通貨管理と財政——国際金融制度の政治経済学」（土橋康人）では、国際金融を歴史的に考察している。まず国際関係論の中でも経済的な側面の進展を概観した。そのうえで、ブレトン＝ウッズ体制下のイギリスおよびアメリカによる国際的な通貨管理と財政金融政策の連関という歴史に焦点を当て、国際関係理論と対照させた。そこでは、通貨管理という舞台での国際的な政治調整が財政政策をめぐ

る国家間での衝突を緩和するバッファーとして機能しながら、両国の財政金融政策を変容させていた歴史の一端を明らかにしている。

第14章「『制度』の政治経済学に関する一考察——財政史的考察方法をその出発点にして」（茂住政一郎）では、制度の政治経済学の知見を手掛かりに、既存財政学批判、現状批判、政策批判を通じて、現実に沿った学問体系の構築を目指す財政社会学の方法化の可能性を探る。そこでは、合理性と非合理性の双方を兼ね備えた諸個人によって形成された集団的心理の分析、現実に即した理論の構築と歴史分析の関係性、および科学哲学の議論を摂取した財政社会学の哲学的深化の必要性が提示される。

本書は、慶應義塾大学経済学部金子勝先生により、大学院、学部で指導を受けた研究者による退職記念論文集である。

金子先生は、東京大学社会科学研究所助手、茨城大学人文学部専任講師、法政大学経済学部助教授、同教授を経て、2000年に慶應義塾大学経済学部教授に就任された。慶應義塾大学経済学部では主に「産業社会学」をご担当され、大学院では「社会・環境論演習」で院生のご指導にあたられた。学部の産業社会学の講義は立ち見が出るほどの盛況ぶりであったが、その講義は、『市場と制度の政治経済学』（1997年）と『セーフーティネットの政治経済学』（1999年）をベースとし、経済学の批判理論といった講義内容で、学部生には難解なものであったはずである。しかし、先生の体系的な説明と（2001年に小泉政権が誕生する）厳しい時代にあらわれた論客としての刺激的な語りで、教室は独特な雰囲気をおびており、学生も熱心に聞き入っていた。当時、金子先生は、東京大学の神野直彦先生とともに『地方で税源を』（1998年）、『福祉政府への提言』（1999年）、『財政崩壊を食い止める』（2000年）といった政策提言を矢継ぎ早にご発表されていた。今回の執筆陣の多くは、財政や社会保障を研究領域としているが、この時期の御著書の影響が大きいように思う。

今回の執筆陣の学びの場であった大学院ゼミでは、常に先行研究の問題点を明らかにすることが求められ、研究の意味づけを、金子先生が板書をしながら何度も検討された。

指導の場は教室だけに留まらなかった。ゼミの後によくご昼食をご馳走し

ていただいたが、日本社会に対して、批判精神を忘れないように説かれた。またどんなにお忙しい時期であっても、院生が研究等で悩んだとき、金子先生にご連絡すると、直ちに相談の機会を作っていただき、いつも温かな御助言をいただいた。金子先生は若い研究者に対して常に優しかった。大学院ゼミ OB・OG で温かな交流が続いているのは、ひとえに先生の御人柄によるものだと思う。

　本書が刊行できるのも、こうした金子先生ご指導の賜物である。すでに述べた通り、本書が扱っている研究領域は広範にわたっているが、このような多様性は大学院ゼミの自由な雰囲気の中で育まれた。金子先生から受けた学恩は大きく、お返しすることは容易なことではないが、本書をより多くの人々に読んでいただくことで少しだけでもご恩返しができればと思っている。

　本書の執筆において、慶應義塾大学出版会の喜多村直之氏から多大なるご助力をいただいた。喜多村氏の常にご丁寧な編集のおかげで、無事に本書を公刊することができた。執筆者一同、深く感謝申し上げる。また末筆ながら、平成29年度の退職記念出版助成をしてくださった慶應義塾経済学会に厚く御礼申し上げる。

　　2018年2月

四方理人・宮﨑雅人・田中聡一郎

目　次

はしがき　　i

第1部　衰退する日本経済における格差と公共政策

第1章　世帯主年齢と本人年齢による所得格差の寄与度分解
　　　　──格差拡大は人口高齢化によるものか？　　3

　　　　　　　　　　　　　　　　　　　　　　　　　四方理人

はじめに　　3

第1節　先行研究　　5

第2節　使用データと分析手法　　9

　　1　使用データ　　9

　　2　所得格差の寄与度分解の方法　　12

第3節　年齢別ジニ係数と年齢構成の変化　　13

　　1　年齢内格差の推移　　13

　　2　年齢構成の変化　　15

　　3　年齢間相対所得の変化　　17

第4節　所得格差の寄与度分解　　18

おわりに　　23

第2章　変わりゆく持家社会・日本と家計
　　　　──居住形態別貧困率と住宅費負担率の推計　　27

　　　　　　　　　　　　　　　　　　　　　　　　　田中聡一郎

はじめに　　27

第1節　日本の住宅システム──住宅所有と社会政策の観点から　　28

　　1　変わりゆく持家社会・日本　　28

　　2　高齢者の居住形態と年金の関係　　30

ix

第2節　住宅費負担の現状　33

　　1　定義　33

　　2　推計結果　33

第3節　居住形態別貧困率　37

　　1　定義　37

　　2　推計結果　37

　　3　低所得高齢者の住宅問題　39

むすびに――ポスト持家社会の住宅保障に向けて　40

第3章　「平成の大合併」における市町村合併要因の分析　43

　　　　　　　　　　　　　　　　　　　　　　　　　　宮﨑雅人

はじめに　43

第1節　分析手法　44

第2節　推定結果　45

第3節　一般財源の動向　52

おわりに　56

第4章　社会保険制度における規制緩和の危険性

　　　　――介護保険制度における混合介護の議論を中心に　59

　　　　　　　　　　　　　　　　　　　　　　　　　　結城康博

はじめに　59

第1節　医療保険制度における保険内・外サービスの議論　60

　　1　混合診療における論争分析　60

　　2　例外で認められてきた保険外サービス　61

　　3　混合診療禁止の最高裁判決　61

第2節　介護保険制度における「混合介護」の実態　62

　　1　「混合介護」は条件付きで認められる　62

　　2　上乗せ・横出しサービスは公的制度　62

　　3　訪問介護における混合介護　63

　　4　サービス付き高齢者住宅　64

　　5　通所介護（デイ・サービス）　65

第3節　介護保険制度の変遷──2006年以降　66
　　1　措置から介護保険制度へ　66
　　2　「市場」原理導入の問題　66
　　3　未届け有料老人ホーム火災から学ぶ　67
第4節　混合介護の弾力化のねらい　68
　　1　介護業界の新たな財源　68
　　2　介護報酬マイナス改定の影響　69
　　3　混合介護へ期待する介護保険事業者　70
第5節　混合介護によって揺らぐ公平性　71
　　1　格差が生じる社会保険制度　71
　　2　無視できない認知症高齢者　72
　　3　契約自由の補完　73
　　4　競争原理のデメリット　74
　　5　無駄を生む危険　75
第6節　公平な社会保険制度の維持　76
　　1　潜在能力（capability）というキーワード　76
　　2　混合介護の弾力化は供給側が主導となる　76
　　3　準市場と純市場　77
　　4　格差是正について　78
おわりに　79

第5章　デフレーションの再検討
　　　　──公的固定資本形成と政府最終消費支出を分離した
　　　　VAR モデルによる分析　81

佐藤一光

はじめに　81
第1節　デフレーションを巡る議論　83
第2節　財政構造改革と社会保障費の抑制　86
第3節　VAR モデルによる因果関係の推論　91
おわりに　99

第6章　市町村国民健康保険の保険料収納率に関する分析　103

大津　唯

はじめに　103

第1節　制度的背景　105

　　1　日本の公的医療保険制度の体系と市町村国民健康保険の位置づけ
　　　　105

　　2　市町村国民健康保険の保険料収納率の長期推移　107

　　3　保険料滞納問題への行政の対応　108

第2節　先行研究　111

第3節　分析の枠組み　113

　　1　分析に用いるデータ　113

　　2　推定モデル　114

　　3　分析に用いる変数と仮説　115

第4節　分析結果　119

おわりに　122

第7章　資源利用における行財政の役割と過少利用の影響
　　　　──温泉資源を事例に　129

高柳友彦

はじめに　129

第1節　熱海温泉における市営温泉事業の展開　131

　　1　町営温泉事業の成立と意義　131

　　2　高度成長期の市営温泉事業　133

第2節　高度成長期以降の熱海温泉　136

　　1　1970年代以降の市営温泉事業　136

　　2　温泉事業の見直し検討委員会の発足　142

　　3　その後の温泉事業と抱える問題　146

おわりに　150

第2部　グローバル経済下の金融と財政

第8章　新常態における中国の政府間財政関係　155

徐　一睿

はじめに　155

第1節　中国の政府間財政関係の回顧　156

第2節　政府間財政関係の現状と制度的特徴　160

第3節　政府間財政移転による地域の再分配効果　166

おわりに　173

第9章　「オランダモデル」形成期の財政・社会保障改革
　　　　——ルベルス政権とコック政権の政策連続性に着目して　175

島村玲雄

はじめに　175

第1節　「オランダ病」からの回復　178

　1　ワセナール合意と経済回復　178

　2　財政収支の推移　181

第2節　ルベルス政権の財政改革　183

　1　ルベルス政権の歳出削減策　183

　2　第1次・第2次ルベルス政権下の社会保障改革　186

　3　中道左派の第3次ルベルス政権　187

第3節　コックの「第三の道」　190

　1　コック政権の就労不能保険改革　190

　2　コック政権の積極的労働市場政策　191

おわりに　193

第10章　デンマークの所得税制と児童手当
──負担の公平性と課税方式の変化に着目して　199

倉地真太郎

はじめに　199

第1節　デンマークの所得税制と児童手当の基本的構造　200

　　1　デンマークの所得税制度の構造　200

　　2　デンマークの児童手当の基本的構造　203

第2節　1970年代までの制度改革
　　　　──夫婦合算課税方式から部分的な個人単位課税方式へ　203

第3節　1980-1986年の制度改革──1983年移転的基礎控除の導入　205

第4節　1987年税制改革──二元的所得税と児童手当の普遍主義化　208

　　1　二元的所得税の弱点と児童手当による補完　208

　　2　税制改革の効果　212

おわりに　214

第11章　アメリカにおける産業構造の変化と法人税向け租税支出の変遷
──2000年代以降を中心に　219

吉弘憲介

はじめに　219

第1節　租税支出の概要　220

第2節　法人税における加速度減価償却制度　224

第3節　償却制度の拡張過程について　226

　　1　ボーナス償却制度　226

　　2　Section 179の拡大　228

　　3　減価償却制度変更に関する経済効果　229

第4節　償却制度を巡る経済効果と政治過程　233

　　1　経済効果　233

　　2　ボーナス償却制度を巡る政治過程　236

おわりに　239

第12章　金融自由化、金融革新と金融不安定性
　　　　──「制度の経済学」によるミンスキー理論の深化の可能性
　　　　　　　243

　　　　　　　　　　　　　　　　　　　　　　　　　　横川太郎

はじめに　　243

第1節　ミンスキーの金融不安定性仮説──金融的ダイナミクスと制度進化
　　　　245

　1　FIH の金融的ダイナミクス──資本主義経済の内生的不安定化　　246

　2　FIH の制度論的側面──抑止的システムと制度的ダイナミクス　　249

第2節　金融自由化の進展と金融危機の深刻化　　252

　1　ニューディール型銀行システムの行き詰まりと規制緩和の進展
　　　252

　2　金融システムの転換とサブプライム金融危機　　253

第3節　生産要素の市場化の限界と市場的領域・非市場的領域
　　　　256

　1　貨幣の市場化の限界と金融革新による「貨幣」供給の増大
　　　257

　2　貨幣市場における「信認」と金融自由化、金融革新　　258

おわりに　　260

第13章　ブレトン＝ウッズ体制期における英米の通貨管理と財政
　　　　──国際金融制度の政治経済学　　265

　　　　　　　　　　　　　　　　　　　　　　　　　　土橋康人

はじめに　　265

第1節　財政金融政策を分析する視座としての国際関係論　　266

　1　覇権安定論とリアリズムアプローチ　　267

　2　構造的リアリズムと自由主義的国際秩序　　269

　3　自由主義的国際秩序とトリレンマ論の衝突　　271

第2節　ブレトン＝ウッズ体制期における通貨管理の黎明（1958-64年）
　　　　272

　　1　基軸通貨の衰勢　273

　　2　通貨管理体制確立の余波　274

第3節　通貨管理をめぐる攻防とその帰結（1964-71年）　278

　　1　通貨管理による国内統治とその限界　278

　　2　ポンド切下げとブレトン＝ウッズ体制の崩壊　281

おわりに　283

第14章　「制度」の政治経済学に関する一考察
　　──財政史的考察方法をその出発点にして　289

茂住政一郎

はじめに　289

第1節　財政史的考察方法の整理　289

第2節　アメリカ初期制度主義者の提唱した制度の政治経済学　292

第3節　アメリカ制度学派による制度の政治経済学の見方　294

第4節　新制度派経済学と比較制度分析に対する若干の疑問　296

第5節　政治学および社会学の分野における新制度論　297

おわりに　301

索引　309

執筆者紹介　313

第 1 部

衰退する日本経済における格差と公共政策

第1章

世帯主年齢と本人年齢による
所得格差の寄与度分解
── 格差拡大は人口高齢化によるものか？

四方理人

はじめに

　1990年代以降、所得格差の拡大について繰り返し議論されてきた。近年においても、ピケティらによる欧米を対象とした上位1％の所得が国民所得に占める割合の長期的推移を検証したトップインカムの研究が広く注目を集めた（Piketty 2014）。日本でも、急速に格差が拡大しているアメリカほどではないものの、上位1％の高所得者の所得が国民所得に占める割合が1980年代以降徐々に大きくなってきていることが明らかにされている（Moriguchi and Saez 2008）。

　しかしながら、多くの研究では、日本の所得格差拡大が「みせかけ」であると指摘されている。(1) その理由として、日本における所得格差の拡大は、中高年齢層が人口に占める割合が高くなったことにより引き起こされていることが明らかにされてきたことにある。代表的な研究である大竹（2005）は、各年齢内の所得格差は年齢が高いほど大きくなる一方で、その年齢内格差そのものは、1980年代と90年代を通じて拡大していないとしている。つまり、人口高齢化により、所得格差の大きい中高年齢人口が総人口に占める割合が高くなり、日本全体の所得格差が拡大したとされるのである。所得格差の拡大が人口の高齢化によって引き起こされたとすると、所得不平等化はある種の「みせかけ」であると議論された。

（1）　勇上（2003）は、所得格差拡大の要因として年齢構造の変化と世帯構造の変化を「みせかけ」の要因として研究レビューを行っている。また、日本の所得格差についてのより近年の文献レビューとして四方（2015）がある。

　このような見解は、政府によっても示されている。内閣府（2006）による所得格差についての分析結果では「趨勢的な所得格差の上昇は、高齢者世帯比率の上昇という高齢化が主な要因であった」（263頁）とされる。このように、日本の所得格差拡大が人口高齢化によって引き起こされているという見解は主流なものであるといえるだろう。

　ただし、次節で述べるように、使用データと検証した時期により一部の先行研究では、人口の高齢化が所得格差に与える影響は小さいものとなっている。

　そして、ほとんどの先行研究において、人口の年齢構成の変化を世帯主年齢でとらえるという問題がある。世帯主年齢については、世帯主になることが選択行動となるため、本人年齢でみた人口構成の変化とは異なると考えられる。特に、世帯形成を行う若年層の行動の変化が、世帯主年齢の構成に影響を与えるだろう。すなわち、未婚化が進み親と同居する若年が増加することにより、若年層において世帯主が出現しにくくなってしまう。

　実際に、「労働力調査」（総務省統計局）の再集計を行った西（2013）によると、20-34歳人口のうち親と同居している未婚者の割合は、1990年では41.7%だったが、2010年では47.5%に上昇している。また、同じく35-44歳の壮年層において親と同居する未婚者の割合は、1990年では5.7%だったものが2010年では16.1%と急速に上昇している。このような20歳代から40歳代前半における親と同居する未婚者の割合の上昇により、世帯主が出現しにくくなると考えられる。

　したがって、世帯主年齢については、実際の年齢構成の変化だけではなく、家族構造の変化も影響することになる。未婚化により世帯形成を行わず親と同居する若年者が増加することは、若年層で世帯主が出現しにくくなることを意味し、世帯主年齢でみた人口構成は若年人口の減少以上に「高齢化」してしまうだろう。

　このように、世帯主年齢を用いた年齢構成の変化により、所得格差を分析することは、家族構造の変化というバイアスを受けることになる。そこで本章では、世帯主年齢ではなく本人年齢による所得格差の要因分解を行うことで、人口構造の変化による所得格差の拡大の説明について再検討を行う。

　次の第1節では、日本における所得格差について年齢構造の影響を検討し

た先行研究のレビューを行い、続く第2節では使用データと分析手法の説明を行う。そして、第3節では、世帯主年齢と本人年齢からみた、年齢内格差と年齢構造の変化について検討し、第4節で所得格差の寄与度分解を行い、最後に考察を行う。

第1節　先行研究

　ここでは、日本における所得格差の研究のうち、年齢構成の変化に着目した研究についてのレビューを行う。なお、分析結果だけではなく、使用データの種類、その期間、分析単位と所得の定義について詳しく言及するため、表1-1に各先行研究をまとめている。

　先行研究は、使用されたデータが全世帯を対象とし、可処分所得を算出でき、一定期間の推移を把握することができる「全国消費実態調査」（以下「全消」）、「所得再分配調査」（以下「再分配」）、「国民生活基礎調査」（以下「国生」）の3つのデータを用いたものを取り上げている。ただし、同じデータであっても、総世帯ではなく2人以上の世帯を対象とするなど研究によって異なっている。特に、所得については、税・社会保険料を控除する前の当初所得や総所得（当初所得に年金等の現金給付を加えた所得）によるものと、税・社会保険料を控除した可処分所得を用いたもの、また、現物給付まで含める「再分配所得」といった所得が用いられている場合などがある。そのうえ、世帯間の世帯人員数の差を考慮するために等価尺度を用いるかどうかも研究によって差がある。

　現在、OECDやLuxembourg Income Study（LIS）といった国際機関や研究所が発表する所得格差や貧困率の推計では、当初所得に社会保障給付を加え税や社会保険料を控除した可処分所得を世帯人員数の平方根で除す等価可処分所得が用いられている（OECD 2009）。また、等価可処分所得を用いる場合、個人間の格差、すなわち個人単位の分析が一般的であるが、以下でみるように多くの日本の研究では、世帯間の格差、すなわち世帯単位の分析となっている。

　まず、管見の限り、日本の所得格差の拡大が人口高齢化によって引き起こされると初めて指摘したのが大竹（1994）である。大竹（1994）は、1984年

表1-1　所得格差についての先行研究一覧

	データ	調査年	所得の定義	主な分析結果
大竹（1994）	全消	79、84、89年	総所得	年齢別ジニ係数において中年層の変化が小さい。人口構成の変化により所得格差が拡大した可能性がある。
大竹・齊藤（1996）	全消	79、84、89年の2人以上世帯	世帯単位の総所得	コーホート効果が消費の分布については認められるが、所得分布については認められない。
西崎・山田・安藤（1998）	全消	74、79、84、89、94年	等価可処分所得（個人単位）	国際比較の結果、総所得でみると日本の所得格差は小さいが、再分配機能が弱い。また、日本の所得格差は拡大傾向にある。
大竹・齊藤（1999）	再分配	81年と93年調査	当初所得、再分配所得（世帯単位）	80年代の所得格差の拡大について、中・高齢者のシェアが上昇の影響もあるが、特に再分配後所得において年齢階層内の格差拡大による影響が強い。
岩本（2000）	国生	89、95年の総世帯	等価総所得	消費および所得の対数分散の変化について、年齢構成の変化より年齢階層内の格差の変化の影響が大きい。
小塩（2004）	再分配	90年、99年調査	等価当初所得、等価再分配所得	年齢階層内の格差は90年代における所得格差を拡大させておらず、そのほとんどが人口高齢化の効果による。
大竹（2005）	全消	84年から99年の2人以上世帯	等価総所得	84年から99年にかけての所得格差拡大のほとんどが、人口高齢化によって説明できる。
小塩（2006）	再分配	83年から01年における総世帯	当初所得、再分配所得	83年から01年にかけての所得格差拡大の50.9%が人口の高齢化の結果であり、各年齢階層内の格差拡大の40.7%が世帯規模の縮小化による。
大石（2006）	再分配	87、02年の総世帯	等価当初所得、等価再分配所得	近年の所得格差の変化について、人口高齢化や単身世帯の増加などにより説明可能であるとするが、人口高齢化の寄与は他の研究より小さい。
白波瀬・竹内（2009）	国生	86、95、04年	等価可処分所得（世帯単位）	86年から95年、95年から04年の所得格差の変化は、ともに人口構造の変化で説明できる。20-50歳での年齢階層内格差は拡大しているが、60歳以上で縮小している。
大竹・小原（2010）	全消	84年から04年の総世帯	等価可処分所得	80年から04年における所得格差拡大のほとんどが人口高齢化による。
小塩（2010）	国生	97、00、03、06年の総世帯	等価可処分所得	00年から06年にかけて格差が縮小しているが、年齢構造の変化より、年齢内格差の影響が大きい。ただし、平均の等価可処分所得が97年から06年にかけて、12.8%低下している。
四方（2013）	全消	94、99、04、09年の総世帯	等価可処分所得（個人単位）	年齢構造と年齢内格差の影響については、94年から99年では前者の影響が大きいが、99年以降は後者の影響がほとんどである。また、若年層においては、親同居配偶者なしの割合の増加により格差拡大が引き起こされている。
山口（2014）	全消	89、94、99、04年の2人以上世帯	総所得	89年から99年にかけての格差拡大の主要因は人口の高齢化であったが、99年から04年にかけては年齢階層内の格差拡大による。特に、60歳以上の高齢者の中における非就業者世帯割合の増加により格差が拡大している。

注：データ欄における「全消」は「全国消費実態調査」、「再分配」は「所得再分配調査」、「国生」は「国民生活基礎調査」を示す。
出所：四方（2015）を加筆修正。

と1989年の「全消」から、世帯主年齢別にみた所得格差は年齢が上昇するほど高くなる一方、年齢階層内の所得格差はこの間に拡大傾向にはなく、所得格差の拡大は人口の高齢化によるものでないかと指摘した。同じく、「全消」を用いた西崎・山田・安藤（1998）は、1984年と1994年の同調査を用い、高齢化によって非就業者割合が増加することにより所得格差が拡大したとしている。なお、特筆すべき点として、同論文はすでに後述する個人単位の等価可処分所得による分析を行っている。

　次に、「再分配」を用いた大竹・齊藤（1999）によると、1980年から1992年の当初所得の格差を再分配所得でみると人口高齢化の影響が小さく、年齢階層内の格差拡大の影響が大きいとしている。ただし、この研究では、世帯所得について、世帯人員数による規模の調整が行われていない。そして、同じく「再分配」を用い、世帯規模の調整を行った所得を用いた小塩（2004; 2006）、大石（2006）では、当初所得については、年齢構成や世帯規模の変化により格差拡大が説明されるが、再分配所得では年齢構成の変化の影響は小さくなるとされる。

　また、「国生」を用いた岩本（2000）も、1989年から1995年までの等価総所得を用いた分析から、人口構造の変化ではなく、年齢階級内で格差の拡大が生じているとしている。同様に、「国生」の1997年から2006年の等価可処分所得を用いた小塩（2010）においても、年齢構造の変化よりも年齢階層内の所得格差の変化のほうが全体の所得格差に与える影響が大きいことが示されている。

　このように、「国生」を用いた研究では年齢構成の変化による所得格差への影響は小さく、そのサブサンプルである「再分配」を用いた研究では、当初所得では年齢構成の変化の影響が大きいが、再分配所得ではその影響は小さい。[2]

　一方で、大竹（1994）や西崎・山田・安藤（1998）と同様に、多くの「全

（2）なお、同じく「国生」を用い、日本との国際比較を行った白波瀬（2002）は、年齢が高くなるほど所得格差が大きくなるのは日本の特徴であるとし、1990年代において年齢別格差は安定している点を指摘している。同様に、国際比較を行った山田（2002）も日本では65歳以上人口のシェアの拡大により所得格差が拡大したが、他の国々では人口高齢化による所得格差への影響は小さいことを明らかにしている。

消」を用いた研究では、人口構成の変化により所得格差の拡大が引き起こされたとされる。大竹（2005）は、1984年から1999年までの調査から、対数分散を用いて年齢別の人口効果、年齢階層内効果、年齢階層間効果の3要素に分解した結果、人口高齢化の効果により格差の変化のほとんどを説明できるとしている。そして「全消」を用いたより近年の研究である大竹・小原（2010）も、1980年から2004年における所得格差拡大のほとんどが人口高齢化によるとしている。また、「国生」を用いた白波瀬・竹内（2009）においても、1995年から2004年にかけての所得格差は、年齢構造の変化によって説明できるとしている。

　ただし、「全消」を用いた近年の研究である四方（2013）は、年齢階層内格差の分析には、他の先行研究で用いられている世帯主年齢ではなく本人年齢を使う必要があるとし、個人単位の等価可処分所得を用いて寄与度分解を行った結果、1994年から1999年にかけては他の研究と同様に年齢構成（年齢グループのシェア）の変化が主に所得格差の拡大を引き起こしているが、1999年から2004年および2004年から2009年にかけては、年齢構成の変化ではなく年齢階層内の所得格差の変化が所得格差拡大を引き起こしているとしている。

　同様に、1989年から2004年の「全消」を用いた山口（2014）も、1989年から1999年にかけては60歳以上の世帯主割合の増加、特に、世帯主が非就業者世帯割合の増加が所得格差拡大を引き起こしていたが、1999年から2004年にかけては、各年齢階層内の所得格差拡大が主な要因であるとしている。

　以上の先行研究からは、使用データが「全消」か「国生」もしくはそのサブサンプルである「再分配」かによって分析結果が異なるといえる。「全消」を用いた研究では、所得格差の拡大は、主に年齢構造の変化により引き起こされているとされる一方、「国生」や「再分配」では年齢構造の変化よりも年齢内格差の変化が格差拡大を引き起こしているとされている。

　ただし、2000年代以降の格差拡大については、「全消」を用いた分析でも四方（2013）と山口（2014）は年齢構造ではなく年齢内格差の拡大が主な要因であるとしている一方、「国生」を用いた白波瀬・竹内（2009）は年齢構造の変化による格差拡大を指摘している。

　このようなデータによる年齢構造の変化が所得格差に与える影響の違いは、

「全消」と「国生」で年齢の分布が異なっている点が一つの理由であろう。佐野・多田・山本（2015）は、各調査の設計の違いを検討し、「国生」の単身世帯の性・年齢構成が、国勢調査とのかい離が大きいことを示している。一方、「全消」は、調査拒否世帯の代替標本を取得し、比推定により補正しているため、年齢構成については国勢調査とのかい離は小さいとされる。

　また、調査により年齢構造が異なる理由として、年齢構造を世帯主年齢によりとらえている点をあげることができる。「全消」の世帯主の定義は「家計上の主たる収入を得ている人」である一方、「国生」では最大所得者とは別に世帯主が尋ねられる。結果として、「国生」では、「世帯主」の平均年齢は59.3歳である一方、最大所得者は56.7歳と異なっている（佐野・多田・山本2015）。

　このように世帯主年齢を用いるとその定義の差から人口の年齢構造が異なってしまう点や、データによっては実際の年齢構成とのかい離が生じている問題が生じている。それだけではなく、前述したように、世帯主年齢を用いると、未婚化により親と同居する若年層が増加し、若年人口の減少以上に人口構成が「高齢化」することが考えられる。

　そこで、以下の分析では、他の調査より所得格差拡大に対する人口高齢化の効果が大きく出ていた「全消」を、年齢構造を補正したうえで用いる。そして、所得格差の変化に対する年齢の効果を本人年齢と世帯主年齢のそれぞれについて検討する。また、先行研究においては、２人以上世帯を用いたものと総世帯を用いたものがあり、それによって分析結果が異なるかについて検討を行う。

第2節　使用データと分析手法

1　使用データ

　「全国消費実態調査」は、調査対象者について２カ月ないし３カ月の家計簿記入が必要となるため、一般的な社会調査より回答者の負担が重く、回答拒否によるサンプルの偏りが生じやすい。そこで同調査では、前述したように代替世帯の補充だけでなく、比推定による補正が行われている。具体的には、地域、世帯員数、年齢、性別分布が同じ調査年の「労働力調査」におけ

るそれと一致するよう補正されている。しかし、この補正は1994年以前には行われておらず、1999年、2004年では単身世帯のみ補正、2009年からは２人以上世帯でも補正されるようになった。

　そこで、以下の分析では、1994年、1999年、2004年のデータについても、2009年と同様の方法でウェイト補正を行い所得格差の変化に対する年齢構成比の変化の影響について推計する。具体的な補正方法として、単身世帯については地域別（６区分）、男女別、年齢別（35歳未満、35〜59歳、60歳以上の３区分）の世帯割合が各年の「労働力調査」と一致するようウェイト補正を行う。同じく、２人以上世帯についても地域別（９区分）、世帯員数（４区分）の世帯割合が各年の「労働力調査」と一致するようにウェイト補正を行う。[3]

　そして、本章では所得を以下の可処分所得と定義し、その可処分所得を世帯人員数で調整した各世帯員の等価可処分所得として使用する。

　　総所得＝勤労収入（勤め先からの年間収入）
　　　　　　　＋自営収入（農林漁業収入＋農林漁業以外の事業収入＋内職などの年間収入）
　　　　　　　＋公的年金・恩給＋親族などからの仕送り金＋家賃・地代の年間収入
　　　　　　　＋利子・配当金＋企業年金・個人年金＋その他の年間収入

　　可処分所得＝総所得－税－社会保険料

　なお、公的年金以外の児童手当や失業給付および生活保護給付等の社会保障給付は、「全消」の年収・貯蓄等調査票に明示された項目はなく、「その他の年間収入」に含まれていると考えられる。

　ここで、可処分所得は総所得から税と社会保険料を控除した所得となるが、「全消」では年間収入についての税と社会保険料が把握されていないため、可処分所得の算出には田中・四方（2012）による税・社会保険料モデルの推計を用いた。この税・社会保険料モデルでは、所得税、住民税、各種社会保険料（国民年金・厚生年金、国民健康保険、協会けんぽ、後期高齢者医療制度、

─────────────────

（３）同様の方法は、世帯類型別貧困率の推計を行った山田・四方（2016）でも行われている。

雇用保険、介護保険）をすべて個別に推計している。さらに各種控除および
社会保険料の減免制度についても反映したマイクロシミュレーションモデル
を構築している。なお国民年金の申請免除制度については、利用可能な所得
水準にある対象者は、すべて免除申請を行い、社会保険料の軽減を受けてい
るものと仮定する。また、自営収入においてもすべての所得が捕捉されてい
るものとしている。

　次に、所得そのものは、世帯所得で把握されるが、世帯人員数が異なる世
帯間の比較は難しい。そこでほとんどの研究では、世帯人員数で世帯所得の
調整を行う「等価化」という作業が行われている。現在では、世帯所得を世
帯人員数の平方根で除すという方法が一般的となっており、前節の先行研究
でも多くが採用している。

　この「等価化」の考え方では、世帯員は同居することで規模の経済が働く
ため、世帯人員数が追加的に 1 人増加した場合に同じ経済もしくは厚生の水
準を保つために必要となる追加的な所得は逓減する。同時に、この等価所得
は世帯員 1 人当たりの経済水準もしくは厚生水準を表す。したがって、各世
帯員それぞれがこの等価可処分所得を持つことになり、生計をともにする 4
人の世帯の場合、世帯で合計した可処分所得を $\sqrt{4}$ で除した等価可処分所得
が求められ、 4 人の各々がその等価可処分所得を持つ個人として出現するこ
とになる。

　しかしながら、一部の先行研究では世帯を等価化しているものの世帯単位
で分析されており、複数人世帯と単身世帯が同じ重みづけになる。この場合、
個人単位と世帯単位で格差の水準が異なる。たとえば、単身世帯と複数人世
帯が同じウェイトとなる世帯単位の場合、低所得者が多い高齢単身世帯の増
加は過大に所得格差に影響すると考えられる。

　そして、本人年齢とは各世帯員の年齢を意味するが、それを用いた分析を
行うためには、個人単位の等価可処分所得を用いなければならない。ただし、
個人単位の分析であっても、世帯主年齢と本人年齢により、年齢計の所得格
差の水準が異なるわけではない。たとえば、世帯主が50歳代、その配偶者が
40歳代、その子が20歳代の 3 人世帯を考える。世帯主年齢でみると同じ等価
可処分所を持つ世帯主年齢が50歳代の個人が 3 人出現することになる。一方、
本人年齢で考えると、50歳代、40歳代、20歳代の個人がそれぞれ同じ等価可

処分所得として出現することとなる。このように年齢の区分が異なるだけで、同じ等価可処分所得の個人が同じ人数分出現するため、世帯主年齢でみても本人年齢でみても個人単位の所得格差の全体での水準は一致する。

最後に、データのクリーニングとして、個人で1億円以上の収入がある世帯員のいる世帯、可処分所得がマイナスとなる世帯、単身赴任の世帯、単身赴任を送り出している世帯が除かれている。

2　所得格差の寄与度分解の方法

以下では、格差指標として平均対数偏差（Mean Log Deviation: MLD）を用い、その2時点間の変化分について、年齢階級内の格差の変化、年齢構成の変化、年齢階級の相対所得の変化による寄与度分解を行う。格差指標としてのMLDは、低所得層の変化に対し比較的敏感に反応する。具体的な分析手法は、Mookherjee and Shorrocks（1982）およびJenkins（1995）により定式化された方法を用いた。[(4)]

まず、総人口をn、第kグループの人口をn_kとし、総人口の平均所得をμ、第kグループの平均所得をμ_kとし、以下のように定義する。各グループは、年齢5歳階級によるグループとした。

$v_k \equiv n_k/n$ ：第kグループの割合
$\lambda_k \equiv \mu_k/\mu$ ：第kグループの所得の全体の平均との相対所得
$\theta_k \equiv v_k\lambda_k$ ：第kグループの合計所得の総所得に占めるシェア

ここで平均対数偏差（MLD）は、

$$(1)\quad I_0 = (1/n)\sum_i \log(\mu/y_i)$$

と定義でき、以下のように書き換えることができる。

$$(2)\quad I_0 = \sum_k v_k I_{0k} + \sum_k v_k \log(1/\lambda_k)$$

（2）は、グループ内格差とグループ間格差による格差指標の分解である。そして、I_0について、時点tと$t+1$の間での階差を$\varDelta I_0$すると（3）式が

（4）同様の方法は山田（2002）、小塩（2006）、四方（2013）等でも用いられている。

得られる。

$$
\begin{aligned}
（3）\quad \Delta I_0 &\equiv I_0\big(t+1\big) - I_0\big(t\big) = \sum_k \bar{v}_k \Delta I_{0k} + \sum_k \bar{I}_{0k} \Delta v_k - \sum_k \overline{\Big[\log\big(\lambda_k\big)\Big]} \Delta v_k - \sum_k \bar{v}_k \Delta \log\big(\lambda_k\big) \\
&\approx \underbrace{\sum_k \bar{v}_k \Delta I_{0k}}_{\text{term A}} + \underbrace{\sum_k \bar{I}_{0k} \Delta v_k}_{\text{termB}} + \underbrace{\sum_k \Big[\bar{\lambda}_k - \overline{\log\big(\lambda_k\big)}\Big] \Delta v_k}_{\text{termC}} + \underbrace{\sum_k \big(\bar{\theta}_k - \bar{v}_k\big) \Delta \log\big(\mu_k\big)}_{\text{termD}}
\end{aligned}
$$

（3）は、ΔI_0 を、各年齢階級内での格差の寄与度（term A）と、年齢構成の変化分（term B と term C）および、各年齢階級の相対所得の変化分（term D）に寄与度分解したものである。なお、$\bar{v}_k = (v_{kt} + v_{kt+1})/2$、$\bar{\lambda}_k = (\lambda_{kt} + \lambda_{kt+1})/2$、$\overline{\log\big(\lambda_k\big)} = [\log(\lambda_{kt}) + \log(\lambda_{kt+1})]/2$、$\bar{I}_{0k} = (I_{0kt} + I_{0kt+1})/2$、である。

第3節　年齢別ジニ係数と年齢構成の変化

1　年齢内格差の推移

表1-2は、1994年から2009年にかけての所得格差の推移である。格差指標には、ジニ係数と寄与度分解で用いる平均対数偏差（MLD）を用いている。総世帯でみたジニ係数は、2人以上世帯より高くなっている。また、総世帯では、1994年から2009年にかけて徐々に所得格差が拡大しているが、2人以上世帯では2004年から2009年にかけて格差が拡大していない。この傾向は、MLDでみても同様である。

年齢別にみると、59歳以下では所得格差が年々拡大しているが、60歳以上人口では、1994年と比べて2009年の格差の水準が低くなっている。

5歳階級の年齢別のジニ係数をみたものが図1-1である。年齢が世帯主によるものか本人によるものかにより2種類の年齢別ジニ係数を載せている。まず、（a）の世帯主年齢別ジニ係数では、世帯主年齢が上がるにつれ、所得格差が大きくなることがみてとれる。この年齢が高くなるほど格差が大きくなる傾向は、1994年ではっきりとみてとれるものの、1994年から2009年にかけて、若年層における格差が拡大する一方、高齢層において格差が縮小したため、年齢の上昇により所得格差が拡大するという関係は弱くなっている。

しかしながら、（b）の本人年齢別ジニ係数においては、1994年の時点であっても年齢が上昇するにつれ所得格差が拡大するという単純な関係にはない。20歳未満やその親の世代である30歳代、40歳代の所得格差の水準より、20-

表1-2　所得格差の推移（1994-2009年）

年	1994	1999	2004	2009
ジニ係数				
総世帯	0.266	0.268	0.275	0.278
2人以上世帯	0.261	0.263	0.272	0.271
59歳以下人口（総世帯）	0.254	0.259	0.265	0.270
60歳以上人口（総世帯）	0.307	0.294	0.300	0.291
平均対数偏差（MLD）				
総世帯	0.123	0.125	0.133	0.136
2人以上世帯	0.117	0.119	0.128	0.128
59歳以下人口（総世帯）	0.111	0.116	0.122	0.129
60歳以上人口（総世帯）	0.169	0.152	0.160	0.150

注：個人単位の等価可処分所得による。
出所：総務省『全国消費実態調査』（各年度）より作成。

図1-1　世帯主年齢と本人年齢でみた年齢内ジニ係数の推移：総世帯

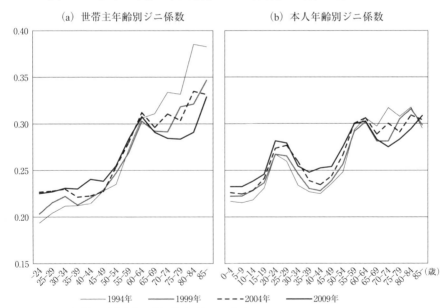

（a）世帯主年齢別ジニ係数　　　　　　（b）本人年齢別ジニ係数

出所：総務省『全国消費実態調査』（各年度）より作成。

24歳や25-29歳での所得格差のほうが大きい。また、40歳代後半から年齢が上がるにつれ格差が大きくなるが、60歳以上の年齢層では年齢が上がるほど格差が大きくなるという関係にはない。

　本人年齢が20歳代で所得格差の水準が高くなる理由は、この年齢層において世帯主とならず親と同居する未婚子において所得格差が大きいためである。[5]この20歳代の未婚子は、世帯主年齢でみて50歳代や60歳代の所得格差が大きい世帯に属することになる。そのため、世帯主年齢ではなく本人年齢でみるとこの年齢層の所得格差が大きくなる。

　同じく、図1-1から1994年から2009年にかけての年齢別所得格差の推移をみる。世帯主年齢でも本人年齢でも20歳代から30歳代前半の若年層では、1999年から2004年にかけて格差が拡大している。そして、30歳代後半から40歳代の壮年層においては、2004年から2009年にかけて格差が拡大している。

　一方、65歳以上では、世帯主年齢の場合より、本人年齢の場合において格差縮小の幅が小さい。この理由は、世帯主年齢では、子と同居する高齢者がその年齢階級に現れにくいことにある。しかしながら、本人年齢では、このような3世代同居の高齢者の等価可処分所得も、年齢内の所得格差に影響を与える。近年の変化として、世帯主となる高齢者内の格差は大幅に縮小する一方、3世代同居が減り、高齢者のみの世帯が増えることとが影響し、本人年齢でみた高齢者全体では格差の変化が小さくなっていると考えられる。

2　年齢構成の変化

　次に、年齢の分布をみたものが図1-2である。まず、(a) 世帯主年齢の分布は、1994年では40歳代を頂点とする単峰性の分布となっており、40-44歳と45-49歳がそれぞれ15%と最も高く、30-34歳や50-59歳で10%を下回り、25-29歳や70-74歳では5%を下回る水準となっている。そして、世帯主年齢が40歳代の割合は徐々に低下し、2009年では40-44歳と45-49歳がそれぞれ10%から11%と50歳代や60歳代の割合と同程度の割合となる。また、1994年から2009年にかけて、30-34歳の割合は1.7%ポイント低下し、35-39歳の

（5）　四方（2013）は、20-34歳の男女を対象とし、親の同居と本人の配偶関係別の所得格差の検討を行い、親と同居する未婚者内における所得格差が大きいことを明らかにしている。

図1-2　世帯主年齢と本人年齢でみた年齢別人口の分布（総世帯）

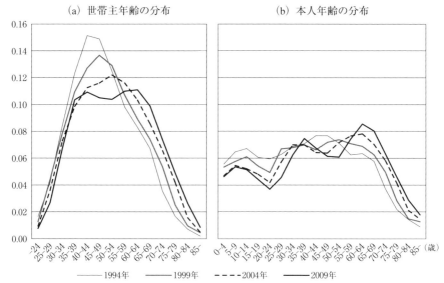

（a）世帯主年齢の分布　　　　　（b）本人年齢の分布

1994年　　　　1999年　　‒‒‒‒‒2004年　　　　2009年

出所：総務省『全国消費実態調査』（各年度）より作成。

割合は 2 ％ポイント低下している。結果として、2009年では、単峰性の分布ではなくなっている。

　一方、（b）本人年齢の分布は、世帯主年齢とは異なり多峰性の分布となっている。確かに1994年において最も割合が高い年齢階級は40歳代であるが、他の年齢階級との差は小さい。なお、いずれの年でも15-19歳と20-24歳の割合が低いのは、「全消」では単身の学生が調査対象となっていないためである。そして、2004年では30-34歳と65-69歳の割合が高いふた山の形となっている。同じく、2009年では2004年から右に 5 歳分平行に移動し、ふた山の形がよりはっきりとしている。

　本人年齢の分布の調査年による変化については、少子化に伴い20歳代前半より若い層で割合は年々低下している。しかしながら、25-29歳では1999年がこの間において最も高い割合であり、同様に、30-34歳では2004年が、35-39歳では2009年が最も高い割合となっている。これは、前後のコホートよりも人口の多い、団塊ジュニア世代の年齢が推移しているためである。一方で、世帯主年齢の分布では、これらの年齢階級の割合は上昇しておらず、この間、

低下傾向にある。したがって、団塊ジュニアのコホートの影響は、本人年齢でみると20歳代後半から30歳代にかけての人口割合の上昇として現れるが、世帯主年齢でみると現れてこない。

　このように世帯主年齢と本人年齢で近年の分布の変化に大きな違いが出る理由は、20歳代後半から30歳代にかけての年齢層が未婚化により世帯主として現れにくくなっていることが理由である。すなわち、単身未婚者の世帯割合が低下し、親と同居する未婚者が増えることで、この年齢層における世帯主割合が低下し、本来人口規模の大きい団塊ジュニア世代が30歳代にさしかかっても世帯主年齢では現れてこないのである。

3　年齢間相対所得の変化

　次に図1-3は、世帯主年齢と本人年齢5歳階級別の相対所得を各年の総平均との比を示している。まず、世帯主年齢でみると55-59歳の等価可処分所得が最も高く、若年層と高齢者層で相対的に低くなっている。本人年齢の

図1-3　世帯主年齢と本人年齢でみた年齢別等価可処分所得（対総平均、総世帯）

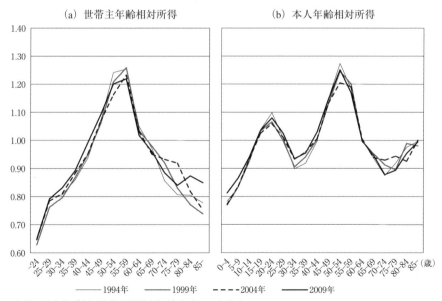

出所：総務省『全国消費実態調査』（各年度）より作成。

場合でも50-54歳で最も等価可処分所得が高くなっているが、世帯主年齢と異なり、親が50歳代の子の年齢にあたる20歳代での可処分所得も高い。20-24歳においては親と同居することで平均的に高い所得水準となっていると考えられる。また、80歳以上の等価可処分所得についても世帯主年齢でみると1994年では70歳代より低い水準であるが、本人年齢でみると70歳代より高くなっている。これも、80歳以上の高齢者が子と同居する割合が高いことが理由であると考えられる。

　1994年と2009年の等価可処分所得の変化をみると、世帯主年齢と本人年齢ともに変化は小さい。ただし、1994年から2009年にかけて、世帯主年齢の場合、80歳以上で等価可処分所得が上昇しているが、本人年齢の場合は変化が小さい。

第4節　所得格差の寄与度分解

　前節では、年齢内格差、年齢構成、年齢別相対所得のそれぞれについて、1994年から2009年の変化について概観した。世帯主年齢の場合と本人年齢の場合でいくつかの点で違いがあった。特に、年齢構成については、分布の形状だけではなく、本人年齢ではみることができる団塊ジュニア世代の人口の動きが世帯主年齢ではみることができない。

　以下では、世帯主年齢と本人年齢という年齢の定義により、人口高齢化が所得格差に与える影響が異なることを明らかにする。そのため、世帯主年齢と本人年齢別に、1994年から2009年にかけての所得格差の変化を年齢内格差、年齢構成、年齢別相対所得のそれぞれの変化に寄与度分解を行う。

　表1-3と表1-4は、先行研究と同様に世帯主年齢による寄与度分解を行った分析結果である。表1-3は2人以上世帯、表1-4は単身世帯を含む総世帯を対象としている。まず、2人以上世帯の場合、1994年から2009年にかけてMLDが11.0ポイント上昇している（×1000表記とした。以下同）。「％変化分」の列からMLDがこの間9.4％上昇していることがわかる。最後の行からは、この間の年齢内格差の寄与度が4.0ポイント、年齢構成の寄与度が9.6ポイント、年齢別相対所得の寄与度が－2.6ポイントとなっており、主に年齢構成の変化により全体の所得格差の拡大が引き起こされていることがみ

表 1 - 3　世帯主年齢による MLD の寄与度分解：2 人以上世帯の等価可処分所得

期間 (年)	期首の MLD $1000 \times I_t$	期末の MLD $1000 \times I_{t+1}$	変化分 $1000 \Delta I_0$	% 変化分 $\% \Delta I_0 / I_t$	年齢内 格差 term A	年齢構成 term B + C	年齢別 相対所得 term D
1994-1999	117.1	118.9	1.8	(1.5)	− 1.8	4.0	− 0.3
1999-2004	118.9	128.0	9.0	(7.6)	7.1	3.9	− 1.9
2004-2009	128.0	128.1	0.1	(0.1)	− 1.1	1.3	0.0
1994-2009	117.1	128.1	11.0	(9.4)	4.0	9.6	− 2.6

出所：総務省『全国消費実態調査』（各年度）より作成。

表 1 - 4　世帯主年齢による MLD の寄与度分解：総世帯の等価可処分所得

期間 (年)	期首の MLD $1000 \times I_t$	期末の MLD $1000 \times I_{t+1}$	変化分 $1000 \Delta I_0$	% 変化分 $\% \Delta I_0 / I_t$	年齢内 格差 term A	年齢構成 term B + C	年齢別 相対所得 term D
1994-1999	123.0	124.9	1.9	(1.6)	− 2.6	5.1	− 0.6
1999-2004	124.9	133.4	8.5	(6.8)	6.5	4.9	− 2.9
2004-2009	133.4	136.4	3.0	(2.2)	0.4	2.2	0.3
1994-2009	123.0	136.4	13.4	(10.9)	3.8	12.9	− 3.3

出所：総務省『全国消費実態調査』（各年度）より作成。

てとれる。

　期間ごとにみると、年齢内格差は1999年から2004年にかけて格差拡大を引き起こしているが、それ以外の期間は所得格差を低下させる方向に寄与している。一方、年齢構成の変化はどの期間についても所得格差を拡大させている。

　表 1 - 4 は、同じく世帯主年齢による寄与度分解を、単身世帯を含む総世帯を対象にして行ったものである。表 1 - 3 の 2 人以上世帯より、総世帯を対象にした場合では年齢構成の変化による寄与度が高くなっている。ただし、1999年から2004年にかけては、 2 人以上世帯の場合と同様に、年齢構成の変化より年齢内格差の変化の寄与度が高い。

　このように、 2 人以上世帯でも総世帯でも、世帯主年齢でみた寄与度分解を行った場合、1994年から2009年の所得格差拡大については、その多くが年齢構成の変化によって説明できる。すなわち、人口高齢化によって所得格差拡大が引き起こされたという議論と整合的である。ただし、1999年から2004

年にかけては、年齢内格差による寄与度が年齢構成によるものを上回っている。これらの結果は、1999年までの2人以上世帯を対象にした大竹（2005）や2004年までの同じく2人以上世帯を対象とした山口（2014）といった先行研究と整合的である。

　次に、本人年齢による所得格差の寄与度分解を行ったものが表1-5と表1-6である。表1-5は、2人以上世帯を対象とし、表1-6は総世帯を対象とした。まず、2人以上世帯の1994年から2009年については、本人年齢の年齢内格差の寄与度が10.3ポイント、年齢構成の寄与度が3.0ポイント、年齢別相対所得の寄与度が−2.4ポイントと、世帯主年齢の場合とは異なり、所得格差拡大のほとんどが年齢内格差の変化によって説明される。総世帯でみた表1-6においても、1994年から2009年にかけての寄与度は、年齢内格差が9.1ポイント、年齢構成が5.9ポイントと年齢内格差のほうが大きくなっている。

　期間別にみると、1994年から1999年にかけては、確かに年齢内格差より年齢構成の変化による寄与度が高い。しかしながら、1999年から2004年と2004年から2009年にかけては、年齢構成の変化より年齢内格差の変化による寄与が大きくなっている。特に、1999年から2004年における年齢内格差の寄与度が大きい。

　したがって、1994年から2009年にかけての所得格差の拡大については、世帯主年齢でみると年齢構成の変化によって多くが説明され、本人年齢でみると年齢構成ではなく年齢内格差の変化によって多くが説明されることとなる。

　このような結果は、大竹（2005）や大竹・小原（2010）と同じ方法で、対数分散の要因分解を行った結果とも一致する。大竹・小原（2010）は、1984年から2004年にかけての2人以上世帯について『全国消費実態調査』を用いて対数分散の要因分解を行い、その期間のほとんどが年齢構成の変化、すなわち人口高齢化によって説明できるとしている。

　表1-7は、1994年から2004年と1994年から2009年について、対数分散の要因分解を行った結果である。まず、上段の世帯主年齢では、年齢内格差の要因より年齢構成の変化による要因が大きい。特に、大竹・小原（2010）のデータの期間に近い1994年から2004年については、年齢構成の変化によって多くが説明されている。

表 1 - 5　本人年齢による MLD の寄与度分解：2 人以上世帯の等価可処分所得

期間 （年）	期首の MLD $1000 \times I_t$	期末の MLD $1000 \times I_{t+1}$	変化分 $1000 \varDelta I_0$	% 変化分 $\% \varDelta I_0 / I_t$	年齢内 格差 term A	年齢構成 term B + C	年齢別 相対所得 term D
1994-1999	117.1	118.9	1.8	(1.5)	1.1	1.9	− 1.2
1999-2004	118.9	128.0	9.0	(7.6)	8.5	1.4	− 1.0
2004-2009	128.0	128.1	0.1	(0.1)	0.7	− 0.3	− 0.3
1994-2009	117.1	128.1	11.0	(9.4)	10.3	3.0	− 2.4

出所：総務省『全国消費実態調査』（各年度）より作成。

表 1 - 6　本人年齢による MLD の寄与度分解：総世帯の等価可処分所得

期間 （年）	期首の MLD $1000 \times I_t$	期末の MLD $1000 \times I_{t+1}$	変化分 $1000 \varDelta I_0$	% 変化分 $\% \varDelta I_0 / I_t$	年齢内 格差 term A	年齢構成 term B + C	年齢別 相対所得 term D
1994-1999	123.0	124.9	1.9	(1.6)	− 0.2	2.8	− 0.7
1999-2004	124.9	133.4	8.5	(6.8)	7.2	2.5	− 1.1
2004-2009	133.4	136.4	3.0	(2.2)	2.2	0.5	0.2
1994-2009	123.0	136.4	13.4	(10.9)	9.1	5.9	− 1.7

出所：総務省『全国消費実態調査』（各年度）より作成。

表 1 - 7　対数分散の要因分解：2 人以上世帯の等価可処分所得

	期間	期首の 対数分散	期末の 対数分散	変化分	年齢内 格差	年齢構成	年齢別 相対所得
世帯主 年齢	1994-2004	0.243	0.266	0.023	52.9%	94.7%	− 19.1%
	1994-2009	0.243	0.272	0.028	71.0%	98.2%	− 15.4%
本人 年齢	1994-2004	0.243	0.266	0.023	87.1%	41.2%	− 17.9%
	1994-2009	0.243	0.272	0.029	107.1%	34.8%	− 16.6%

出所：総務省『全国消費実態調査』（各年度）より作成。

　しかしながら、下段の本人年齢による対数分散の要因分解においては、1994年から2004年についても1994年から2009年についても、年齢内格差による要因が年齢構成による要因より大きくなっている。したがって、先行研究と同じ方法を用いても、本人年齢による寄与度分解では、年齢構成の変化ではなく年齢内格差の拡大によって近年の所得格差拡大の多くが説明される。

　このような本人年齢と世帯主年齢による分析結果の差は、世帯主年齢では

所得格差が大きい中高年齢層の人口に本人年齢では親と同居する子が含まれてしまい、人口の変化が過大に評価されてしまうことにある。また、年齢内格差の寄与度に差が生じる理由は、図1-1でみたように、世帯主年齢でも本人年齢でも20歳代から40歳代にかけて所得格差が拡大しているが、世帯主年齢の場合60歳代以上における所得格差縮小の幅が大きく、現役世代における年齢内所得格差拡大の一部を相殺していることが要因であると考えられる。

　そこで、最後に現役世代についてのみ年齢による寄与度分解を世帯主年齢、本人年齢別に行う。

　まず、表1-8は、世帯主年齢が59歳以下の単身世帯を含む世帯を対象とし、世帯主年齢による寄与度分解を行っている。この場合、いずれの期間も年齢構成による寄与度より年齢内格差による寄与度が高くなっている。同様に、本人年齢が59歳以下を対象とし本人年齢による寄与度分解を行った表1-9においても、この間の所得格差拡大のほとんどが年齢内格差の拡大によ

表1-8　59歳以下の世帯主年齢によるMLDの寄与度分解：総世帯の等価可処分所得

期間 （年）	期首の MLD $1000 \times I_t$	期末の MLD $1000 \times I_{t+1}$	変化分 $1000 \triangle I_0$	％変化分 ％$\triangle I_0 / I_t$	年齢内 格差 term A	年齢構成 term B＋C	年齢別 相対所得 term D
1994-1999	106.7	111.9	5.2	（4.9）	3.5	1.8	− 0.1
1999-2004	111.9	115.8	3.9	（3.5）	5.4	1.6	− 3.1
2004-2009	115.8	122.6	6.8	（5.9）	8.0	− 0.5	− 0.6
1994-2009	106.7	122.6	15.9	（14.9）	16.9	2.8	− 3.7

出所：総務省『全国消費実態調査』（各年度）より作成。

表1-9　59歳以下の本人年齢によるMLDの寄与度分解：総世帯の等価可処分所得

期間 （年）	期首の MLD $1000 \times I_t$	期末の MLD $1000 \times I_{t+1}$	変化分 $1000 \triangle I_0$	％変化分 ％$\triangle I_0 / I_t$	年齢内 格差 term A	年齢構成 term B＋C	年齢別 相対所得 term D
1994-1999	110.9	116.1	5.2	（4.7）	4.6	1.3	− 0.7
1999-2004	116.1	122.4	6.3	（5.5）	6.9	0.7	− 1.4
2004-2009	122.4	128.9	6.5	（5.3）	8.0	− 0.9	− 0.6
1994-2009	110.9	128.9	18.1	（16.3）	19.4	1.2	− 2.5

出所：総務省『全国消費実態調査』（各年度）より作成。

るものであることがみてとれる。

　したがって、所得格差拡大は主に現役世代で生じているが、現役世代内での年齢構成の変化ではなく、各年齢内の格差拡大によるものといえる。

おわりに

　多くの先行研究において、日本における所得格差の拡大が人口の高齢化によって引き起こされているとされてきた。しかしながら、ほとんどの先行研究では本人年齢ではなく、世帯主年齢を用いて分析されているという問題点を指摘できる。若年層において未婚化が進むことで、親と同居する期間が長くなり、若年者が世帯主として出現しにくくなるため、世帯主年齢は本人年齢より「高齢化」が進んでしまうおそれがある。そこで、本章では、世帯主年齢と本人年齢のそれぞれを用いて、所得格差拡大の寄与度分解の結果が異なるかについて検討を行った。

　まず、年齢別のジニ係数については、世帯主年齢では年齢が高くなるほどジニ係数が大きくなるが、本人年齢では30歳代や40歳代より20歳代のジニ係数が大きい。この傾向の違いは、所得格差の大きい50歳代の親と同居する20歳代の子が、世帯主年齢としては出現しないためである。また、1999年から2004年にかけては20歳代と30歳代前半において、2004年から2009年にかけては30歳代後半から40歳代において所得格差が拡大していた。

　次に、年齢構造の変化についても、世帯主年齢と本人年齢で異なっている。本人年齢でみた場合、1999年における25-29歳、2004年における30-34歳、2009年における35-39歳が相対的に高い割合で出現する。これは団塊ジュニアと呼ばれる1970年代前半生まれの第二次ベビーブームのコホートの人口の大きさによる。しかし、世帯主年齢ではこのコホートの動きが現れない。すなわち、未婚化や親と同居する若年者の増加により、各年齢層において、実際の団塊ジュニアの人口ほどには世帯主が出現しなかったといえる。

　そして、1994年から2009年にかけての所得格差の拡大について、年齢構造による寄与度分解を行った結果、世帯主年齢でみた場合は先行研究と同様に年齢構成の変化が主な要因であったが、本人年齢でみると年齢構成の変化より年齢内格差の拡大が主な要因となっていた。したがって、この間の所得格

差の拡大は、年齢構造の変化による「みせかけ」ではなく、各年齢階層内で広がったことによるといえる。特に、59歳以下の格差拡大については、ほとんどが年齢階層内格差の拡大によって引き起こされていた。

　このような、世帯主年齢と本人年齢による分析結果の違いは、2000年代に20歳代後半から30歳代であった団塊ジュニアが未婚化し世帯形成を行わず親と同居する割合が高くなったため、この世代において世帯主になる割合が低くなってしまったことによると考えられる。そのため、世帯主年齢でみると、親と同居する20歳代、30歳代の子が親世代の年齢の人口に多くカウントされるようになり、実際の年齢別人口より急速に「高齢化」してしまう。その結果、世帯主年齢で寄与度分解を行うと、比較的所得格差の大きい50歳代、60歳代の年齢層の人口割合がみかけ上大きく上昇し、格差拡大の主因として現れたといえる。

　そして、年齢別にみた所得格差については、世帯主年齢でみても本人年齢でみても1999年から2004年にかけて20歳代と30歳代前半で所得格差が拡大し、2004年から2009年にかけて30歳代後半と40歳代で所得格差が拡大した。すなわち、団塊ジュニア世代は、上の世代より人口規模が大きいだけではなく、同じ年齢に到達したときにより大きい所得格差を経験している。今後、経済状況が好転したとしても、団塊ジュニア世代の親が退職することで、親と同居していた40歳代未婚者のいる世帯の所得が低下すると考えられ、この世代の年齢内格差はより深刻化する可能性もある。

謝辞

　本稿は、JSPS 科研費 JP26380372の研究助成を受けた成果である。また、統計法33条に基づき、総務省「全国消費実態調査」の調査票情報を利用した。関係者各位に感謝申し上げる。

参考文献

Jenkins, Stephen P. (1995) "Accounting for Inequality Trends: Decomposition Analyses for the UK, 1971-86," *Economica*, 62-245, pp.29-63.

Mookherjee, Dilip and Anthony F. Shorrocks (1982) "A Decomposition Analysis of the Trend in UK Income Inequality," *Economic Journal*, 92-368, pp.886-902.

Moriguchi, Chiaki and Emmanuel Saez (2008) "The Evolution of Income Concentration in

Japan, 1886-2005: Evidence from Income Tax Statistics," *Review of Economics and Statistics*, 90（4）, pp.713-734.

OECD（2009）*Growing Unequal ?: Income Distribution and Poverty in OECD Countries*, OECD Publishing.（小島克久・金子能宏訳『格差は拡大しているか―― OECD加盟国における所得分布と貧困』明石書店、2011年）

Piketty, Thomas（2014）*Capital in the Twenty-First Century*, Belknap Press.（山形浩生・守岡桜・森本正史訳『21世紀の資本』みすず書房、2014年）

岩本康志（2000）「ライフサイクルからみた不平等度」国立社会保障・人口問題研究所編『家族・世帯の変容と生活保障機能』東京大学出版会。

大石亜希子（2006）「所得格差の動向とその問題点」貝塚啓明・財務省財務総合政策研究所編『経済格差の研究』中央経済社。

大竹文雄（1994）「1980年代の所得・資産分配」『The Economic Studies Quarterly』No.480、385-402頁。

―――（2005）『日本の不平等――格差社会の幻想と未来』日本経済新聞社。

大竹文雄・小原美紀　（2010）「所得格差」樋口美雄編『労働市場と所得分配』所収、慶應義塾大学出版会。

大竹文雄・齊藤誠（1996）「人口高齢化と消費の不平等」『日本経済研究』No.33、11-37頁。

―――（1999）「所得不平等化の背景とその政策的含意――年齢階層内効果、年齢階層間効果、人口高齢化効果」『季刊社会保障研究』Vol.35、No.1、65-76頁。

小塩隆士（2004）「1990年代における所得格差の動向」『季刊社会保障研究』Vol.40、No.3、277-285頁。

―――（2006）「所得格差の推移と再分配政策の効果――『所得再分配調査』からみた1980-90年代の日本」小塩隆士・田近栄治・府川哲夫編『日本の所得分配――格差拡大と政策の役割』東京大学出版会。

―――（2010）『再分配の厚生分析――公平と効率を問う』日本評論社。

佐野晋平・多田隼士・山本学（2015）「世帯調査の方法と調査世帯の性質――世帯構成、年収、学歴に関する比較」『フィナンシャル・レビュー』第122号、4-24頁。

四方理人（2013）「家族・就労の変化と所得格差――本人年齢別所得格差の寄与度分解」『季刊社会保障研究』Vol.49、No.3、326-338頁。

―――（2015）「所得格差の研究動向――所得格差と人口高齢化を中心として」『貧困研究』Vol.14、47-63頁。

白波瀬佐和子（2002）「日本の所得格差と高齢者世帯――国際比較の観点から」『日本労働研究雑誌』500、72-85頁。

白波瀬佐和子・竹内俊子（2009）「人口高齢化と経済格差拡大・再考」『社会学評論』60（2）、259-278頁。

田中聡一郎・四方理人（2012）「マイクロシミュレーションによる税・社会保険料

　　の推計」『ソシオネットワーク戦略ディスカッションペーパーシリーズ』第25
　　号。

内閣府（2006）『平成18年度版　年次経済財政報告書──成長条件が復元し、新た
　　な成長を目指す日本経済』内閣府。

西文彦（2013）「親と同居の未婚者の最近の状況 その 10」（http://www.stat.go.jp/trai
　　ning/2kenkyu/pdf/zuhyou/parasi10.pdf　最終確認日2017年 2 月 1 日）。

西崎文平・山田泰・安藤栄祐（1998）『日本の所得格差──国際比較の視点から』
　　経済企画庁経済研究所。

山口雅生（2014）「所得格差拡大の要因──人口の高齢化の再検討」『経済研究』65
　　（1）、86-93頁。

山田篤裕（2002）「引退期所得格差の OECD 9 カ国における動向、1985-95年──
　　社会保障資源配分の変化および高齢化、世帯・所得構成変化の影響」『季刊社
　　会保障研究』Vol.38、No.3、212-228頁。

山田篤裕・四方理人（2016）「高齢者の貧困の構造変化と老齢加算廃止による消費
　　への影響」『社会保障研究』Vol.1、No.2、399-417頁。

勇上和史（2003）『日本の所得格差をどうみるか──格差拡大の要因をさぐる』JIL
　　労働政策レポート、Vol.3、日本労働研究機構。

第2章

変わりゆく持家社会・日本と家計
——居住形態別貧困率と住宅費負担率の推計

田中聡一郎

はじめに

　日本は、持家社会として知られてきた。しかし近年、現役世代において、持家率が低下しつつある。また平均所得も下降していることから、固定的な費用である住宅費が家計に与える影響は大きくなりつつある。一方、高齢世代も、現役期に住宅購入ができなかった場合は、住宅費が家計を圧迫し、さらに高齢低所得者で民間賃貸に住む場合は、その家賃支払いや保証人の確保などのために、住宅の安定的な確保が難しくなる。

　これまで日本社会において、中間層の家計は、住宅所有を通じてライフサイクル上での経済的安定性を図ることが想定されてきた。すなわち、中間層は所得水準が高い現役期に住宅購入を行い、高齢期の年金生活に備えるものと考えられてきた。政府としても、持家は高齢者の経済的基盤となり、将来の年金の給付水準の十分性を高めるため望ましいものであった。そのため、住宅金融公庫による住宅資金の貸付、住宅ローン控除といった税制上の優遇などを通じて、持家取得を促進してきた。

　しかし今後は、高い持家率をベースとして、年金・医療・介護などの社会保障制度を維持することは難しくなるかもしれない。先述のとおり、現役世代の持家率は、徐々に低下している。さらに人口減少のなかで空き家、空き部屋など住宅ストックの有効活用という課題も生じている。

　こうした持家社会の変化は、社会保障の将来にも大きな影響を与えるだろう。そのため、住宅費という切り口で家計の現状を把握することは、今後の社会政策のあり方を考えるうえで重要である。

　そこで本章では、1994年から2009年の『全国消費実態調査』の個票データを用いて、居住形態別の貧困率や住宅費負担を推計し、近年、住宅問題が生じつつあることを確認したい。本章で利用する『全国消費実態調査』は、消費・所得・資産（住宅資産も含む）の把握を行っている総合的な調査である。また調査規模も大規模であり、2009年の調査ではサンプルサイズは約57,000世帯もある。家計簿票も有するために、細かな消費項目を捉えることができ、家賃以外の住宅費負担についても広範に把握することが可能である。本章では、第1節で、国際比較を通じて、日本の住宅システムの特徴を把握し、第2節では住宅費負担の現状について検討する。また第3節では居住形態別の貧困率の推計を行う。おわりに、住宅費負担や居住形態別の貧困率から、今後の社会政策と住宅政策の連携について考察を行う。

第1節　日本の住宅システム──住宅所有と社会政策の観点から

1　変わりゆく持家社会・日本

　まずは OECD データベース（OECD Affordable Housing Database）から、日本の住宅システムの国際的な特徴をみてみたい。図2-1は2014年近傍の居住形態の世帯割合の国際比較である。同データベースには、日本のデータが含まれていないので、2014年の『全国消費実態調査』の居住形態別の世帯割合を追記した。

　東欧諸国で持家率が高い国々が多いために、日本の特徴が読み取りにくいかもしれないが、日本の居住形態別の世帯割合は、持家（住宅ローンなし）50.2％、持家（住宅ローンあり）20.5％で、持家率はあわせて70.6％となっている（さらに持家（住宅ローン残高不詳）4.8％を加えると、持家率は75.4％となる）。G7諸国の持家率との比較では、イタリアが71.8％、カナダ69.3％、イギリス63.4％、アメリカ63.2％、フランス61.4％、ドイツ45.0％というように、日本は確かに主要先進諸国では高い持家率となっている。

　しかし、持家中心の日本の住宅システムにおいても、徐々に変化が生じつつある。図2-2は2013年の『住宅・土地統計調査』を用いて、ここ20年（1993-2013年）の家計主年齢別の持家率を示したものである。同時期の日本全体の持家率は6割程度で推移している（高齢化の影響と考えられるが、1993

図2-1　居住形態の国際比較

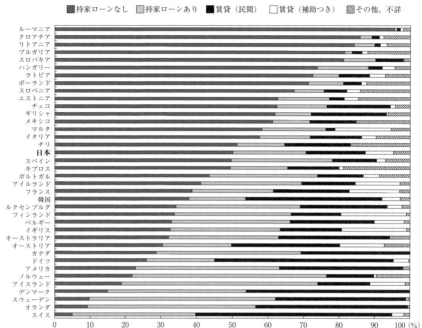

注：『全国消費実態調査』の「公営借家、都市再生機構・公社等借家、給与住宅、寮・寄宿舎」を「賃貸（補助つき）」とした。また持家（住宅ローン残高不詳）は「その他、不詳」とした。
出所：OECD Affordable Housing Database; 総務省統計局（2014）『平成26年全国消費実態調査』より作成。

年の59.6％から2013年の61.6％へと若干上昇している）。しかし、現役世代の持家率をみてみると、住宅購入をすると考えられてきた30歳代や40歳代で、持家率が低下しつつあることがわかる。

　こうした現役世代の持家率の低下については、所得水準の低下に加えて、今後人口減少社会を迎えるなかで住宅の資産価値が低下することを見越した行動といえるかもしれない。また、未婚化も進行しており単身世帯も増加し、住宅需要が減少しているなどの人口学的な要因も考えられる。いずれにせよ、住宅を購入するという標準的なライフコースをたどらない世帯は増えつつあり、持家社会としての日本社会は、大きな変化のときを迎えている。

図 2 - 2　家計主年齢別の持家率の推移（1993-2013年）

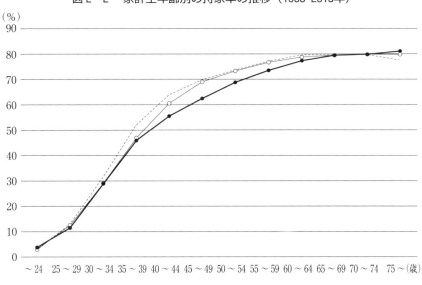

出所：総務省統計局（2013）『平成25年住宅・土地統計調査』より作成。

2　高齢者の居住形態と年金の関係

　住宅所有は、高齢期の生活水準を支える経済的基盤として、特に重要である。高齢期に住宅を所有している場合は家賃を支払わずにすむため、住宅ローンがない場合は、住宅費の軽減を図ることができる（ただし、固定資産税や住宅管理の費用はかかる）。さらには優良な住宅を所有している場合は家賃収入や売却益を得ること、また（日本では広がりをみせていないが）リバースモーゲージを利用することも可能になるかもしれない。一方、現役期に低所得である場合は住宅資産の形成が難しく、所得が低下する高齢期に住宅費が家計を圧迫することになる。加えて、平均寿命が伸び要介護状態となる高齢者が増加するなかで、高齢者向けの住宅や介護施設も必要となっている。特に、低年金の高齢者の場合は住宅の選択肢が限られてしまい、十分な住環境が得られないことが考えられる。

　高齢者の生活水準を考えるうえで、年金と住宅がどのような関係にあるのか整理することは重要であるように思われる。年金と住宅保有の関係につい

ては、福祉の国際比較研究のなかで検討が進められてきた。代表的な議論として、年金と住宅保有がトレードオフの関係にあるという研究がある（Kemeny 1981; Castles 1998; Kemeny 2005）。それらの研究では、持家率が高い場合、政府は年金の給付水準を高くする必要性が薄れること、反対に年金の給付水準が低い場合、将来の高齢期の生活困窮を見越して、個人は現役期に住宅資産の購入を行うなどの関係性が議論される。

では実際に、高齢者の貧困率と年金・住宅の関係について考察してみたい。[1]
図 2 - 3 の横軸は高齢者 1 人あたりの年金給付の対 AW（平均的労働者の賃金、Average Worker Earnings）比、縦軸は高齢者の持家率、円の大きさは高齢者の貧困率を示している。なお国名のあとの（　）内の数字は高齢者の貧困率を示している。筆者が追記した日本のデータは、『全国消費実態調査』の個票データを再集計したものである。

公的年金の給付水準を表している横軸について、OECD（2013）では公的年金給付の対 GDP 比であったが、それでは高齢化の影響を直接に受けてしまうので、複数のデータセットを用いた粗い数字ではあるが、図 2 - 3 の注のように高齢者 1 人あたりの公的年金の平均給付額を算出した。また一般にOECD の国際比較で年金の給付水準を計測する際は、所得代替率を用いられるが、それは20歳から標準的な支給開始年齢まで平均賃金で働いた場合のモデル的な年金の水準（対現役期の報酬額比）を示すものである。したがって年金給付の現状を示すものはなく、現時点で年金が高齢者の貧困率にどのように影響しているのかについては考察できないので、高齢者 1 人あたり公的年金の平均給付額を用いた。[2]

図 2 - 3 の見方であるが、OECD 平均と比較して、第 I 象限に属するのは公的年金の給付水準が高く、また持家率も高い国々（例：スロバキア、ポーランドなど）、第 II 象限に属するのは公的年金の給付水準が低く、持家率が

---

1 ）　OECD の高齢者は65歳超の者となっているが、筆者が『全国消費実態調査』から推計した日本の高齢者は65歳以上としている。

2 ）　ただし強制加入や準強制加入などの私的年金の給付規模が大きい国々もあり、公的年金の規模だけで判断することには限界がある。例えば、私的年金の給付規模が大きい上位 3 位の国をみれば、スイス（強制加入）の給付額は5.8%［対 GDP 比、以下同様］、オランダ（準強制加入）の給付額は5.6%、イギリス（強制加入と任意適用）の給付額は4.6%である。

図2-3　高齢者の貧困率と自宅保有・公的年金の給付水準の関係

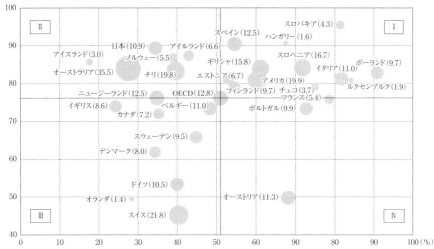

(%)（2000年代末近傍、縦軸：高齢者の持家率、横軸：高齢者1人あたり公的年金の平均受給額［対AW比］）

注：高齢者1人あたり公的年金の平均受給額［対AW比］については、公的年金給付額の対GDP
　　比に各国のGDPを掛け合わせて、各国の高齢者人口で除し、さらには平均的労働者の賃金
　　（AW）比をとったものである。なお用いたデータは、公的年金給付額の対GDP比（2009年）
　　はOECD（2013）、GDP（2009年）・総人口（2010年）はOECD Dataからダウンロード、高齢
　　者比率（2010年）はOECD Factbook 2013、平均的労働者の賃金（2008年）はOECD Pensions at
　　a Glance 2011である。
出所：OECD（2013）の図2.14を改変（公的年金給付費の対GDP比を、高齢者1人あたり公的年金
　　の平均受給額［対AW比］に変更した。高齢者の持家率、貧困率はそのまま用いた）。日本
　　の高齢者の持家率と貧困率は、総務省統計局（2009）『全国消費実態調査』から筆者推計。

高い国々（例：アイスランド、オーストラリア、日本など）である。同様に、
第Ⅲ象限に属するのは公的年金の給付水準が低く、持家率が低い国々（例：
オランダ、ドイツ、デンマークなど）、第Ⅳ象限に属するのは公的年金の給付
水準が高く、持家率が低い国々（例：オーストリア）である。
　こうしてみてみると、持家率が高くなればなるほど公的年金の給付水準を
抑えるという住宅と年金のトレードオフの関係は見出せない。貧困率につい
ても、どの象限に属していても高い貧困率と低い貧困率の国がある。したが
ってOECD（2013）と同様の結論となってしまうが、住宅購入については、
年金制度によってのみ決定されるわけではなく、様々な要因によって規定さ
れると考えられる。

第2節　住宅費負担の現状

1　定義

　住宅費は、どの世帯類型において重くなっているのだろうか。住宅費は家計に占める割合も大きく、また固定的な費用であるために、家計管理に大きな影響を及ぼす。また、住宅費負担が重くなることで、子どもの教育費や高齢者の医療費など削ることが難しい家計支出と、苦しいやり繰りが強いられるかもしれない。

　本節では『全国消費実態調査』の個票データを用いて、住宅費負担率の推計を行う。住宅費負担率は、可処分所得にしめる住宅費の割合で計算している。可処分所得は、『全国消費実態調査』の「年収・貯蓄等調査票」を用いて、筆者らが推計した所得税・住民税、社会保険料を総所得から差し引いて算出したものである。持家の場合、帰属家賃を所得に合算する手法などもあるが、本章では帰属家賃は用いていない。住宅費は、『全国消費実態調査』の「家計簿票」を用いて、以下のように居住形態別に定義する。なお、ここでの持家世帯は「持家（ローンあり）、持家（ローンなし）」とし、賃貸世帯は「民営借家・借間、公営借家、公団（都市再生機構）・公社の借家、給与住宅、寮・寄宿舎」として区分している。

　　　　持家世帯：土地家屋借金返済額、地代、設備修繕・維持費、光熱・水道
　　　　　　　　　費、住宅関係負担金
　　　　賃貸世帯：家賃、地代、設備修繕・維持費、光熱・水道費、住宅関係負
　　　　　　　　　担金

　ただし、『全国消費実態調査』のデータの制約から、土地家屋借金返済額は、「家計簿票」の質問項目から元本分と利子分を分離して把握することはできない。また、1999年の勤労者以外の世帯の土地家屋借金返済額についてはデータがなかったため（ただし無職世帯のデータはある）、同年の解釈には留意が必要となっている。

2　推計結果

　図2-4は、居住形態別の住宅費負担率の推移（1994〜2009年）を示してい

図2-4　居住形態別の住宅費負担率

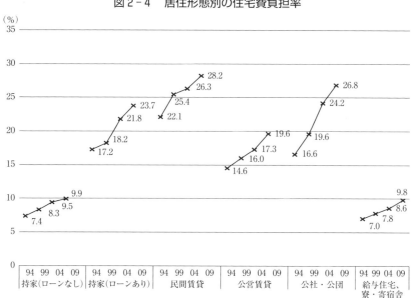

出所：Watanabe, Tanaka（2017）より作成。

る。図2-4によれば、すべての居住形態において住宅費負担率が上昇している。なかでも、「持家（ローンあり）」、「民間賃貸」（＝民間借家・借間）、「公営賃貸」（＝公営借家）、「公社・公団」の上昇の動きが顕著である。

　住宅費負担率の上昇要因としては、1994年から2009年の間で平均世帯可処分所得は低下していることから所得低下要因、また家賃や住宅購入の費用の上昇など住宅市場要因も考えられる。そうした状況をうけて、「持家（ローンあり）」世帯や「民間賃貸」世帯などで負担が高まっているといえるが、「公営賃貸」や「公社・公団」などでは入居者の動向や政策的要因も考えられる。公営住宅では収入区分でも最も低い収入階級の入居者が増加しているが、そのなかでも低収入の入居者が増えることによって、結果的に公営住宅の負担率が上昇している可能性がある。また公社・公団の負担率も、1999年の都市基盤整備公団の設立（2004年からは都市再生機構）に伴い、原価を基準とする家賃制度から近傍同種の家賃額を基準とする市場家賃制度へ変更し、その後もUR賃貸住宅の募集家賃・継続家賃は上昇しており、政策的要因も考えられる。

図 2-5　世帯類型別の住宅費負担率（子ども：18歳未満）

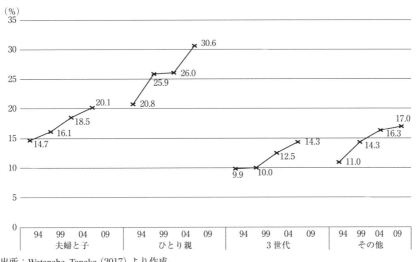

出所：Watanabe, Tanaka（2017）より作成。

　次に、世帯類型別の住宅費負担率を検討してみよう。世帯類型は、本人年齢別に設定している。具体的には、本人年齢が18歳未満（＝子ども）である場合は、「夫婦＋子」、「ひとり親」、「3世代」、「その他」という世帯類型である。本人年齢が18歳以上64歳未満（＝現役世代）の場合は、「単身」、「夫婦」、「親同居未婚子」、「親同居既婚子」、「3世代」、「その他」という世帯類型である。本人年齢が65歳以上（＝高齢者）の場合は、「単身」、「夫婦」、「無配偶子と同居」、「有配偶子と同居」、「3世代」、「その他」と設定している。なお、負担率は世帯単位で計算されるが、図表は個人単位で集計されている。

　図 2-5は、子どもの住宅負担率の状況である。またここでも、どの世帯類型でも負担率が上昇しているが、特にひとり親世帯の住宅費負担の高さが顕著である。ひとり親世帯は、子育てと仕事を両立させるためにも、子どもの保育所と職場に通いやすい利便性の高い住宅が必要となるが、その住宅費負担は重く、公的な支援が必要と考えられる。

　図 2-6は現役世代の住宅費負担率の推移を示している。ここでも、おおむねすべての世帯類型において住宅費負担率は上昇している。また単身世帯

図２−６　世帯類型別の住宅費負担率（現役世代：18〜64歳）

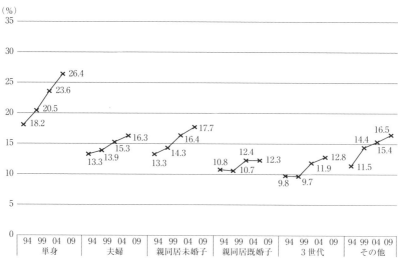

出所：Watanabe, Tanaka（2017）より作成。

図２−７　世帯類型別の住宅費負担率（高齢者：65歳以上）

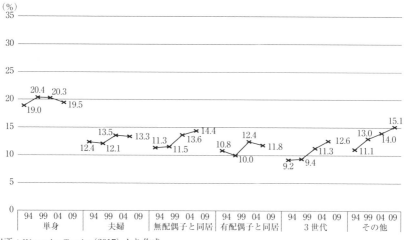

出所：Watanabe, Tanaka（2017）より作成。

の負担率の上昇率の伸びは大きく、負担率の水準も他の世帯類型よりも高い。単身世帯の所得水準が低いことに加え、複数人数世帯のほうが、賃貸住宅においても割安になることなども反映しているだろう。

　図 2 - 7 は、高齢者の住宅費負担率の推移を示している。高齢者の場合は持家率が高く、また住宅ローンについても返済済みの世帯も多いことから、住宅費負担率は他の年齢層よりやや低い。ただし高齢者の場合も、単身世帯の負担率の水準は高い。今後単身世帯が増加することによって、高齢者の住宅問題が拡大していく可能性がある。

第 3 節　居住形態別貧困率

1　定義

　どの居住形態において、貧困が生じているのであろうか。今日、ハウジングプアといった言葉が注目されるようになっており、2017年 4 月の住宅セーフティネット法の改正により、政府も高齢者、低額所得者、子育て世帯などの住宅確保要配慮者に対する入居支援を開始した。

　本節では、居住形態別の相対的貧困率の推計を行う。相対的貧困率とは、等価可処分所得の中位値の50％を貧困線（＝相対的貧困線）として、それ未満の所得しかない世帯員割合のことをいう。データは、総務省統計局『全国消費実態調査』（2009年）の個票データである。前節と同様に、可処分所得は、『全国消費実態調査』の「年収・貯蓄等調査票」を用いて筆者らが推計したものである。年齢区分（18歳未満の子ども、18歳～64歳の現役世代、65歳以上の高齢者）も前節と同様である。ただし、どの居住形態、どの年齢層の貧困率であっても、総人口の等価可処分所得を用いた相対的貧困線で計測している。[3]

2　推計結果

　図 2 - 8 は、居住形態別の相対的貧困率を示している。2009年の総人口の貧困率は8.9％である。居住形態別にみていくと、持家（住宅ローンなし）の

---

3 ）『全国消費実態調査』の匿名データを用いて住宅費控除前後所得で貧困率を推計したものとして川田・平山（2015）がある。

図2-8　居住形態別貧困率（2009年）

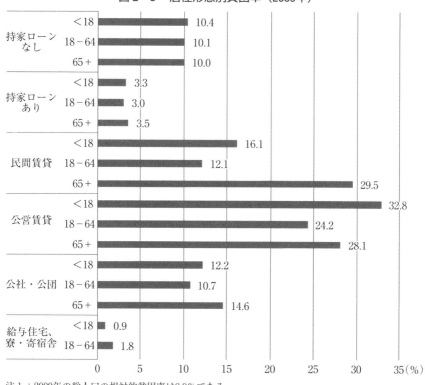

注1：2009年の総人口の相対的貧困率は8.9％である。
　2：推計結果が5％水準で有意でないカテゴリーの貧困率は掲載していない（給与住宅、寮・寄
　　宿舎で暮らす65歳以上の高齢者）。
出所：Watanabe, Tanaka（2017）。

場合では、総人口の貧困率よりはやや高く10％台となっている。一方、持家
（住宅ローンあり）の場合は、どの年齢層でも貧困率が低く3％台である。住
宅ローンを借りられるほどの所得水準があるため、貧困率は低くなるのであ
ろう。また高齢者の場合は3世代同居で暮らしており、子世代に住宅ローン
があるケースなども含まれていると考えられる。

　民間賃貸の場合は、どの年齢層でも総人口の貧困率よりも高いが、特に高
齢者の貧困率が30％弱と顕著である。公営賃貸の場合は、所得による入居基
準があるため、貧困率が高いのは当然であるが、高齢者においては、民間賃
貸の貧困率が公営賃貸の貧困率と同程度であることに注目したい。公営住宅

については、応募倍率も高く（2014年度：全国平均5.8倍、東京都22.8倍、大阪10.5倍）、なかなか新たに入居できない現状がある。そのため、現役期に住宅購入できなかった多くの低所得高齢者が住宅に困窮する低額所得者のために供給されているはずの公営住宅に入ることができず、「民間賃貸」に居住している可能性がある。

　なお、「公社・公団」の場合は、総人口の貧困率よりやや高い値となっている。また、「給与住宅」世帯の貧困率は、当然有業者であるために低くなる。

3　低所得高齢者の住宅問題

　本章の分析では、民間賃貸で暮らす高齢者の貧困率の高さが特徴的であった。近年、こうした民間借家に居住している高齢者世帯は増加しており、2003年109万世帯から2013年162万世帯へと約1.5倍になっている（厚生労働省2016）。

　住宅資産は住宅費の節約に役立つために、高齢期の生活水準を高めるものとして考えることができるが、これらの世帯では、現役期に住宅資産の形成が難しかったために、住宅費も含む生活費を（貯蓄を取り崩しつつ）公的年金から捻出せざるを得ないことになる

　さらに高齢者の場合、入院やたびたびの通院、あるいは要介護状態が進むことによって、医療費や介護費用がその家計に与える影響も大きい。筆者らが行った分析によれば、医療費・介護費の自己負担分の平均負担率（＝自己負担／総所得）は低所得層において高くなる。また、可処分所得から医療費・介護費の自己負担を差し引いたときの貧困率は、特に高齢者において上昇することが明らかになっている（田中・四方・駒村 2013）。

　加えて、在宅生活を続けることが難しくなるとき、高齢者向けの住宅や介護施設に入居する必要があるかもしれない。その場合でも、厚生年金を受給している中所得層以上の高齢者であれば、サービスつき高齢者向け住宅（サ高住）や有料老人ホームなども選択肢として考えられるが、国民年金を受給している低所得層の高齢者の場合は、選択肢は少なく、要介護度がかなり高くならないかぎり、特別養護老人ホームなど介護保険施設に入居できない状況がある（落合 2014）。こうした状況を背景に、低所得高齢者向けの住宅系の貧困ビジネスが生まれ、社会問題にもなっている。

むすびに──ポスト持家社会の住宅保障に向けて

　持家社会において期待されてきた、高齢期の備えとしての住宅資産形成は、現役期の安定した雇用と収入、また住宅資産価格の安定性が前提となっている。しかし中間層の衰退や人口減少による住宅余剰（空き家・空き部屋）といった環境変化により、従来型の住宅政策（中間層への持家促進と低所得層への公営住宅整備）には変化が求められている。ポスト持家社会や人口減少社会の到来を見据えた住宅保障の提案もなされており（平山 2009; 山崎 2017）、本章のむすびとして、今後の政策対応についてまとめたい。

　第1の方向性として、住宅手当の導入がある。これまで低所得者向けの住宅政策としては公営住宅が柱となってきたが、管理戸数の大幅な増加は見込めずまた応募倍率も高い現状などから、今後多くを期待することは難しい。一方、先進諸国をみれば、住宅手当を導入している国々も多く、空き家・空き部屋などが生じつつある日本の住宅ストックの現状を考えれば、住宅手当の導入は効率的な手法と考えられる。さらに住宅手当は、支給対象とする住宅の基準を設定することにより、民間賃貸住宅の質の向上を図ることも期待されている。今後、住宅手当の導入を通じて、良質で安価な民間賃貸市場を社会的に生み出していく必要性があるであろう。2017年4月に住宅セーフティネット法が改正され、政府も新たな政策を打ち出すようになった。具体的には、民間の空き家などを活用し、住宅確保要配慮者（高齢者、子育て世帯、低額所得者など）の入居を拒まない賃貸住宅の登録制度の創設などを行うとしている。また国と自治体で、家賃低廉化に係る補助として大家等に最大月額4万円、家賃債務保証料の低廉化に係る補助として保証会社等に最大年額6万円の補助を実施することになっている。一般の低所得者向けの住宅手当の導入には、対象者の範囲の検討と財政規模、公営住宅および住宅扶助との関係の整理、家賃上昇への対応、実施体制の整備など検討すべき論点は多数あるが、改正住宅セーフティネット法の取り組みなどから議論の本格化が期待される。

　第2の方向性としては、既存住宅の資産価値の向上や維持も重要である。2013年の『住生活総合調査』の住み替え住宅の意向調査によれば、「中古住宅」でよいという回答や「こだわらない」という回答が増えている。住宅流

通シェアにしめる中古住宅の割合も、諸外国よりは小さいものの長期的には上昇しつつある。中間層の住宅購入を支えるためにも、価格が抑えられた良質な既存住宅の再生が必要であり、リフォーム・改修などの支援も重要である。人口減少社会においても、住宅の資産価値が安定的であれば、家計にとって住宅購入が合理的なものとなり住宅市場も活性化すると考えられる。それでも老朽化した空き家などが目立つ地域においては、自治体の公的支援による改修や他用途への転換、さらには解体などの積極的な対応が求められる。

　持家世帯を中心とした日本の住宅政策と社会保障については再考が求められている。住宅政策と社会保障の連携による、生活の基盤である住宅保障の必要性が高まっている。

参考文献

Castles, Francis G.（1998）"The Really Big Trade-off: Home Ownership and the Welfare state in the New World and the Old," *Acta Politica*, 33（1）, pp.5-19.

Kemeny, Jim（1981）*The Myth of Home-ownership: Private versus Public Choices in Housing Tenure*, Routledge & Kegan Paul.

─────（2005）"The Really Big Trade-off' between Home Ownership and Welfare Castles' Evaluation of the 1980 Thesis, and a Reformulation 25 Years on," *Housing, Theory and Society*, 22（2）, pp.59-75.

Watanabe, Kuriko and Soichiro Tanaka（2017）"Housing Affordability in Japan（1994-2009）" 慶應義塾大学経済研究所 Discussion Paper, 近刊。

Saunders, Peter, Kuriko Watanabe and Melissa Wong（2015）"Poverty and Housing among Older People: Comparing Australia and Japan," *Poverty and Public Policy*, 7（3）, pp.223-239.

OECD（2013）*Pensions at a Glance 2013*.（岡部史哉訳『図表でみる世界の年金 OECD インディケーター（2013年版）』）

落合明美（2014）「単身要介護高齢者の急増と住居とケア」『社会保険旬報』第2571号、20-28頁。

金子勝（1991）「企業社会の形成と日本社会──「資産所有民主主義」の帰結」東京大学社会科学研究所編『現代日本社会 5 構造』第3章、125-167頁。

川田菜穂子・平山洋介（2015）「所得格差と相対的貧困の拡大における住宅費負担の影響──住宅費控除後所得（After-housing income）を用いた実証分析を通じて」『住総研研究論文集』第42号、215-225頁。

駒村康平・丸山桂（2013）「低所得世帯の居住水準の実証研究」『三田学会雑誌』

第105巻第 4 号、617-648頁。

高山憲之・有田富美子（1996）『貯蓄と資産形成——家計資産のマイクロデータ分析』岩波書店。

田中聡一郎（2017a）「高齢者の住まいと年金給付——国際比較と日本の課題」『共済新報』第58巻第 6 号、 6 -14頁。

————（2017b）「日本の住宅費過重負担率の推計」生活経済学会関東部会報告。

田中聡一郎・四方理人・駒村康平（2013）「高齢者の税・社会保障負担の分析——『全国消費実態調査』の個票データを用いて」『フィナンシャルレビュー』第115号、117-133頁。

中澤正彦・米田泰隆・菊田和晃（2015）「高齢者の貯蓄と資産の実態——『全国消費実態調査』の個票による分析」KIER Discussion Paper No.1509（京都大学経済研究所）。

平山洋介（2009）『住宅政策のどこが問題か——〈持家社会〉の次を展望する』光文社新書。

————（2011）『都市の条件——住まい、人生、社会持続』NTT 出版。

丸山桂（2013）「居住水準を考慮した低所得者向け住宅政策の実証分析」『成蹊大学経済学部論集』44（ 1 ）、77-102頁。

山崎史郎（2017）『人口減少と社会保障——孤立と縮小を乗り越える』中公新書。

〈参考資料〉

OECD：Affordable Housing Database（AHD）
　　http://www.oecd.org/social/affordable-housing-database.htm（2017年10月31日 最 終アクセス）

EU-STAT: The European Union Statistics on Income and Living Conditions（EU-SILC）
　　http://ec.europa.eu/eurostat/web/microdata/european-union-statistics-on-income-and-living-conditions（2017年10月31日最終アクセス）

厚生労働省（2016）「生活困窮者自立支援のあり方等に関する論点整理のための検討会（第 4 回）資料 3 」
　　http://www.mhlw.go.jp/file/05-Shingikai-12201000-Shakaiengokyokushougaihokenfukushibu-Kikakuka/shiryou2_5.pdf（2017年10月31日最終アクセス）

第3章

「平成の大合併」における
市町村合併要因の分析

宮﨑雅人

はじめに

　本章においては市町村合併の要因を明らかにする。中でも一般財源の動向が市町村合併に与えた影響について検証する。後述するように、基準財政需要額算定に用いられる段階補正の見直しが小規模町村を合併に追い込んだという主張があるが、こうした制度変更が市町村合併の要因となったのかは実証的には必ずしも明らかにされていない。そこで、サバイバル分析によって市町村合併の要因を分析する。

　市町村合併の要因については、青木（2006）、町田（2006）、広田（2007）、梶田（2008）、宮崎（2010）、中澤・宮下（2016）などが分析を行っている。特に地方交付税の影響については、青木（2006）、町田（2006）は1998〜2001年度における第一次段階補正見直しや2001年度の地方交付税の削減、2002〜2004年度における第二次段階補正見直しが小規模町村を市町村合併に追い込んだと論じている。また、広田（2007）は段階補正見直しなど1990年代末からの地方交付税の動向について言及してはいないが、ロジット分析によって交付税比率や経常収支比率が高い市町村が法定協議会を設置し、最終的に合併したことを明らかにしている。これに対して、宮崎（2010）はパネルデータ線形確率モデルで2002〜2004年度の第二次段階補正見直しが市町村の合併協議会・法定協議会への設置確率を高めたことを明らかにしている。さらに、中澤・宮下（2016）は市と町村とに分けてロジット分析やサバイバル分析を行っている。分析の結果、市については経常収支比率が低く、公債費比率が高い市が合併を行う確率が高く、タイミングも早いが、町村については経常

収支比率や公債費比率が高い町村が合併を行う確率が高いとしている。交付税比率の高さは、市で有意でなく、町村では最終的に合併の確率を高めることになるものの、そのタイミングを遅らせると解釈している。

　このように、地方交付税が市町村合併に与えた影響は先行研究でも結論が分かれており、異なる見方が存在している。そこで、本章においては、その影響について明らかにするものである。

　本章の構成は次のとおりである。第1節においては本章で採用するサバイバル分析について説明する。第2節においては推定結果を示す。第3節においては2000年代前半の一般財源の動向を示し、先の推定結果とあわせて市町村合併の要因について検討する。

第1節　分析手法

　市町村合併の要因を明らかにするため、離散時間ハザードモデルを用いてサバイバル分析を行う。伊藤（2002）が述べているように、この分析手法は新政策がある時点で採用されたかどうかを被説明変数とし、採用者の属性、時間、環境などに関する変数で説明していくものであり、中澤・宮下（2016）においてもこの手法が用いられている。そこでも指摘されているように、イベントの条件付き発生確率を求める離散時間ロジット分析は、複数年度にわたる合併の要因分析には妥当であろう。

　分析にあたって、旧合併特例法改正の1999年度から適用期限の2005年度までを対象とし、合併が成立した年度を1とするダミー変数を作成し、合併に影響を与えると考えられる諸変数を並べ、パーソン・ピリオド・データを構築する。変数としては、人口、面積、高齢化、歳入総額に占める普通交付税の割合、経常収支比率、フローの財政指標として公債費負担比率、ストックの財政指標として一般財源に対する市町村債残高の比率、公営企業債のうち水道事業・下水道事業・病院事業・観光事業の比率[1]、積立金の比率を採用している。なお、法定協議会の設置から合併の成立まで平均で2年程度を要していることから[2]、2年度前の変数を用いている。

（1）法適用企業と法非適用企業とを合わせた額である。
（2）上村・鷲見（2003）、宮崎（2006）、中澤・宮下（2016）においても指摘されている。

第2節　推定結果

　データの出所は表3-1、推定に用いた変数の記述統計量は表3-2、推定結果は表3-3および表3-4に示すとおりである。表3-3において市町村全体、表3-4において中澤・宮下（2016）と同様に市と町村とに分けたものを示している。離散時間ロジットモデルでは基底ハザードを推定する必要がある。ここでは旧合併特例法改正の1999年度からの経過年数およびその2乗項、年度ダミー変数を用いて基底ハザード（時間効果）の推定を行った。

　市町村全体のデータを用いた推定結果を示した表3-3から次のことを読み取ることができる。AIC が低い年度ダミー変数を用いた推定結果をみると、高齢化率、歳入に占める普通交付税の割合、一般財源に対する市町村債残高の比率は、それらが増加するほど合併を行う確率は有意に高くなる。逆に面積、経常収支比率、公債費負担比率、積立金残高は増加するほど合併を行う確率は有意に低くなる。

　次に市と町村とに分けて推定を行った結果を示した表3-4からは次のことを読み取ることができる。AIC が低い年度ダミー変数を用いた推定結果をみると、高齢化率が高いほど合併を行う確率は有意に高くなる。人口と面積については、町村において、それらが増加すると合併を行う確率は有意に低くなる。市においては、有意ではなかった。

　財政関連の変数については、町村において公債費負担比率が高いほど合併を行う確率は有意に低くなっている。市町村債にかかるフローの指標からみれば、市町村債の元利償還が合併する確率を低くする要因となっている。これに対して、市町村債残高については有意に正の値となっている。したがって、ストックの指標からみれば、市町村債が合併する確率を高くする要因となっている。[3]　また、一般財源に対する積立金残高の比率は町村においてのみ有意に低くなっている。これについては先行研究において十分に議論されてこなかったが、資金的な備えのある町村ほど合併を行わなかったといえる。

　さらに、市については経常収支比率が高いほど合併を行う確率は有意に低

（3）中澤・宮下（2016）は、逆に合併が地方債発行に与える影響について分析を行い、合併を予定している自治体は地方債発行を増加させており、合併後の人口規模が相対的に小さいところほどそのような傾向がみられると結論づけている。

表 3-1　データ出所

変数	出所
合併市町村と合併実施年度	総務省 web サイト「市町村合併資料集」
人口（人）、高齢化率（％）	「住民基本台帳に基づく人口、人口動態及び世帯数調査（各年版）」
面積	「全国都道府県市区町村別面積調（各年版）」
経常収支比率（％） 公債費負担比率（％） 歳入総額（千円） 普通交付税（千円） 一般財源（地方税＋地方消費税交付金＋地方譲与税＋地方交付税＋地方特例交付金） 積立金残高（千円）	「市町村別決算状況調（各年度版）」
市町村債残高（千円）	「地方財政状況調査（各年度版）」
公営企業債残高（千円）	総務省に対する情報公開請求によって得られたデータ

表 3-2　記述統計量

		サンプル数	平均値	標準偏差	最小値	最大値
人口	全体	21,454	37,037.62	125,239.90	193	3,495,117
	市	4,523	135,192.70	248,819.80	5,666	3,495,117
	町村	16,931	10,816.16	8,798.86	193	57,957
面積	全体	21,454	116.13	137.70	1.27	1,408.32
	市	4,523	156.13	157.96	5.10	1,231.34
	町村	16,931	105.44	129.70	1.27	1,408.32
高齢化率	全体	21,454	23.95	7.12	6.62	52.30
	市	4,523	18.58	4.91	6.62	38.67
	町村	16,931	25.39	6.94	8.21	52.30
普通交付税／歳入	全体	21,454	30.18	13.50	0.00	70.47
	市	4,523	15.71	10.12	0.00	42.80
	町村	16,931	34.05	11.52	0.00	70.47
経常収支比率	全体	21,454	82.71	7.43	35.00	142.50
	市	4,523	85.87	7.17	50.40	116.70
	町村	16,931	81.87	7.27	35.00	142.50
公債費負担比率	全体	21,454	17.06	5.80	0.90	49.10
	市	4,523	15.36	3.86	4.80	34.40
	町村	16,931	17.51	6.14	0.90	49.10
市町村債残高／一般財源	全体	21,454	1.74	0.57	0.06	6.12
	市	4,523	1.69	0.50	0.44	5.10
	町村	16,931	1.75	0.59	0.06	6.12
公営企業債残高／一般財源	全体	21,454	0.98	2.89	0.00	412.14
	市	4,523	1.30	0.59	0.00	3.73
	町村	16,931	0.89	3.23	0.00	412.14
積立金残高／一般財源	全体	21,454	0.50	0.37	0.00	5.90
	市	4,523	0.29	0.17	0.00	1.45
	町村	16,931	0.55	0.39	0.00	5.90

表3-3　推定結果（1）（市町村全体）

	係数	z値	係数	z値	係数	z値
時間	1.500	44.99***				
時間（2乗）			0.161	56.47***		
2001年度ダミー					1.219	1.94*
2002年度ダミー					2.038	3.66***
2003年度ダミー					3.932	7.69***
2004年度ダミー					6.324	12.52***
2005年度ダミー					7.216	14.23***
人口	0.000	−0.10	0.000	−0.09	0.000	0.02
面積	−0.003	−10.35***	−0.003	−10.35***	−0.003	−10.37***
高齢化率	0.064	10.43***	0.066	10.65***	0.063	10.35***
普通交付税／歳入総額	0.014	3.88***	0.014	3.87***	0.013	3.87***
経常収支比率	−0.004	−0.77	0.000	−0.06	−0.009	−1.98**
公債費負担比率	−0.033	−3.81***	−0.032	−3.58***	−0.036	−4.21***
市町村債残高／一般財源	0.308	4.27***	0.287	3.88***	0.344	4.90***
公営企業債残高／一般財源	0.004	1.04	0.004	1.15	0.005	1.35
積立金残高／一般財源	−0.464	−5.33***	−0.464	−5.16***	−0.468	−5.58***
定数項	−10.087	−24.15***	−7.132	−17.60***	−8.030	−13.11***
観測数	21,454					
Log pseudolikelihood	−3,881.888		−3,957.159		−3,806.684	
AIC	7,785.776		7,936.318		7,643.368	

注：***は1％、**は5％、*は10％水準で統計的に有意であることを示す。

くなっており、財政が硬直的であるところほど合併を行わないことを示している。

　ここまで都道府県の影響を特に考慮せずに分析を行ってきたが、川手・嶋﨑・下田（2013）などが明らかにしているように、都道府県が市町村合併に影響を与えていることから、都道府県をグループとしてマルチレベルサバイバル分析を行う。市町村合併における都道府県の役割については、自治省による「市町村の合併の推進についての指針」から総務省による「自主的な市町村の合併を推進するための基本的な指針」まで複数回にわたって中央政府の期待が示されている。

　たとえば、最初の指針では「都道府県は、（中略）市町村合併を自らの問題と捉えたうえで、積極的に働きかけ、市町村の取組を促すことが期待される」とし、都道府県に対して市町村合併支援の基本方針とするべき「市町村の合併の推進についての要綱」を2000年中のできるだけ早い時期に策定するよう求めている。「要綱」の内容には、「市町村の合併のパターン」など5つの事項を盛り込むことが適当であるとされ、これを受けて多くの都道府県に

表3-4　推定結果（1）（市および町村）

<市>

	係数	z値	係数	z値	係数	z値
時間	1.264	14.93***				
時間（2乗）			0.140	20.30***		
2001年度ダミー					0.835	1.09
2002年度ダミー					0.461	0.56
2003年度ダミー					1.756	2.68***
2004年度ダミー					4.306	7.22***
2005年度ダミー					5.147	8.60***
人口	0.000	−0.81	0.000	−0.74	0.000	−0.65
面積	0.000	−0.08	0.000	−0.09	0.000	−0.23
高齢化率	0.109	5.24***	0.113	5.30***	0.109	5.27***
普通交付税／歳入総額	−0.012	−1.07	−0.013	−1.09	−0.010	−0.89
経常収支比率	−0.058	−5.08***	−0.058	−5.03***	−0.065	−5.73***
公債費負担比率	−0.005	−0.15	−0.003	−0.09	−0.003	−0.11
市町村債残高／一般財源	0.365	1.66*	0.346	1.53	0.357	1.63
公営企業債残高／一般財源	0.137	1.32	0.150	1.40	0.124	1.21
積立金残高／一般財源	−0.381	−0.99	−0.375	−0.95	−0.413	−1.06
定数項	−5.895	−6.26***	−3.346	−3.50***	−2.964	−2.86***
観測数	4,523					
Log pseudolikelihood	−723.807		−727.286		−708.828	
AIC	1,469.613		1,476.572		1,447.656	

<町村>

	係数	z値	係数	z値	係数	z値
時間	1.577	43.31***				
時間（2乗）			0.168	52.56***		
2001年度ダミー					1.757	1.52
2002年度ダミー					3.253	3.14***
2003年度ダミー					5.222	5.19***
2004年度ダミー					7.590	7.57***
2005年度ダミー					8.543	8.51***
人口	0.000	−5.01***	0.000	−4.87***	0.000	−4.97***
面積	−0.004	−11.02***	−0.004	−11.01***	−0.004	−10.99***
高齢化率	0.046	6.30***	0.048	6.50***	0.046	6.33***
普通交付税／歳入総額	0.006	1.30	0.006	1.28	0.006	1.30
経常収支比率	0.011	1.95*	0.016	2.62***	0.005	0.97
公債費負担比率	−0.026	−2.77***	−0.025	−2.57***	−0.029	−3.21***
市町村債残高／一般財源	0.165	2.05**	0.142	1.71*	0.215	2.78***
公営企業債残高／一般財源	0.004	1.15	0.004	1.26	0.005	1.40
積立金残高／一般財源	−0.634	−6.21***	−0.639	−6.04***	−0.619	−6.42***
定数項	−10.360	−19.52***	−7.250	−13.93***	−9.229	−8.32***
観測数	16,931					
Log pseudolikelihood	−3,074.912		−3,143.556		−3,016.597	
AIC	6,171.824		6,309.111		6,063.195	

注：***は1％、**は5％、*は10％水準で統計的に有意であることを示す。

おいて合併パターンが作成された。その後に示された指針でも都道府県が指定する重点支援地域に対する支援、都道府県による支援策の充実など、中央政府が期待する都道府県の役割が示されている。このように、合併パターンの提示や支援策によって都道府県は市町村合併に影響を与えており、その影響について考慮する必要がある。

さて、マルチレベル分析とは、2段階以上のサンプリングによって入れ子構造になった階層的データの分析である。入れ子構造とは、あるグループの主体はそのグループのみに所属し、別のグループに所属していないような状態を指している。ここでいえば、ある市町村はAという県のみに所属し、Bという県には所属していない状態を階層的データとして扱う。なお、推定においては切片のみ変量効果を仮定する。

表3-5において市町村全体、表3-6において市と町村とに分けた推定結果を示している。表3-3および表3-4と比較して、全般的にAICは低くなっており、都道府県の影響を考慮して推定を行った方が望ましいことを示している。

市町村全体のデータを用いた推定結果を示した表3-5からは次のことを読み取ることができる。AICが低い年度ダミー変数を用いた推定結果をみると、高齢化率、歳入に占める普通交付税の割合、一般財源に対する市町村債残高の比率は、それらが増加するほど合併を行う確率は有意に高くなる。逆に面積、公債費負担比率、一般財源に対する積立金残高の比率が増加するほど合併を行う確率は有意に低くなる。なお、表3-3において示した結果とは異なり、経常収支比率の項の係数は有意でない。

市と町村とに分けて推定を行った結果を示した表3-6からは次のことを読み取ることができる。AICが低い年度ダミー変数を用いた推定結果をみると、表3-4において示した結果とは異なり、市においてのみ高齢化率が高いほど合併を行う確率は有意に高くなる。市町村合併における都道府県の影響を考慮した場合、町村においては高齢化率の項の係数が有意ではなくなる。人口と面積については、町村のみにおいて、それらが増加すると合併を行う確率は有意に低くなる。これは表3-4に示した結果と同様である。

財政関連の変数については、表3-4において示した結果と同様に、市においては経常収支比率が高いほど合併を行う確率が有意に低くなる。他方、

表3-5　推定結果（2）（市町村全体）

	係数	z値	係数	z値	係数	z値
時間	1.821	40.89***				
時間（2乗）			0.195	46.06***		
2001年度ダミー					1.255	2.00**
2002年度ダミー					2.067	3.71***
2003年度ダミー					4.012	7.86***
2004年度ダミー					6.648	13.17***
2005年度ダミー					7.986	15.74***
人口	0.000	0.26	0.000	0.31	0.000	0.33
面積	−0.001	−4.16***	−0.001	−4.20***	−0.001	−4.18***
高齢化率	0.023	3.24***	0.023	3.29***	0.024	3.43***
普通交付税／歳入総額	0.024	5.85***	0.025	5.95***	0.024	5.90***
経常収支比率	0.010	1.73*	0.016	2.62***	0.003	0.49
公債費負担比率	−0.028	−2.99***	−0.027	−2.92***	−0.029	−3.10***
市町村債残高／一般財源	0.377	4.56***	0.358	4.30***	0.403	4.86***
公営企業債残高／一般財源	−0.003	−0.28	−0.002	−0.23	−0.002	−0.19
積立金残高／一般財源	−0.362	−3.75***	−0.353	−3.63***	−0.380	−3.93***
定数項	−12.739	−23.61***	−9.167	−17.75***	−9.390	−13.38***
観測数			21,454			
グループ数			47			
Log likelihood		−3,525.740		−3,578.601		−3,477.956
AIC		7,075.481		7,181.203		6,987.913

注：***は1％、**は5％、*は10％水準で統計的に有意であることを示す。

　町村においては、表3-4において示した結果と異なり、都道府県の影響を考慮した場合のみ有意に高くなる。また、市と町村ともに一般財源に対する市町村債残高の比率が高くなるほど合併を行う確率は有意に高くなる。さらに、町村においては積立金残高の比率が高くなるほど有意に低くなる。都道府県の影響力を考慮しても、町村において特にストック指標が合併の確率の影響を与えているといえる。

　公債費負担比率の項の係数は、市においては表3-4において示した結果と同様に、有意ではなかったが、町村においては有意な負の値であった。市町村債にかかるフローの指標からみれば、市町村債の元利償還が合併を阻害する要因となっているといえる。さらに、歳入に占める普通交付税の割合の項の係数は、表3-4において示した結果と同様に市においては有意ではなかったが、町村においては表3-4において示した結果とは異なり、有意な正の値であった。

　先述のとおり、広田（2007）は交付税比率や経常収支比率が高い市町村が法定協議会を設置し、最終的に合併したことを明らかにしているが、これは

表3-6 推定結果(2)(市および町村)

<市>

	係数	z値	係数	z値	係数	z値
時間	1.520	15.70***				
時間 (2 乗)			0.170	17.71***		
2001年度ダミー					0.912	1.18
2002年度ダミー					0.539	0.65
2003年度ダミー					1.890	2.86***
2004年度ダミー					4.663	7.77***
2005年度ダミー					5.913	9.72***
人口	0.000	− 0.31	0.000	− 0.24	0.000	− 0.17
面積	0.000	0.33	0.000	0.33	0.000	0.17
高齢化率	0.063	2.27**	0.065	2.28**	0.067	2.36**
普通交付税／歳入総額	− 0.016	− 1.11	− 0.016	− 1.12	− 0.013	− 0.94
経常収支比率	− 0.046	− 2.91***	− 0.046	− 2.82***	− 0.058	− 3.55***
公債費負担比率	− 0.041	− 1.13	− 0.041	− 1.12	− 0.039	− 1.06
市町村債残高／一般財源	0.486	1.85*	0.465	1.74*	0.471	1.77*
公営企業債残高／一般財源	0.232	1.63	0.250	1.73*	0.225	1.56
積立金残高／一般財源	− 0.574	− 1.16	− 0.569	− 1.13	− 0.631	− 1.25
定数項	− 7.003	− 5.19***	− 3.952	− 2.91***	− 2.901	− 1.96**
観測数	4,523					
グループ数	47					
Log likelihood	− 678.875		− 678.254		− 664.554	
AIC	1,381.750		1,380.507		1,361.108	

<町村>

	係数	z値	係数	z値	係数	z値
時間	1.939	37.15***				
時間 (2 乗)			0.206	41.66***		
2001年度ダミー					1.795	1.55
2002年度ダミー					3.285	3.17***
2003年度ダミー					5.321	5.29***
2004年度ダミー					7.979	7.95***
2005年度ダミー					9.405	9.36***
人口	0.000	− 6.00***	0.000	− 5.93***	0.000	− 5.91***
面積	− 0.002	− 4.68***	− 0.002	− 4.75***	− 0.002	− 4.67***
高齢化率	0.004	0.48	0.005	0.58	0.005	0.65
普通交付税／歳入総額	0.018	3.51***	0.018	3.55***	0.018	3.54***
経常収支比率	0.019	2.83***	0.025	3.71***	0.012	1.75*
公債費負担比率	− 0.017	− 1.77*	− 0.017	− 1.71*	− 0.019	− 1.94*
市町村債残高／一般財源	0.256	2.83***	0.237	2.60***	0.292	3.23***
公営企業債残高／一般財源	− 0.003	− 0.24	0.002	− 0.19	− 0.002	− 0.18
積立金残高／一般財源	− 0.578	− 5.31***	− 0.572	− 5.21***	− 0.583	− 5.39***
定数項	− 12.701	− 19.60***	− 8.861	− 14.27***	− 10.132	− 8.72***
観測数	16,931					
グループ数	47					
Log likelihood	− 2,800.242		− 2,852.101		− 2,765.997	
AIC	5,624.484		5,728.201		5,563.993	

注:***は 1 %、**は 5 %、*は10%水準で統計的に有意であることを示す。

特に町村に当てはまるといえる。こうした結果は、財政的に厳しく、交付税に財政運営を依存していた町村が交付税の削減によって合併に追い込まれたという主張と整合的である。[4]

第3節　一般財源の動向

　そこで、次に2000年代前半における市町村の一般財源の動向をタイル尺度によって明らかにしておきたい。宮﨑（2016）において、一般財源を「地方税＋地方消費税交付金＋地方譲与税＋普通交付税＋特別交付税＋地方特例交付金」として2000年以降におけるそのタイル尺度を算出したが、市町村合併への影響との関わりで2003年度までの結果を確認しておきたい。表3-7は2000〜2003年度における一般財源のタイル尺度を示したものである。この表から読み取ることができるように、一般財源の市町村間格差は増加傾向にある。

　では、こうした傾向は何によって生じたものであろうか。そこで、一般財源を先述の構成要素へと分解し、タイル尺度を算出した。表3-8は全国の市町村の一般財源についてタイル尺度の寄与度分解を行った結果をまとめたものである。この表から読み取ることができるように、地方税のウエイトが上昇することによって寄与度が増加する一方で、普通交付税のウエイトが低下する中で準タイル尺度が2001年度以降増加し、寄与度が増加している。これらの要因によって一般財源の市町村間格差は増大している。

　さらに、表3-9において、普通交付税を基準財政需要額と基準財政収入額という構成要素に分解し、タイル尺度を算出した結果を示した。[5]この表から、基準財政需要額のウエイトが低下する一方で、準タイル尺度が上昇し、寄与度が増加していることを読み取ることができる。

　交付税算定に関しては、2000年代の前半には、補正係数の単位費用化（1999〜2001年度）、補正係数の削減、段階補正の見直し、事業費補正の見直

（4）　ただし、1998年度以降の第一次段階補正の見直し、2002年度以降の第二次段階補正の見直し、あるいは交付税総額の削減によって合併に追い込まれたのかは推定結果からは明らかではない。

（5）　基準財政需要額と基準財政収入額は、一本算定の額を用いている。

表3-7　2000年代における市町村の一般財源のタイル尺度

	2000年度	2001年度	2002年度	2003年度
タイル尺度	1.1254	1.1450	1.1596	1.1730

出所：宮﨑（2016）より作成。

表3-8　全国市町村の一般財源のタイル尺度の分解

	地方税			地方消費税交付金		
	ウエイト	準タイル尺度	寄与度	ウエイト	準タイル尺度	寄与度
2000年度	0.5865	1.6338	0.9582	0.0387	1.3969	0.0541
2001年度	0.6022	1.6393	0.9871	0.0385	1.4058	0.0542
2002年度	0.6122	1.6360	1.0016	0.0351	1.4069	0.0494
2003年度	0.6155	1.6307	1.0037	0.0408	1.3926	0.0569
	地方譲与税			普通交付税		
	ウエイト	準タイル尺度	寄与度	ウエイト	準タイル尺度	寄与度
2000年度	0.0160	0.8386	0.0134	0.3014	0.2234	0.0673
2001年度	0.0165	0.8443	0.0139	0.2862	0.1975	0.0565
2002年度	0.0172	0.8419	0.0145	0.2781	0.2149	0.0598
2003年度	0.0188	0.8258	0.0155	0.2683	0.2397	0.0643
	特別交付税			地方特例交付金		
	ウエイト	準タイル尺度	寄与度	ウエイト	準タイル尺度	寄与度
2000年度	0.0371	−0.0310	−0.0011	0.0203	1.6521	0.0335
2001年度	0.0357	−0.0445	−0.0016	0.0209	1.6629	0.0348
2002年度	0.0358	−0.0494	−0.0018	0.0216	1.6741	0.0361
2003年度	0.0346	−0.1308	−0.0045	0.0220	1.6888	0.0371

出所：宮﨑（2016）より作成。

表3-9　普通交付税を構成要素に分解したタイル尺度

	基準財政需要額			基準財政収入額		
	ウエイト	準タイル尺度	寄与度	ウエイト	準タイル尺度	寄与度
2000年度	0.7928	1.0571	0.8380	0.4971	1.5622	0.7765
2001年度	0.7943	1.0719	0.8514	0.5152	1.5584	0.8029
2002年度	0.7893	1.0868	0.8578	0.5204	1.5540	0.8087
2003年度	0.7732	1.1045	0.8541	0.5154	1.5547	0.8013
	合併算定替			収入額が需要額を上回る額		
	ウエイト	準タイル尺度	寄与度	ウエイト	準タイル尺度	寄与度
2000年度	0.0002	0.7776	0.0002	0.0055	1.0307	0.0057
2001年度	0.0003	2.4190	0.0006	0.0069	1.0754	0.0074
2002年度	0.0004	1.6445	0.0006	0.0089	1.1350	0.0101
2003年度	0.0007	0.4720	0.0003	0.0098	1.1466	0.0112

出所：宮﨑（2016）より作成。

し（2002年度）が行われ、臨時財政対策債（以下、臨財債）が大きな役割を果たすこととなった。この表から、こうした制度変更が普通交付税の格差拡大は生じさせてはいないことを読み取ることができる。

　ここまでみてきたタイル尺度の変化から、普通交付税は2000年度から2003年度にかけて一般財源の市町村間格差を是正する方向に機能していなかったことが明らかになった。先述のとおり、基準財政需要額算定における制度変更は、少なくとも財政調整機能を強化するものとはなっていなかったといえる。[6]

　そのうえ、地方交付税額も減少しており、人口3,000人未満の町村においてその減少率が高くなっている。いわゆる「地財ショック」による地方交付税額の減少が市町村財政に与えた影響は非常に大きかったことはよく知られるところであるが、それ以前の2003年度と基準財政需要額算定における制度変更が行われる前の1998年度の普通交付税額を比較した場合でも、人口3,000人未満の町村における減少率は高かった。その変化率は－22.2％であったのに対し、人口3,000人以上の市町村では－13.1％、人口1万人以上では－8.6％、人口10万人以上では40.4％となっており、人口規模別の変化率の差は大きく、人口の多いところほど普通交付税の配分は有利なものとなっていた。[7]

　そこで、先に行ったマルチレベルサバイバル分析について、人口3,000人未満を1とするダミー変数を作成し、歳入に占める普通交付税の割合との交差項を作成して、改めて町村レベルの推定を行ってみよう。あわせて一般財源に対する市町村債残高や公営企業債残高の比率についても交差項を作成して推定を行う。表3－10はその結果を示したものである。AIC が低い年度ダミー変数を用いた推定結果をみると、交付税と人口3,000人未満の交差項は有意な正の値となっており、小規模町村において歳入に占める普通交付税の割合の高いところほど、さらに合併を行う確率は高くなる。また、一般財源に対する市町村債残高の比率が与える影響は、人口3,000人以上の町村と比

（6）宮﨑（2016）においては、基準財政需要額の内訳を得ることができた4府県内市町村のデータを用いて分析を行い、基準財政需要額を臨時財政対策債に振り替えることによってタイル尺度が低下することを明らかにしているが、これが普通交付税の「財政調整機能」といえるのかどうかは評価が分かれるところであろう。

（7）変化率は「平成10年度市町村別決算状況調」および「平成15年度市町村別決算状況調」から算出した。

表3-10 推定結果（3）（町村）

	係数	z値	係数	z値	係数	z値
時間	1.938	36.97***				
時間（2乗）			0.205	41.41***		
2001年度ダミー					1.803	1.56
2002年度ダミー					3.288	3.17***
2003年度ダミー					5.331	5.30***
2004年度ダミー					7.997	7.97***
2005年度ダミー					9.414	9.36***
人口	0.000	−6.01***	0.000	−5.93***	0.000	−5.94***
面積	−0.002	−4.60***	−0.002	−4.69***	−0.002	−4.55***
高齢化率	0.004	0.43	0.005	0.58	0.005	0.53
普通交付税／歳入総額	0.016	3.16***	0.017	3.23***	0.016	3.13***
交付税×人口3,000人未満	0.010	1.27	0.007	0.90	0.014	1.77*
経常収支比率	0.019	2.79***	0.025	3.69***	0.012	1.69*
公債費負担比率	−0.018	−1.82*	−0.017	−1.71*	−0.021	−2.04**
市町村債残高／一般財源	0.300	3.12***	0.272	2.81***	0.351	3.65***
市町村債×人口3,000人未満	−0.163	−1.35	−0.132	−1.09	−0.216	−1.76*
公営企業債残高／一般財源	−0.003	−0.25	−0.002	−0.21	−0.002	−0.18
公営企業債×人口3,000人未満	0.024	0.14	0.049	0.29	0.012	0.07
積立金残高／一般財源	−0.572	−5.19***	−0.564	−5.08***	−0.578	−5.27***
定数項	−12.694	−19.43***	−8.875	−14.14***	−10.126	−8.69***
観測数	16,931					
グループ数	47					
Log likelihood	−2,799.232		−2,851.462		−2,764.161	
AIC	5,628.465		5,732.924		5,566.322	

注：***は1％、**は5％、*は10％水準で統計的に有意であることを示す。

較した場合、小さくなっている。

　この推定結果から、基準財政需要額算定における制度変更や普通交付税額の削減が財政的に厳しく、交付税に財政運営を依存していた小規模町村を合併に追い込んだといえるであろう。ただし、厳密にはどのような制度変更が合併に影響したのかは、この推定結果からは明らかではない。しかし、1998〜2001年度における人口4,000人以下の市町村の段階補正フラット化が人口4,000人よりも小規模な町村において影響していた可能性が示唆される。

　丸山（1988）は、国庫支出金と地方債を充当した残額に充当される一般財源の重要性を指摘し、一般財源は個々の事務事業予算単位の核となるものであり、一般財源の総量は総予算の中核をなし、その総量の大小が予算規模決定の最大の要因となると述べている。つまり、一般財源はそれがなければ事業を実施することができないという意味で地方自治体の予算編成を拘束するとともに、その範囲内での裁量的行動を地方自治体に可能にするものである。

1990年代末からの地方交付税制度の変更や交付税総額の削減を踏まえれば、中央政府は地方自治体に対して付与する一般財源を減少させることによって、市町村の裁量の余地を小さくし、市町村合併という特定の政策へと誘導を行ったといえる。したがって、中央政府は一般財源を増加させるだけでなく、減少させることによって、地方自治体を統制してきたといえよう。

おわりに

　本章においては、市町村合併の要因について、中でも一般財源の動向が市町村合併に与えた影響について検証を行った。分析の結果、町村においては、歳入に占める普通交付税の割合や経常収支比率が高いほど合併を行う確率が有意に高いことが明らかになった。また、特に人口3,000人未満の小規模町村において普通交付税の割合の高いところほど、さらに合併を行う確率は高いことも明らかになった。こうした結果は、財政的に厳しく、交付税に財政運営を依存していた町村が交付税の削減によって合併に追い込まれたという主張と整合的である。

　先述のとおり、一般財源はそれがなければ事業を実施することができないという意味で地方自治体の予算編成を拘束するとともに、その範囲内での裁量的行動を地方自治体に可能にするものである。中央政府は一般財源を増加させるだけでなく、減少させることによって、地方自治体を統制してきたといえよう。

　最後に、本章に残された課題である。推定結果では、一般財源に対する市町村債残高の比率が大きいほど合併を行う確率は有意に高くなっている。市町村債残高が合併に与える影響については、事例研究においては議論されている。たとえば、森川（2015）は多額の公債残高が合併協議を不成立にした例をいくつか挙げているが、この結果はそうした例と必ずしも整合的ではない。人口3,000人未満の小規模町村については、その影響は小さくなるが、有意な正の値であった。他方で、宮﨑（2012）において明らかにしたように、過疎自治体でない合併市町村は、交付税措置が講じられる単独事業のための臨時地方道整備事業債を合併前に多く起債しており、中央政府の誘導に乗った市町村ほど合併が多くなると解釈することも可能である。中央政府の単独

事業への誘導が市町村合併という次なる誘導を生み出したともいえる。このため、市町村債残高の影響に関しては、今後改めて検討を行いたい。

参考文献

青木宗明（2006）「『平成大合併』から学ぶべきこと——求められる『地方の意向』の反映」町田俊彦編著『「平成大合併」の財政学』公人社、第1章、1-21頁。

伊藤修一郎（2002）『自治体政策過程の動態——政策イノベーションと波及』慶應義塾大学出版会。

上村敏之・鷲見英司（2003）「合併協議会の設置状況と地方交付税」『会計検査研究』28号（2003年9月）、85-99頁。

梶田真（2008）「小人口町村に対する地方交付税削減策の展開とその解釈——市町村合併政策との関係を中心に」『地理学評論』81巻2号（2008年2月）、60-75頁。

川手摂・嶋﨑健一郎・下田雅己（2013）「合併推進過程における都道府県の役割」後藤・安田記念東京都市研究所編『平成の市町村合併——その影響に関する総合的研究』後藤・安田記念東京都市研究所、第2章、21-35頁。

中澤克佳・宮下量久（2016）『「平成の大合併」の政治経済学』勁草書房。

広田啓朗（2007）「市町村の選択行動と合併要因の検証」『計画行政』30巻4号（2007年12月）、75-81頁。

町田俊彦（2006）「地方交付税削減下の『平成大合併』」町田俊彦編著『「平成大合併」の財政学』公人社、第2章、23-55頁。

丸山高満（1988）「地方団体の予算編成と一般財源との関係」『福岡大学経済学論叢』32巻3・4号（1988年3月）、229-241頁。

宮崎毅（2006）「効率的自治体による法定合併協議会の設置——1999年合併特例法と関連して」『日本経済研究』54号（2006年3月）、20-39頁。

————（2010）「地方交付税改革が市町村合併に及ぼす影響——段階補正の見直しと地方交付税の削減」『日本経済研究』63号（2010年7月）、79-99頁。

宮﨑雅人（2012）「2000年代における投資的経費に関する研究」日本地方財政学会編『地方分権の10年と沖縄、震災復興』勁草書房、75-90頁。

————（2016）「2000年以降における地方交付税制度の財政調整機能に関する分析」地方自治総合研究所編『2000年代の地方財政——地方分権改革後の地方自治の軽視と税財政の弱体化』地方自治総合研究所、第3章、64-80頁。

森川洋（2015）『「平成の大合併」研究』古今書院。

第4章

社会保険制度における規制緩和の危険性
——介護保険制度における混合介護の議論を中心に

結城康博

はじめに

　昨今、介護保険制度において「改革の主な内容ですが、保険内サービスと保険外サービスを組み合わせて利用するに当たっての、全国的なルールを明確にする」といった改革の議論が展開されている（内閣府規制改革推進会議 2017、5頁）。いわゆる「混合介護の弾力化」を目的とした施策で、従来の「混合介護」の規制を一層緩和させるものである。

　従来から介護保険制度は、社会保険制度でありながら医療保険制度とは若干異なり、一定の条件下で、保険内・外サービスが厳密に区分けされていれば、これらの組み合わせは許容されていた。いっぽう医療保険制度における保険内・外サービスの組み合わせは、例外はあるものの、原則、「混合診療の禁止」といって認められていない。いずれにしてもサービス本体部分において、医療保険であれば「診療」、介護保険であれば「介護」の保険内・外サービスの組み合わせには、多かれ少なかれ規制がかかっている。

　2017年の規制改革推進会議の提案は、介護保険における保険内・外サービスのあり方の規制を緩和させるものである。

　いうまでもないが社会保険制度である介護保険制度は、保険料や公費が主財源となっている。仮に、規制緩和が進み「競争原理」が加速化されれば、利用者の選択幅が拡がるものの、「供給が需要を生む」といった弊害が生じてしまう危険性が考えられる。

　そもそも医療保険制度における「混合診療の禁止」の背景には、「医師誘発需要」（伊藤 2008、246-247頁）といって、供給側である医師に裁量権が認

められているため、不必要もしくは必要度の低い投薬、検査、治療がなされてしまう懸念があるからだ。今後、認知症高齢者や独居高齢者が急増する中、判断能力が低下する高齢者も増えていくため、これらの懸念は重要な視点であると考えられる。

　本章では、安易な介護保険制度における「混合介護の弾力化」は、競争原理を加速化させ、無駄なサービス提供を招いてしまう結果、利用者である高齢者にとっても、社会保険財政においても、大きな問題であることを論じていきたい。

第1節　医療保険制度における保険内・外サービスの議論

1　混合診療における論争分析

　現在、日本の医療保険制度においては、「診療」の中に保険外診療があると、保険が適用される診療も含め原則として全額自己負担となる。しかし、長年、保険外診療を組み入れても、一部、保険で認められている部分は保険適用として併用を認めるべきとの議論がある。これらが「混合診療」といわれるもので、荒井はそのメリット・デメリットとして、主な先行研究をもとに以下のようにまとめている（荒井2005、25-29頁）。

　そのメリットとしては、①医療保険財政の悪化を抑制できる（医療費を抑制できる）。②新技術や新薬の臨床現場への投入が早くなるので、患者の選択肢が拡大して、多様な医療サービスが利用可能となる（「患者本位の医療」の実現）。③保険点数に縛られないで、診療ができる（医師の裁量権を維持）。④需要拡大効果がある。⑤公的保険で適用されない医療サービスが、民間保険の新たな市場創出によって利用可能となる。

　逆にデメリットとして、①「受療機会の平等」が失われる。②患者は、「情報の非対称性」のため、適切な医療サービスの選択ができない。③日本の医療保険制度の最大の特徴である「国民皆保険制度」の形骸化を招く。④保険承認以外の医療サービスを認めると、医療サービスの「質」を維持できない。⑤国の財政が逼迫すると、従来、保険適用であった診療が、容易に保険外にされてしまい、「保険診療」の縮小を招いてしまう。

　また、鴇田は「混合診療禁止という規制は、おそらく日本固有のものと思

われる。資産や所得に関係なく、全ての人々がこと医療本体に関してはまったく差異がなく、同じ質の医療を同じ量だけ亨受すべきという感覚は、社会保険による連帯感よりも、むしろ『乏しきを憂えず等、しからざるを憂える』いう昔からあるセンチメントに、多くの人々がいまなお共感する、日本的風土に合致していたのではないだろうか」（鴇田2003、43頁）という見解を示している。そして、「患者の自主的な選択と負担によって、潜在的な医療需要自体を新たに掘り起こして創造かつ拡張して、医療サービス産業を国内産業として確立し、雇用の創出を図ることも可能になるだろう」（鴇田2003、43頁）と、混合診療の論争について分析している。

このように社会保険制度である医療の本体部分の「診療」においては、「命」を扱う議論となる。そのため、保険内・外の組み合わせの議論は、経済学的ロジックと併せて、「命」を扱う「平等」「公正」といった感情的な側面は無視できない。

2　例外で認められてきた保険外サービス

もっとも、社会保険である医療保険制度といえども、1984年の健康保険法改正によって「特定療養費制度」といって、差額ベッドや高度先進医療などに限って「混合診療」は例外的に認められてきた。そして、2006年10月より「特定療養費制度」を修正し、新たに「保険外併用療養費制度」と名称を変更して、対象となる療養がよりわかりやすく「評価療養」と「選定療養」の2分野で構成され、例外としながらも保険診療内・外との併用が可能となっている。

ただし、二木は「特定療養費制度は、現物給付原則の枠内で例外的に混合診療を認めたものであり、管理された限定的な混合診療と言えますが、混合診療『全面解禁』とは全く異なります」（二木2007、48頁）と述べており、原則、混合診療は禁止されている。

3　混合診療禁止の最高裁判決

いっぽう「混合診療禁止」に関する法曹界の見解においては、国の政策が適法か否かで争われ、2011年10月25日最高裁第3小法廷（大谷剛彦裁判長）は、「医療の質の確保や財源面の制約などを考えると政策は適法」との判決を下

している。混合診療は原則禁止されているが、個別に認定した先進医療など
との併用に限って例外的に保険適用を認める「保険外併用療養費制度」を実
施しており、国の政策に違法性はないとしたのである[1]。

　この最高裁判決において、芝田は「従って、今回最高裁の多数判決で認め
られたように、専門家が保険診療や保険診療と併用すべき保険外診療の有効
性、安全性等を判断する保険外併用療養費制度を、『社会保障制度の一環と
して立法された健康保険制度の保険給付の在り方として著しく合理性を欠く
ものということもできず』、『混合診療保険給付外の原則を内容とする法の解
釈が憲法14条1項、13条及び25条に違反するものであるということはできな
い』……（省略）……と判断されたことは妥当と考える」（芝田 2012、252-
253頁）と分析し、法曹界の結論を評価している。

　いわば「混合診療禁止」は、医療保険制度において一定の規制を設けるこ
とで、「平等」「公平」といった理念を堅持する施策と理解できる。

第2節　介護保険制度における「混合介護」の実態

1　「混合介護」は条件付きで認められる

　それに対して、医療保険制度と異なり介護保険制度では2000年創設以来、
介護保険給付の本体部分の「介護」と保険外サービスの併用は、条件付きで
認められている。

　介護保険制度創設以前から池上は、「特に私費との併用を認める範囲を生
活部分の比重が大きい長期ケアに限定すれば、急性医療の分野と比べて格差
を設けることに対する抵抗は少なく」（池上 1992、60頁）と、医療分野と介
護分野における差異について分析している。現在、保険内・外のサービス利
用は珍しくなく、その恩恵を受けている要介護者は少なくない。

2　上乗せ・横出しサービスは公的制度

　なお、介護保険制度には、一部、「上乗せ・横出し」サービスといって、
保険者である市町村の判断で、国基準以上のサービス水準を設定することが

（1）読売新聞『混合診療の禁止は適法…最高裁が初判断』2011年10月26日付。

できる。

　具体的には、上乗せサービスとは、国で定めた介護保険内の限度額を超えたサービスを保険給付で認めるもので、これによって利用できる時間や回数を保険適用内で増やすことが可能である。例えば、介護保険内で利用できる手すりの設置や段差解消といった住宅改修は、20万円までしか適用できない。しかし、市町村の判断で30万円まで保険給付を拡充できる。

　いっぽう、横出しサービスは、国基準で設けている介護保険サービス種目のほかに、市町村が新たに保険給付としてサービスを認めるものである。具体的には、配食や寝具乾燥といったサービスは、国基準の保険内サービスとしては認められていないため、これらを介護保険内で市町村が認めることが可能となるのである。

　しかし、愛知県高浜市など、わずかな市町村でしか「上乗せ・横出し」サービスのシステムを導入している保険者はない。しかも、これらは公的な介護保険内サービスであることに違いはなく、市町村の判断で限定された地域において認められた制度である。

　その意味では、「上乗せ・横出し」サービスは、「混合介護」と異なり公的な充実したサービス体系といえる。しかも、その分、毎月、被保険者が支払う介護保険料は、若干、他の市町村と比べて高い。

3　訪問介護における混合介護

　筆者は、保険内・外サービスの組み合わせケースについて、某訪問介護事業所を訪ね、その実態について関係者に話を聞いた。[(2)]現在の介護保険制度において、例えば、食事作りにおいては、要介護者本人の食事対応以外は認められていない。また、同居家族との共有部分、リビングなどの掃除は保険内のヘルパーは支援ができないことになっている。あくまでも要介護者本人に限定されたサービスが、介護保険制度の骨格となっているのである。

　しかし、子どもと二人暮らしの要介護高齢者世帯にとって、日中、働きに出ている家族は、少しでも身の回りの世話をしてくれる支援がなされると助かるという。そのため、現在の条件付き「混合介護」のシステムを活用した

（2）2017年6月19日、筆者のヘルパー責任者へのインタビューによる。

表4-1　現在の生活援助に関する保険内・外サービスの組み合わせ（混合介護）

提供時間	支援内容	費用（自己負担）
45分	介護保険で認められる支援（本人限定に関する洗濯、掃除、買い物）など	約200円（9割1,800円は保険適用）
45分	介護保険で認められない支援（共有部分の掃除、同居家族を含めた夕食づくり）など	約2,000円（全額自己負担）

出所：筆者の訪問介護事業者へのインタビューによる。

場合には、同じヘルパーが支援するものの、はじめの45分は保険内で認められている支援のみ行い、残りの45分は保険外サービスとして自費扱いで、保険で認められていない掃除や食事作りなどを手掛けるという。費用としては、保険内サービスは自己負担1割の約200円であるが、保険外サービスは全額自己負担の約2,000円となり、計90分約2,200円を負担することになる（表4-1）。

4　サービス付き高齢者住宅

　昨今、サービス付き高齢者住宅が増え続けており一般財団法人高齢者住宅財団によれば、開設した2012年4月約3,500戸であったものが、2017年6月末約22万戸までに達している。

　このサービス付き高齢者住宅は、住居と介護保険サービスの「混合介護」と解釈できる。住宅部分は全額自費であるが、併設されている介護保険事業のサービスを利用することで、介護施設とは違った自宅感覚で要介護者が生活できる空間を生み出すことができる。なお、併設されている介護保険事業としては、通所介護（デイ・サービス）が最も多い（表4-2）。

　筆者は、某サービス付き高齢者住宅を訪ねて、サービス利用の実態を関係者に聞いた。[3] この住宅では、訪問介護、訪問看護、居宅介護支援事業の3種類の介護保険事業所が併設され、居住している要介護高齢者に対して各介護保険サービスが提供されていた。食費は全額自費であり、介護保険サービスの自己負担1割分、住居費（家賃）、食費、その他光熱費などを含めると、個人差はあるものの毎月約20万円の費用が生じるという。

（3）2017年6月6日、筆者のサービス付き高齢者住宅関係者へのインタビューによる。

表4-2　サービス付き高齢者住宅のうち併設される介護保険事業の割合

通所介護事業	訪問介護事業	居宅介護支援事業	訪問看護事業
47%	40%	29%	8 %

出所：国土交通省『サービス付き高齢者向け住宅運営情報公表システム説明会資料』2017年2月24日より作成。

　関係者によれば、介護施設では消灯や食事時間など、決められた時間で生活しなければならないが、あくまでもサービス付き高齢者住宅は「住宅」であるため、生活スタイルは自由であるそうだ。しかも、介護施設では個室であっても家族を泊めることは難しいが、ここは住宅であるため可能となり飲酒なども自由である。

　そして、要介護者であっても併設されている介護保険事業所より、一定のサービスが受けられるため、自由度を享受しながら介護施設に類似したサービス体系を利用できるのがサービス付き高齢者住宅の特徴であるということであった。

5　通所介護（デイ・サービス）

　筆者は、現場の実態を把握するため在宅介護における総合相談機関である地域包括支援センターを訪ねた。[(4)] 在宅介護現場では、要介護高齢者は通所介護（デイ・サービス）の利用が多いという。これは日帰りサービスで、施設から自宅まで送迎サービスがあり、日中、入浴や食事サービスなど、自宅の介護力低下を補うサービスが介護保険内で認められている。

　しかし、独り暮らし高齢者にとって、買い物などの行為が課題となり、「ヘルパーサービスが頼めない場合、通所介護の送迎途中で、10分程度、お店に寄ってくれるだけで有難いのだが」との相談を受けるという。通所介護事業者側は、保険内では送迎途中の支援は認められていないため、買い物などの支援はできない。

　要介護高齢者の中には、毎月15万円程度の厚生年金受給者も少なくなく、多少の自己負担が課せられても、通所介護の利用前後で、自費であっても買

（4）2017年4月21日、筆者の地域包括支援センター職員へのインタビューによる。

い物支援が可能になると、独り暮らしにとっては「助かる」といった声を聞くそうである。介護保険内と保険外の組み合わせにおいて規制が緩和され、一部の金銭的に余裕のある要介護者が、臨機応変的なサービス利用が可能となるため、そのメリットは大きいという。

第3節　介護保険制度の変遷——2006年以降

1　措置から介護保険制度へ

そもそも介護保険制度が創設される以前は、公的な介護サービスは措置制度といって行政主導によるものであり、特殊な事業者（主に「公」の事業者）以外は、その担い手としては認められていなかった。

しかし、介護保険制度の導入によって、公私を問わずサービス供給者として役割を担うことができるようになった。その意味では、措置制度解体以後は「実地指導・監査」を強化するなどの厳しいルールを設けなければ、より不適切な介護事業者が生まれる可能性が生じた。

現在、介護給付費適正化事業として、これら「実地指導・監査」といったシステムが介護保険制度には設けられており、公費である介護保険給付費を無駄に支出させないことが制度に盛り込まれている。措置制度から介護保険制度によって、人員基準・設置基準などの保障を多様な民間供給主体の責任で担うことになったため、その厳格化を行政指導などにより担保されているのだ。

柴田は、「『市場』がルールによって支えられているということは、われわれの行動の『自由』が『ルール』によって支えられているということを意味する」（柴田 2009、23頁）と述べている。つまり、「市場」もしくは「競争」原理の導入によって規制が緩和されることは、不適切な業者が生じる可能性を介護システムに認めることにもなり、その対応に迫られることになる。

2　「市場」原理導入の問題

その意味では、介護保険制度が定着した2006年以降には、日本の介護システムは「市場（擬似的市場）」を媒介に、多様なサービスが展開されていった。なお、社会保険制度を媒介にした「市場」であるため、「純市場」ではなく

「準市場」ともいえる。いずれにしても、「市場」原理が導入さたことで、「実地指導・監査」といった行政による監視が厳しくなる一方、そのルールの網の目をくぐるサービス事業者も多く生まれている。

　しかも、サービス付き高齢者住宅と併せて、介護保険内・外サービスの組み合わせの代表的なサービス体系として、有料老人ホームがあるが、一部その実態には看過できないものがある。

　これらは保険内サービスにおいては厳格なルールがあるものの、保険外部分は一部規制の対象外となるため、事業所によっては行政指導にとらわれないビジネス体系を構築し、結果的には一部「安全性」を欠いたサービスが展開されている。特に、都道府県に届け出しない有料老人ホームは、行政の監視の目からもれることで、潜在的な問題が生じている。

3　未届け有料老人ホーム火災から学ぶ

　2009年 3 月群馬県渋川市で、不運にも未届けの有料老人ホーム（静養ホームたまゆら）の火災で、多数の死者が発生した事件は重要である（厚生労働省老健局振興課 2009）。

　現在でも、一般財団法人高齢者住宅財団の調査によれば2016年 6 月30日時点で、未届けの有料老人ホーム（有料老人ホームに該当するか判断できる段階に至っていないものも含む）の数は、1,207軒に達している（図 4 - 1）。

　通常、有料老人ホームは、入居金が「数百万円～数千万円」で、月々の総費用も20万円前後である。地方であっても、少なくとも入居金150万円前後

図 4 - 1　未届け老人ホームの推移

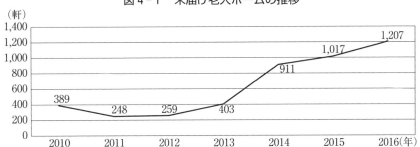

出所：一般財団法人高齢者住宅財団『未届け有料老人ホームの実態に関する調査査研究事業報告書』2017年 3 月、 2 頁より作成。

で、月々の総費用15万円以上と軽くない負担を要する。仮に、入居金「0円」であっても、毎月、総費用約25万円となるのが一般的だ。いわば入居金とは、約5年分の毎月の費用の一部を前倒しで利用者から負担してもらうのである。多くの有料老人ホームでは、利用者1人の平均入居期間を5年未満として見積もっているため、有料老人ホームを選ぶ際には、毎月の費用は、最低でも20万円でないと経営は難しい。

　いずれにしても多額の経費を利用者に負担してもらうことで、事業者は法令遵守に耐えうる設備経費を賄うことができる。

　しかし、大都市部を中心に利用者の経済的負担が軽い特別養護老人ホームは未だ待機者も多く、病院も長期入院が難しくなっている。在宅介護も家族介護が手薄となれば難しい事例も少なくない。そのため、経済的理由から「安全性」に欠けると承知で、規制の目からもれる安価な「未届け有料老人ホーム」を利用する高齢者も少なくない。こうした施設は特に、低所得者層や生活保護受給者の受け皿として機能している。

　介護保険制度の歴史的経緯を見ていくと、競争原理の導入で行政指導の厳格化が求められていった。しかし、同時に純市場経済と組み合わさった供給側主導のビジネス展開もなされ、保険外部分を中心に規制の目をかいくぐるビジネス展開の様相も見られ、「安全性」に欠ける介護サービスの実態も見られるようになった。

　「市場」経済においては高品質のサービスが、高価格で需給間によって取引されると思われがちだが、逆に低品質のサービス、例えば「安全性」に欠けるサービスが、需給間で低価格によって取引される可能性もある。

　仮に、混合介護の弾力化によって、保険外部分の市場が拡充していけば、当然、規制の目が行き届かなくなり「安全性」に欠けるサービス体系が生まれやすくなっていく。そのため、要介護者の不利益になる懸念が考えられる。

第4節　混合介護の弾力化のねらい

1　介護業界の新たな財源

　筆者は、内閣府における規制改革推進派が競争原理をもとにした「混合介護の弾力化」を加速化させていく意図を、以下の3点にまとめることができ

表4-3　老人福祉・介護事業の倒産件数の推移

(件)

2011年	2012年	2013年	2014年	2015年	2016年
19	33	54	54	76	106

出所：「東京商工リサーチ調査結果」2017年1月より作成。

ると考える。

　第一に、厳しい財政問題が背景にある。つまり、超高齢化社会の到来によって増え続ける要介護者に対して、保険料や公費を充分に工面できないため、介護報酬もマイナス改定が続いている。その結果、介護保険事業者も収入減となり、その倒産件数増もうかがえる（表4-3）。そこで、「混合介護の弾力化」によって競争原理を加速化させ、事業者に保険料や公費以外の市場経済による財源確保の機会を保障する仕組みが意図されていると考えられる。

　第二に、ヘルパー（介護士）等の収入源の確保である。現在の大部分のヘルパー収入源は、保険料や公費が主となっている介護報酬である。しかし、新たに介護報酬以外の収入源が介護保険制度に設けられることで、ヘルパーらの賃金改善が見込める。従来のように、保険内・外サービスの組み合わせが厳格化されていれば、保険外サービスを利用する人も少ない。しかし、これらが緩和されれば、全額自費の利用時と比べ保険外サービスの利用者も増えると見込まれる。

　第三に、繰り返しとなるが、介護保険内サービスは、運用上規制が設けられており、一部の利用者（家族や高齢者）は不便さを感じている。そのため、その条件を緩和（規制改革）させ、利用者にとって融通が利くサービス体系を構築することを意図している。

2　介護報酬マイナス改定の影響

　当然、介護系株式会社である介護事業者らは、市場拡大の可能性が期待できることから「混合介護の弾力化」には前向きな姿勢である。特に、たび重なる介護報酬マイナス改定の影響から、「混合介護の弾力」に期待を寄せる事業者も少なくない。

　介護保険制度は擬似的市場経済（公定価格であるため純市場とはいえない）

であるため、介護事業者である供給主体（サービス主体）は、国の政策動向を見極めながら介護市場へ参入するか否かを模索する。その意味で、たび重なるマイナス改定によって介護市場が縮小することが明確になり、積極的に介護市場に参入する気運が低下しているのが実態だ。

　しかし、現在、要介護（支援）認定者が約600万人以上にのぼり、65歳以上人口も約3,300万人以上となっていることから、これらの一部には、多少の経済的余力のある者も存在し、自費部分の介護市場拡大の可能性はあると考える介護関係者も多い。

3　混合介護へ期待する介護保険事業者

　いくつかの介護関連調査機関が、ケアマネジャーや介護事業経営者にアンケート調査を実施しているが、混合介護の弾力化においては賛成が反対を大きく上回っている結果が公表されている(5)。

　しかも、厚労省の有識者会議においても、人材確保という視点から「これにより、介護事業者や他産業の企業等での保険外サービスの拡大・発展が促され、ひいては介護保険の利用者や介護従事者の待遇改善を含めて、介護産業の活性化につながる重要な礎石となり得る」（厚生労働省医政局地域医療計画課 2017、44頁）と述べられているように、保険外サービスの拡大によって介護従事者の待遇改善が期待できるという見解も示されている。

　実際、シルバーサービス振興会が訪問介護事業者を対象とした調査によれば「介護保険外の介護関連事業の収入が、事業者の総収入に占める割合を平均でみると、回答のあった全ての事業者では、『要介護認定者向け』が5.75％、『要介護認定者向け以外』が3.77％だった」（社団法人シルバーサービス振興会 2009、64頁）と、介護保険外サービスの収入割合はわずかであり、保険料や公費が主財源となる介護保険による収入源に介護経営が依存している実態は否めない。

（5）CBnews 独自調査『混合介護、賛成が反対を大きく上回る』https://www.cbnews.jp/news/entry/20170301131503（最終アクセス2017年 7 月16日）。株式会社エス・エム・エス『混合介護の規制緩和、ケアマネ・介護事業者ともに賛成多数』https://prtimes.jp/main/html/rd/p/000000095.000013298.html（最終アクセス2017年 7 月16日）。

第5節　混合介護によって揺らぐ公平性

1　格差が生じる社会保険制度

　しかし、そもそも医療保険制度及び介護保険制度において、完全な混合診療・混合介護が禁止されている根拠はどこにあるのであろうか。それは、「公平性」という価値観が社会保険制度にあるからである。

　お金がある人とない人で、社会保険制度である介護保険サービスを利用しているにもかかわらず、自費部分で利用形態を多様化できるとなれば、不平等な社会保険制度となり、結果的には所得再分配に適さないのではないかという考えである。

　これは、条件付きの利用形態は許容されても、しっかりとした保険内・外の区分がなされることで、原則として、貧富の差に関係なく社会保険制度の仕組みが機能されていくという理念に基づく考えである。もっとも、保険料や公費が基盤となっていない純粋な市場経済であるならば、これらの「格差」はいたしかたない。

　2013年10月11日、厚労省より「平成23年所得再分配調査結果」が明らかとなり、近年では当初所得におけるジニ係数が最高となった（図4‐2）。もっとも、社会保障制度によって再分配所得のジニ係数は例年並みとなっているため、それなりに格差は是正され0.38前後に落ち着いているという見方もある。

　ただし、当初所得のジニ係数は徐々に上がっており、市場における「資源配分」に格差が生じていることに変わりがない。その意味で、社会保障の充実・維持が持続されなければ、ますます社会の格差は拡大していく。

　また、データ的には再分配所得施策が機能していると考えられがちだが、実際、福祉現場では社会保障サービスに繋がっていない層が増えていることが課題となっている。サービスを利用したり潜在的な社会的弱者を、いかに把握していくかが大きな課題となっているのだ。

　例えば、高齢者福祉現場では、本来、要介護認定制度に申請さえすれば、要介護1もしくは要介護2といった認定が下され介護保険サービスを利用できるにもかかわらず、軽度な認知症高齢者が申請手続きをせずに、サービスに繋がらない潜在的要介護者も増えている。

図4-2　当初所得と再分配所得におけるジニ係数の推移

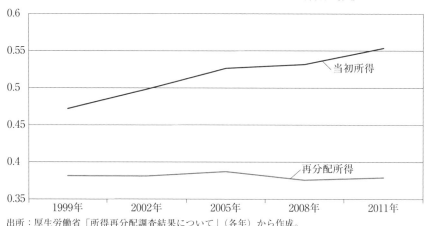

出所：厚生労働省「所得再分配調査結果について」（各年）から作成。

　つまり、昨今、再分配所得データでは把握しきれない「格差」が拡大しており、その是正策が必要不可欠となっている。

2　無視できない認知症高齢者

　経済学には「合理的経済人」という考え方がある。自己利益を最大化しようとする行動規範で、多くの経済学モデルの基礎を成している。もちろん自己利益は金銭や物質面だけではなく、自己実現や達成感も当てはまる。

　しかし、超高齢化社会においては、合理的な判断による自己利益の追求が難しい人が増えることに留意すべきだ。

　厚生労働省によれば、65歳以上の認知症の高齢者は2012年度で軽度者を含めると約462万人以上に上り、うち中重度（日常生活自立度Ⅱ以上）の人は約300万人以上となっている（表4-4）。判断能力が不十分な状態になっているこうした人たちは、当然のことながら「契約」などのトラブルに巻き込まれやすい。

　国民生活センターによると、60歳以上の認知症や知的障害などの人が消費者トラブルに遭ったとの相談件数は、2013年度で初めて1万件を超えている。健康食品の送り付け商法の被害を受けたり、住宅リフォーム工事で高額の契約を結ばされたりと悪質なケースが後を絶たないという。市場経済社会では

表4-4　認知症高齢者予想数（日常生活自立度Ⅱ以上）

2015年	345万人
2020年	410万人
2025年	470万人

出所：老健局高齢者支援課認知症・虐待防止対策推進室「認知症高齢者数について」2012（平成24）年8月24日から。

不可欠の契約システムが抱える問題が浮き彫りになった形だ。

　消費者トラブルではないが、認知症高齢者が被害者の立場ではなく、加害者となるケースもある。認知症ドライバーが運転する自動車が引き起こす事故が典型である。

　65歳以上の高齢者人口は約3,300万人以上に達しているため、中重度の認知症高齢者は10人中1人の割合で存在することになる。合理的な判断ができずに契約社会から取り残され、それに乗じたいびつな経済活動がまかり通っている問題を社会全体で受け止めなければならない。

　確かに、判断能力が衰えた人を支援するため、家庭裁判所が選任した弁護士や司法書士に財産管理や契約行為を委ねたりできる成年後見人制度のような仕組みはあるが、認知症高齢者をすべてカバーしているわけではない。

　本来であれば、こうした機能は家族や近所の友人が代替してきたが、独居高齢者の急増や地域社会の絆の希薄化が壁になっている。そのため、供給側の勧めを要介護者が「鵜呑み」するケースが増えてしまう。たとえ認知症でなくとも、現役世代と要介護者となる年齢層の高齢者を比べれば、後者のほうが供給側ペースとなりがちだ。

3　契約自由の補完

　浅井は、「資本主義的経済構造のうえにうちたてられた私法の構造のうちで、もっとも壮麗・精緻な殿堂は法律行為、とくに『契約』である」（浅井 1979、137頁）と指摘している。基本的に民法においては、個人の自由意志を尊重し「契約」行為を重視した法体系となっている。

　介護保険制度の導入によって、この民法における「契約」の理念が重要となってきている。従来の措置時代は、「公の措置に基づく」理念で、介護サ

ービスが提供されてきた。

　その意味では、「契約」という概念は、有料老人ホームや家政婦といった「純市場」の介護分野以外には想定されていなかった。

　しかし、介護保険制度の創設によって、大部分の介護サービスは、「契約」に基づく枠に組み込まれ、その対応に迫られた。そのため、介護保険サービスにおいては、「契約書」及び「重要事項説明書」などの契約関連書類が不可欠となり、サービスを利用する側も、一定の意思能力があるとの前提に立っている。仮に、認知症があり意思決定能力に欠ける利用者であっても、後見人といった制度が想定され、「契約の自由」という原則は、介護保険制度の基本ともなっている。

　いわば行政行為を中心とした「公法」という法令遵守から、「私法」をも含めた法体系を考慮しなければならなくなった。

4　競争原理のデメリット

　介護保険制度は、供給側と利用者側の（要介護者）契約に基づいてサービスを利用するか否かが決定される。確かに、ケアマネジャーといった専門職が、要介護者のアドバイスをするものの、原則として、需給関係によってサービスの配分がなされる。つまり、一定の規制は存在するものの、社会保険制度といえども「競争原理」によって供給側が利益を生み出すことは可能だ。

　そのため、都市部を中心にデイサービスが供給過剰となり、利用者の奪い合いとなっている。しかも、過度に介護事業者が増えれば介護士不足を加速させ、当該地域の人材不足を深刻化させてしまう。また、劣悪な「お泊まりデイサービス」といったビジネスモデルが誕生し、安価な自費による夜の預かり料によって、昼間の介護サービス給付で安易に利潤を得る介護事業所も存在している。

　一部のサービス付き高齢者住宅においては家賃を値下げして利用者を獲得し、系列介護事業者である訪問介護部門などで過度な利益を得るなど保険外サービスと保険内サービスの組み合わせもある。福祉用具に関しても、公定価格が曖昧であるため、供給側の「いい値」で価格が決まり、競争原理が浸透すればするほど無駄な給付費が生じかねない。

　いわば「競争原理」は、介護事業者にとって法令に反しない限り、利潤追

求を許容させてしまい、無駄な給付費を招く要因となる。現行の介護保険制度であっても、一定の公的機関の関与を強め需給者間の優位性を公平にする必要がある。

5　無駄を生む危険

　介護保険制度創設の大きな骨子は、擬似的市場（競争原理）に基づいてサービスの質の向上が目指され、「民間活力の活用による多様な事業者・施設によるサービスの提供」「利用者の選択により、多様な主体からサービスを総合的に受けられるようにする」（厚生省 1996）というように、需要が供給を生むという理論が重視された。

　しかし、公定価格である介護保険制度は、毎年の国家予算に大きく影響され、過去、3回の介護報酬マイナス改定によって、介護保険給付費が抑制され、実質的な競争原理の活用は幻想化している。しかも、2007年6月に発覚したコムスンの不正事件[6]に象徴されるように、競争原理によってサービスの質が向上し、利用者の選択の幅が拡充するという介護保険制度の理念は、神話化しているといわざるをえない。

　その意味では、部分的な市場経済の導入で、悪徳業者は自然に淘汰されるという、アダム・スミスの「神の見えざる手」の論理は、介護分野においては機能せず、さらなる法令遵守の流れが加速化することも考えられる。もっとも、アメリカの金融危機に象徴されるように、世界的な大企業でさえもモラル的に重大な欠陥を露呈してしまっている（平井 2009、134頁）。

　いわば競争原理によって、サービスの質が向上し、利用者の選択の幅が拡大するといった、介護保険制度創設の意図は、必ずしも成就しているとはいえない。しかも、擬似的市場という統制経済のもとでは、なおさら機能しない。

　しかも、余計な保険給付が増える可能性が考えられる。判断能力が乏しい高齢者（単身や軽い認知症）は、供給側の勧めでサービスを購入してしまうと同時に、保険給付も付随してしまう。現在、全額自費であるため負担が高いので、判断能力が乏しい高齢者でも拒否するが、「混合介護の弾力化」に

（6）朝日新聞、読売新聞、毎日新聞、日本経済新聞、産経新聞などの大手紙が、コムスン介護事業所に関する不正問題とグループ内の事業譲渡に関する記事を取り上げた。

よって部分的に保険内サービスが使えることになれば、多少、負担が軽くなることで、利用回数や無駄なサービス利用が増えてしまうかもしれない。

　その結果、質の高いサービスは、中高所得者の高齢者に優先され、低所得者は、質の低い介護保険サービスしか利用できなくなってしまう懸念も考えられる。例えば、指名料が在宅ヘルパーの保険内サービスで認められれば、限りのある優秀な在宅ヘルパーは、小金持ちの利用者に優先され、質の低いヘルパーは、指名料が支払えない低所得者に集中してしまう。そうなれば、社会保険サービスの不平等性が明らかになるだろう。

第6節　公平な社会保険制度の維持

1　潜在能力（capability）というキーワード

　ノーベル経済学賞を受賞したアマルティア・セン（Amartya Kumar Sen）は、財貨の支配は、「福祉」という目的のための「手段」であって、それ自体としては目的にはならないと主張する（セン　1988、44頁）。つまり、センは「潜在能力」というキーワードを用いて、必ずしも「貨幣」を中心とした所得の再分配だけでなく、個人が自らサービスを獲得できる能力も評価しなければならないとした。

2　混合介護の弾力化は供給側が主導となる

　要するに利用者に徹した介護保険制度を考えるならば、需給関係が対等であり、その選択内容を充分に需要側が理解していることが前提となる。しかし、介護現場では認知症高齢者などのように、センが述べるような「潜在能力」が低下している層が多く充分な判断能力を備えている需要者が少なくなっている。

　このような状況下において、規制緩和によって複雑な保険内・外サービスの組み合わせを供給側が利用者（需要者）に提示すれば、そのペースで「契約」が進むケースが多くなると考えられる。

　社会保険である介護保険であっても、擬似的市場原理によって供給有利のサービス展開となっている側面は否めないものの、自己負担が1割もしくは2割となっているため、多少の供給側ペースのサービス展開がなされても、

利用者の自己負担は大きくならない。しかし、「混合介護の弾力化」によって、保険内・外サービス展開が繰り拡げられれば、かなりの自己負担を利用者が強いられる危険性がある。

　また、保険外部分は完全な市場経済によるので、公的機関の指導の範囲外となり、第三者の介入が難しくなる。

3　準市場と純市場

　いうまでもなく介護保険制度は「社会保険制度」であり、「福祉制度」ではない。当然、国民も40歳以上になれば保険料が徴収されるのだから、介護保険制度は、「社会保険制度」の一部と考えている人が大方だろう。しかし、実際に利用する段階で、本人や家族は、ある部分は「福祉制度」であると理解するようになる。

　確かに、「社会保険制度」と「福祉制度」の明確な区分は難しいが、おおよそ国民はその違いを理解しているであろう。「社会保険制度」は、保険料と公費金で賄われ、「福祉制度」は税金のみで賄われていると。しかし、利用している高齢者や家族の状況は多様化している。高級住宅に住んで家政婦を雇いながら介護保険サービスを利用する人もいれば、わずかな年金で暮らして一回のサービス利用料を気にしながら、サービスを活用している高齢者もいる。また、家族が大部分の介護を担っているが、併用して介護保険サービスを利用している者もいれば、独り暮らし高齢者で介護保険サービスの活用なしでは在宅生活できない人もいる。その意味では、同じ介護保険制度であっても、利用している高齢者や家族によって、そのとらえ方は違う。

　おそらく、介護保険サービスを生活するうえで必要不可欠なものとし、経済的に厳しくても利用せざるをえない人たちは、介護保険制度を「福祉制度」と考えるだろう。いわば救貧的なサービスととらえているかもしれない。一方、介護保険制度を「生活支援」の一部ととらえ、普段、保険料を支払っているのだから、要介護状態になっても自費で支払うのではなく、介護保険サービスを利用しようと思う人は、「社会保険」と考えるかもしれない（図4-3）。

　このように仕組みのうえでは、介護保険制度は「社会保険制度」であるが、利用する側からすれば、「社会保険」と「福祉制度」の認識度は異なる。こ

図4-3　利用者視点における社会福祉と社会保険制度のとらえ方

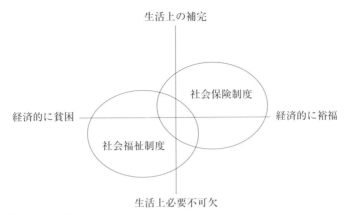

出所：筆者作成。

の視点を、「混合介護の弾力化」を考える際には、充分に理解しておく必要
がある。仮に、「福祉制度」であれば、完全な市場経済によって配分される
「財」として「介護」サービスをとらえるべきではない。

　その意味で、介護保険制度下では、供給者側が、単純に「市場」と考えた
場合、通常、「福祉制度」もしくは「社会保険」でもない「市場（純市場ま
たは準市場）」を想定した事業展開は適切ではない。

　いわば介護保険制度では、「準市場（社会市場または擬似的市場）」といった、
規制された枠内で介護事業がなされるべきである。もちろん、「市場」にお
いても、企業倫理や消費者保護、民法に基づく「契約」といった法律による
規制はある。しかし、「準市場」の場合、参入規制、公定価格、立入調査
（監査・行政指導）、第三者評価もしくは情報公表（強制的）といった制限が、
さらに供給者側に課せられる。

　しかし、混合介護の弾力化が進めば、規制すべき「準市場」部分と、自由
な事業展開が可能な「純市場」エリアが混在することで、介護保険制度が社
会保険としての機能を果たしにくくなる。

4　格差是正について

　あくまでも介護保険制度においては、所得の再分配機能を社会システムに

盛り込み、潜在的な格差是正策が求められるべきである。そして、「合理的選択論（Rational Choice）」の欠点を踏まえ、制度構築を図っていくべきであろう。

いわば「混合介護の弾力化」によって社会保険制度に純市場経済を組み合わせることを許容してしまえば、「公正」「平等」といった理念が疎かにされる介護保険制度になってしまうと考えられる。

今後も「規制」を堅持することが、介護現場の「公平性」を堅持することに繋がることを、多くの人が認識しなければならない。

おわりに

混合介護の弾力化の議論は、社会保険制度の機能・役割を問う大きな節目となる論点だ。日本の社会保障制度は、社会保険制度を基軸に発展し、それなりの所得再分配機能を果たしてきた。しかし、今後の議論の展開によっては、「介護」の保険内・外サービスの組み合わせの規制緩和が実現されれば、繰り返しになるが、所得再分配機能の一部が、低下すると考えられる。

その意味では、「規制」とはサービスの安全性、信頼性を担保すると同時に、社会保険制度における「公平性」「平等性」を維持するうえでも重要な論点である。一部の介護事業者は、これらの「規制」が問題であると考えるであろうが、所得再分配機能の側面からは必要なシステムである。

昨今、どの分野においても「規制緩和」の必要性が議論されがちだが、社会制度においては所得再分配における「規制」という視点を見落としてはならないであろう。

参考文献

浅井清信（1979）『法の一般理論』法律文化社。

荒井貴史（2005）「『混合診療』問題について」尾道大学経済情報学部研究紀要委員会編『尾道大学経済情報論集』Vol.5、No.1、21-36頁。

池上直己（1992）『医療の政策選択』勁草書房。

伊藤豪（2008）「混合診療と医師誘発需要をめぐる一考察」福岡大学商学論叢編集委員会編『福岡大學商學論叢』52巻3・4号、246-247頁。

厚生省（1996）『介護保険制度大綱』。

厚生労働省老健局振興課（2009）「未届の有料老人ホームに該当しうる施設に対する対応について」2009年6月。

厚生労働省医政局地域医療計画課（2017）『新たな医療の在り方を踏まえた医師・看護師等の働き方ビジョン検討会報告書』2017年4月9日。

柴田徳太郎（2009）『資本主義の暴走をいかに抑えるか』ちくま新書。

芝田文男（2012）「『混合診療事件』最高裁2011年10月25日判決と最近の高度医療技術への厚生労働省の対応」京都産業大学法学会編『産大法学』46巻1号、252-253頁。

社団法人シルバーサービス振興会（2009）『訪問介護サービスにおける「混合介護」の促進に向けた調査研究事業報告書——保険外サービスの市場拡大に向けて』2009年3月。

セン，アマルティア著・鈴村興太郎訳（1988）『福祉の経済学』岩波書店。

総務省消防庁（2006）『認知症高齢者グループホーム等における防火安全対策検討会報告書』2006年3月29日。

鴇田忠彦（2003）「混合診療の経済分析」成城大学経済学会編『成城大学経済研究』第163号、25-44頁。

内閣府規制改革推進会議（2017）『規制改革推進会議（第18回）終了後記者会見議事概要』2017年5月23日（http://www8.cao.go.jp/kisei-kaikaku/suishin/meeting/committee/20170523/interview0523.pdf　最終アクセス2017年6月24日）。

二木立（2007）『医療改革危機から希望へ』勁草書房。

平井俊顕（2009）「資本主義（市場社会）はいずこへ」『現代思想』2009年5月号、青土社、118-135頁。

第5章

デフレーションの再検討
——公的固定資本形成と政府最終消費支出を分離した
　VAR モデルによる分析

佐藤一光

はじめに

　本章は財政運営がデフレーションに与える影響についての考察を行う。

　バブル崩壊以降の財政運営を巡る議論は二つのテーマを軸に繰り広げられてきた。一つには、公共事業偏重の経済政策からの脱却であり、もう一つには増加する社会保障費と伸び悩む税収に伴う財政赤字の解消についてである。しかし、公共事業費の削減と財政赤字解消に向けた財政運営は物価変動とは切り離されて議論されてきた。というのも、政府最終消費支出と公的固定資本形成を合わせた公的需要の対 GDP 比は1995年から2015年までの20年間でほとんど変化しておらず、総需要管理政策の観点からすれば GDP ギャップに影響を与えてはいない、すなわち物価変動に大きな影響は与えていないと考えられるからである。

　はたして、財政運営とデフレーションは関係していないと考えてよいのか。財政運営とデフレの関係を再検討するために、マクロ経済における需要項目である公的固定資本形成と政府最終消費支出を分けてその動向を確認しよう。公共事業偏重であった日本の財政構造の転換が図られ始めたのは橋本内閣であった。橋本内閣は財政制度審議会の答申を受けて1996年12月に「財政健全化目標について」、1997年3月に「財政構造改革5原則」、同年9月には「構造改革の推進について」を閣議決定し、11月には「財政構造改革法」を成立させ、公共事業費を中心に厳しい歳出抑制が図られた。もっとも、1998年7月に発足した小渕内閣では積極財政へと政策転換を図り、再び公共事業偏重の経済政策へと回帰するかのように見えた。

　しかし、2001年に誕生した小泉内閣では「聖域なき構造改革」を掲げ、一般会計予算における国債発行額を30兆円に抑え、中期的に基礎的財政収支（PB）の黒字化が目標とされるようになった（「構造改革と経済財政の中期展望」2002年1月25日閣議決定）。小泉内閣以後もPB黒字化は財政運営上の中期的な目標とされ、公的固定資本形成は2008年の金融危機が発生するまで減少し続けた。公共事業偏重の経済政策からの脱却は、政府が自ら有効需要を創出するのではなく、むしろ歳出の削減によってクラウディングアウトを緩和し、金利の引き下げを通じて設備投資を促進し、生産力を強化することで経済成長を促すサプライサイドの政策が基調として採用されたことを意味する。

　他方で、公共事業費が削減され続けた時期においても、人口の高齢化に伴う社会保障費の増加を背景として、公共事業費以外の政府支出は増加し続けてきた。橋本内閣における構造改革法においては、98年度の社会保障費の増加幅を前年度当初予算の3,000億円増に抑制し、その後も社会保障費の伸びを前年度当初予算の2％増以内に抑制する方針が示された。第2節で詳しく述べるように、このような社会保障費の自然増に対して、財政再建のために概算要求基準に上限を設定する（シーリング）という財政運営の方法は、小泉政権以降にも継承されてきた。PB黒字化という中期的な財政運営の目標を、公共事業費の削減とシーリングによって達成しようとしてきたのである。

　公共事業費の削減と社会保障費の自然増抑制という財政運営は、やはり物価に影響を与えなかったのであろうか。図5-1aはOECD諸国について1995年から2015年までの消費者物価指数（CPI）の上昇率を横軸に取り、縦軸に公的固定資本形成対GDP比（名目）の上昇率を取ったものである。日本はこの20年間の物価上昇率が2％であり、最も物価が上昇しなかった国である。公的固定資本形成との関係だけを見るのであれば、物価上昇率は、公共事業費を削減した諸国では低く、増加させた国々では高いという傾向が見て取れる。しかし、同じ時期の社会保障費を含む政府最終消費支出対GDP比（名目）の上昇率との関係を確認すると（図5-1b）、物価上昇率との相関関係は弱くなる。むしろ日本においては、政府最終消費支出の高い上昇率と消費者物価指数の低い上昇率という関係が看取される。

　もちろん、公的需要の動向のみによって物価の動向を論ずることはできないが、公共事業費の削減と抑制された自然増による社会保障費の増大は、総

図5-1a　CPI上昇率と公的固定資本形成　図5-1b　CPI上昇率と政府最終消費支出
　　　　/GDPの上昇率（1995-2015年）　　　　/GDPの上昇率（1995-2015年）

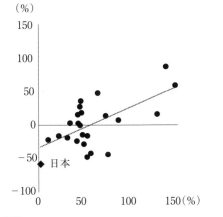
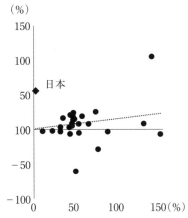

出所：OECD statistics.

　需要としてはGDPギャップに大きな影響を与えていないとはいえ、それぞれの動向は大きく異なるため、物価との関係を再検討する必要がある。そこで、本章はマクロ変数を用いたVARモデルによって、財政運営と物価動向の関係について考察を深めることにする。その際に、ほとんどの先行研究において財政変数として利用される公的固定資本形成だけではなく、社会保障関係費を含む政府最終消費支出と、それらの単価に相当するデフレーターも変数として加えることによって、大幅に減少した公的固定資本形成と、人口の高齢化に伴い増加する社会保障費に対する抑制策の影響を分離して分析を行う。これらの分析の前に、次節において日本経済だけが慢性的な物価下落に悩まされている原因についての議論を確認する。

第1節　デフレーションを巡る議論

　1990年代後半より日本経済は慢性的にデフレーションに苦しんできた。日本経済だけがデフレに苦しんできた理由として金融政策、GDPギャップ、経済のグローバル化による構造要因、賃金上昇の阻害の4つの原因が議論されてきた。

　標準的なマクロ経済学の理論は、物価は貨幣現象であるとしている。ある財の需要が減少したところで、相対的にその財の価格は下がることが予想されるが、その分他の財の需要が増加して、その財の相対的な価格は上昇するため、一般的な物価は必ずしも下落するとは限らない。したがって、古典的な貨幣の中立性を表現したフィッシャーの貨幣数量方程式（MV = PQ）、もしくはマーシャルの貨幣の需給均衡式（M = kPY）が正しいとするならば、日本経済のデフレ化は貨幣供給量の不足ということになる。金融政策が物価動向を決定する議論としてはフリードマンによる世界恐慌の分析が知られているが（Friedman and Schwartz 1963）、小宮他（2002）や吉川（2013）が指摘するように、日本におけるデフレの要因としては、ゼロ金利下におけるマネタリーベースの供給がデフレの脱却に十分に効果的ではなかった可能性がある。

　貨幣数量説の改良版として主流となったのが合理的期待仮説である。クルーグマンによると、中央銀行がインフレ・ターゲットを掲げてマネーサプライを供給することによって、期待インフレを醸成し、もって物価上昇を実現できるとされた（Krugman 1998）。インフレ・ターゲットについては伝統的金融政策から外れるため、長らく政策として実現することはなかったが、2013年3月に黒田東彦日銀総裁が誕生すると物価目標を定めた量的・質的緩和を実行に移した。量的・質的緩和は、当初こそ円安を通じて経済成長をもたらしたが、フォワードルッキングな期待インフレ、すなわち日銀が金融緩和を行うから物価は上がるはずだという消費者・企業の確信が直ちに醸成されることはなかった。黒田日銀は、2016年2月にマイナス金利付き量的・質的緩和、同年10月に長短金利操作付き量的・質的緩和と金融政策のフレームを拡大したが、短期的には期待インフレを醸成して日銀の物価目標を実現することはできずに、物価目標の達成時期は幾度となく延期されることとなった。

　それでは、有効需要の不足がデフレの原因であろうか。林─プレスコット仮説によると生産性の向上による過剰供給が1990年代の不況の原因であり、その後の研究では需要不足の可能性も示唆されている（林 2007）。藻谷（2010）は生産年齢人口の減少に伴う構造的な供給過剰がデフレの原因であるという。サマーズも、先進国の長期停滞（Secular Stagnation）の原因として、構造的な有効需要の不足が完全雇用を生み出す均衡金利水準を著しく引き下げている可能性について言及している（Summers 2014）。以上の研究は GDP

ギャップが物価に影響を与えることを前提としているが、他方で、吉川（2013）は経済成長における人口要因は長期的に見ると極めて軽微であること、生産年齢人口の減少、すなわち人口の高齢化はむしろ消費性向を高めるので必ずしも消費の減少に直結しないことを理由に、有効需要の不足が長期停滞・デフレの原因ではありえないと批判している。

　三つめの有力な仮説は経済のグローバル化による経済構造の変化である。グローバル化は、輸出面では激しい価格競争の結果として製品価格の低下を通じて企業の収益が圧迫され、輸入面では海外の安価な製品の流入によって消費者物価を引き下げているという。確かに、2000年代に登場した液晶等の薄型で大型のテレビの価格が急激に低下していることはまさにデフレの象徴であり、消費者物価指数の構成要素の中でも耐久消費財の価格下落が激しいことが知られている。梅田（2006）は1930年代を対象とし、塩路（2016）は1980年代、1990年代、2000年代を対象として為替が物価に与える影響が大きかったことを明らかにしている。もっとも、円高傾向による物価の下落圧力について岩田（2011）は、金融政策の失敗に基づくデフレの結果が円高なのであり、円高傾向の結果としてのデフレではないと指摘している。安達（2005）は、金融政策要因、景気変動要因、構造的要因による VAR モデルを用いて、経済のグローバル化による価格変動は短期的な影響しか与えないことを明らかにしており、構造要因と金融政策要因のどちらがデフレーションの原因であるのかについては見解の相違が存在している。

　第四の仮説は賃金上昇がボトルネックとなってデフレが解消しないというものである。ブートル（1998）は新興国の出現による構造的要因に加えて、相対的に賃金の高いベビーブーマーが引退し低賃金の若年層に労働力が置き換わっていくこと、企業の賃金交渉力が強まり賃金に下方圧力が加わった実物要因にデフレーションの原因を求める。吉川（2013）はリプシー・トービンのモデルを用いて、労働市場で需給の逼迫が起きたとしてもデフレバイアスが発生しうること、一時金（ボーナス）の存在が景気後退期に雇用伸縮的ではなく賃金伸縮的な労働市場の特徴を作り出すことを背景として、日本の直面するフィリプスカーブから逆算すると賃金上昇率が2.5％となるには完全失業率が２％台まで低下する必要がある可能性を示した。賃金が上昇せず、デフレスパイラルを抜け出せない可能性について、吉川はさらに非正規雇用

の増大、特に医療・福祉分野のパート比率の高さを指摘している。もっとも、吉川の議論以降順調に失業率は低下し、2017年度には２％台に突入しているが、賃金上昇と、それに伴う物価上昇は観察されていない。

　近藤（2017）は低失業率のもとで賃金が減少している現象を理論的に分析している。特に医療・福祉分野で人手不足感が強いにもかかわらず、賃金は上昇していない理由として、労働の価格弾力性が無限大の場合には労働需要の超過ないし労働供給の過少ではなく、価格の下落が人手不足感を強めることを指摘している。政府部門が直接サービスを生産するのではなく、形式的には市場からサービスを購入して安価に消費者に提供する準市場的な公的サービス供給のもとであっても、財・サービスの価格は市場で自由に決定されずに、政治的な予算統制によって決定される。サービス生産に必要な資本、労働、中間財は市場から購入しなければならないことを考えると、サービス生産者の損益分岐点は自ずから決まってくるため、低く抑えられた賃金と人手不足は両立するというのである。

　さて、以上のように日本経済がデフレーションを抜け出せない理由についての主要な議論を確認してきたが、先に確認した財政運営を巡る二つの方針、すなわち公共事業費の削減・慢性的な財政赤字を背景としたシーリングとデフレーションとの関係性はどのようなものだろうか。有効需要不足については公共事業費の削減と社会保障費の増大が相殺されていることを考慮すると、医療・福祉分野の賃金下落が飛び抜けていることの指摘があるだけで、財政運営の方法が物価に与えた影響について十分な考察が加えられていない。そこで次節において財政運営と物価動向の関係性についての考え方を確認する。

第２節　財政構造改革と社会保障費の抑制

　財政運営と物価動向との関係性は主に二つの経路によって考察できる。第一に、有効需要としての財政政策である。2017年に日銀と内閣府が相次いで潜在成長率の推計方法を変更するまで（川本他 2017; 吉田 2017）、需給ギャップ・GDP ギャップは供給超過の状態が続いていると考えられてきた。潜在 GDP の推計には資本の稼働率や TFP の推計などに大きな不確実性があるため幅を持って見る必要があるが、平均的な生産力に対して総需要が下回る

状態が続けば一般物価は低下するというのが総需要・総供給モデルに基づいたマクロ経済学の理解である。

　他方で、日本がデフレーションを経験している期間は、1996年に発足した第二次橋本内閣以後に公共事業費を削減している時期と重なる。国際的にGDPに占める公的固定資本形成の割合が高かった日本は、1990年代のバブル崩壊以降の経済停滞をバブル経済以前と同様の公共事業政策で克服することはできなかった。1998年度の第三次補正からはじまる小渕政権期（1年5ヶ月の在任期間中に101兆円程度の公債残高増）を除いて、「無駄な公共投資」への批判がなされ、政府支出の削減と規制緩和と組み合わせることで経済成長も実現するという構造改革路線が継続され続けてきた。公共事業の入札に際しての談合も厳しく批判され、結果として公的固定資本形成は大きく減少した。この1996年から2008年にかけての公共事業費の削減が、総需要を減少させ、GDPギャップの供給超過を通じてデフレーションの進行に寄与した可能性を検証する必要がある。

　次に、公的固定資本形成以外の政府最終消費支出について確認する。そもそも、日本の財政構造には価格・賃金調整機構がビルトインされている。国家公務員給与は人事院勧告によって民間給与並みに設定され、地方公務員給与や公務員に準ずる給与は国家公務員給与の動向に大きな影響を受けるため、民間給与水準が下落する局面では公的サービスの価格とその従事者の給与水準を引き下げる結果をもたらす。図5-2はバブル崩壊後の公務員給与の水準について、2000年を100として示したものである。バブル崩壊後も上昇を続けていた公務員給与の水準は、日本経済がデフレ化する1990年代末から減少に転じて、2000年代前半には大幅に低下している。この公務員給与水準の低下はマクロの可処分所得の減少を招いただけではなく、必ずしも政府の業務の減少によるものではないため、政府の提供するサービスの価格下落に寄与するものであったと考えられる。

　もっとも、財政運営においてより規模が大きいものは準市場的に政府が市場からサービスを購入する現物社会移転である。2001年に発足した小泉政権は、国債発行額を30兆円以下に抑えることを目標とし、社会保障費の自然増を抑制する方針を採用した。2002年度から2006年度にかけて国の一般会計ベースで年間2,200億円、5年間で1.1兆円、地方も合わせると1.6兆円の伸びが

図5-2　公務員給与の変遷（2000年を100とした指数）

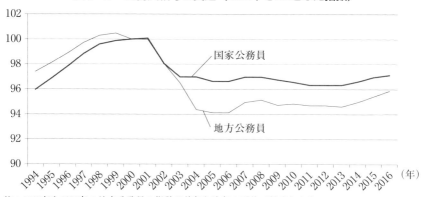

注：1995年と1997年の地方公務員の指数は前年と次年の平均で補正したもの。
出所：人事院勧告、地方公務員給与実態基礎調査。

抑制された。小泉政権以降も、同様に年間2,200億円の伸びを抑制し、社会保障費の自然増を5,000億円程度に抑制する方針が示されたのである（骨太の方針 2006）。

　社会保障費の自然増を抑制するために採用されたのが単価の引き下げである。準市場的に生産される医療・介護といった社会保障の分野では、需給を調整するように価格が設定されるのではなく、予算方針に基づいて単価が設定される。2年ごとの医療の診療報酬改定では、2002年から2008年までマイナス改定が繰り返され、2000年4月より施行された介護保険においても3年に一度の介護報酬改定では2006年まで連続してマイナス改定が行われてきた（表5-1）。例えば、診療報酬改定の影響が物価に如実に表れているのは医薬品・健康保持摂取品である（図5-3a）。もちろん、物価下落の最大の牽引役は薄型テレビ等の家庭用耐久消費財であるが、市場で取引される財・サービスはあくまでも相対価格であり、価格の下落によって消費されなかった所得は別の消費に向かうため一般物価には影響を与えないはずである。

　他方で、保健医療サービスの価格は必ずしも下落傾向を示していない。これは、診療報酬の改定において薬価を引き下げる代わりに本体部分をプラス改定にとどめてきたことの影響によると考えられる。とはいえ、賃金水準で見ると物価水準とは異なる影響が見て取れる。図5-3bは毎月勤労統計調

表 5 - 1　診療報酬・介護報酬の改定率

(%)

年度	診療報酬			介護報酬
	全体	診療報酬	薬価等	
2000	1.9			
2002	− 1.3			
2003				− 2.3
2004	0			
2006	− 3.16	− 1.36	− 1.8	− 2.4
2008	− 0.82	0.38	− 1.2	
2009				3
2010	0.19	1.55	− 1.36	
2012	0	1.38	− 1.38	1.2
2014	0.09	0.73	− 0.64	
2015				− 2.27
2016	− 1.31	0.49	− 1.8	

出所：診療報酬改定の概要各年版、介護報酬改定の概要各年版。

査に基づく産業分類別の給与水準の動向である。全産業において1997年をピークに給与水準が下落傾向となり、デフレーションの進行が起きていたことが見て取れるが、全産業では2008年まで 5 ％程度の賃金の下落にとどまっているのに対して、医療・福祉分野では賃金水準は2010年まで減少し続け、2000年から比較して15％以上も下落している。

　さらに、財政抑制の影響は国と地方の間にも大きな影響を与えたことが知られている。2004（平成16）年度より行われた、国と地方の財源配分の大幅な見直しである「三位一体の改革」においては、国から地方への税源移譲が 3 兆円、いわゆる紐付き補助金である国庫補助負担金の削減が4.7兆円、地方財政の運営に用いられる一般補助金である地方交付税交付金の削減が5.1兆円で、差し引き6.8兆円程度の財源が削減された。

　それに伴い、ごみ収集や学校給食などをアウトソーシングすることによる行政の効率化、公共施設の外部委託の進展、国以上のペースでの地方公務員給与の削減が進んだ（図 5 - 2）。一般政府における政府最終消費支出という意味では、医療費・介護費の増大に吸収される規模の歳出削減ではあるが、

図 5 - 3 a　消費者物価指数（2000年を100とした指数）

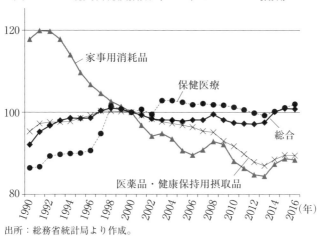

出所：総務省統計局より作成。

図 5 - 3 b　産業分類別給与水準の動向（2000年を100とした指数）

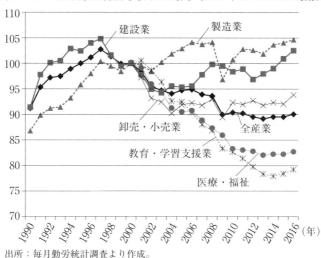

出所：毎月勤労統計調査より作成。

実質的なサービス供給の増加に対して、その一定程度の財源保障のみを行うことによって歳出削減を実現したのである。このことは、政府最終消費支出デフレーターの低下の中に確認することができるが、サービス価格だけではなく給与水準の低下を通じてマクロの国民分配所得から見ればさらに大きな

影響をもたらした可能性がある。

　1990年代後半以降の財政運営の特徴を以下に要約することができる。第一に、公共事業費の削減である。第二に、財政にビルトインされた物価変動の増幅である。第三に、政府最終消費支出の抑制である。社会保障費の自然増については一定程度認められてきたものの、単価の引き下げによって自然増の抑制が図られてきた。もちろん、経常的経費のうち社会保障費以外についてはさらに厳しいシーリングが敷かれてきたことも忘れてはならない。また、地方財政への財源保障の抑制が行われてきた。本章では政府の行う現金移転の効果を分析していないため、年金や生活保護費の抑制も含めたらさらなる可処分所得の低下を通じてデフレ圧力を強めた可能性がある。

　次節ではこれらの財政政策が物価に与えた複合的な効果について VAR モデルを用いて分析する。本章では先行研究に倣い、金融政策が物価に与えた影響に加えて、検証すべき財政政策の効果として 4 つの変数を検討する。第一に、公的固定資本形成（実質）である。公的固定資本形成の減少は物価の下落を招いたのかどうかを検証する。第二に、公的固定資本形成の単価（デフレーター）である。公的固定資本形成の単価の変動は物価に影響を与えたのかどうかを検証する。第三に政府最終消費支出（実質）である。四半期のデータを用いるため、社会保障費（個別的消費）とその他の経費（集合的消費）を分離することはできないが、政府最終消費支出の増大が物価に与えた影響を検証する。第四に、政府最終消費支出の単価（デフレーター）である。社会保障費の増大に対して単価の切り下げで自然増の抑制を図ったこと、公務員給与等の決定機構とシーリング予算の影響を検証する。

第 3 節　VAR モデルによる因果関係の推論

　本節では特定の理論的前提を置かずに変数間の関係性を用いてモデル構築する VAR（Vector Auto Regressive）モデルを用いて、財政運営と物価との関係について考察を深める。マクロモデルにはマクロ計量モデル、DSGE モデル（Dynamic Stochastic General Equilibrium Models）、VAR モデルが存在する。マクロ計量モデルとはケインズ経済学に基礎を置いた IS-LM モデルの拡張版であり、用途に合わせて可変的に運用できることが利点である。DSGE モデル

は、理論から導き出される結論の描写に優れている。VARモデルはなんらかの理論的前提を置かずに変数間の関係性の予想を行うため、実証の足がかりとして優れた特性を持つ一方で、得られた結論が想定と異なる場合に、その原因を探る術を持たないという欠点がある。

　本章のVARモデルの変数は、マクロの需要項目としてGDP（実質）、政府最終消費支出（実質）、公的固定資本形成（実質）の3変数を用い、価格の指標として民間最終消費支出、政府最終消費支出、公的固定資本形成、輸入に関する4つのデフレーター、金融政策の指標としてマネタリーベースを用いている。先行研究と比較した本モデルの特徴は、①政府支出を消費と投資に分類していること、②それぞれのデフレーターを変数として採用していることの2点である。金融政策の変数、輸入に関する変数は、先行研究でも採用されている仮説で、それぞれ貨幣数量説と構造要因（グローバル化の進展）というデフレ要因の仮説に対応している。

　図5-4aと図5-4bはモデルで利用した変数の推移である。実質GDPは世界金融危機と東日本大震災の時期を除くと緩やかに上昇しており、実質政府最終消費支出もおおむね同様のペースで上昇しているが、世界金融危機の影響がないため期間を通しては高い伸びを見せている。他方で、実質公的固定資本形成は2000年代に大きく減少しており、推計期間中にGDPは24％増加、政府最終消費支出は50％増加、公的固定資本形成は42％減少している。マネタリーベースに関しては緩やかな増加基調に対して量的緩和（2001年8月—2006年3月）の時期には増加率が高くなり、量的質的緩和以降は急激に上昇しているのが見て取れる。デフレーターに関しては、最も減少が激しいのが比較のために記している民間企業設備デフレーターであり、次いでGDPデフレーター（インプリシットデフレーター）、民間最終消費支出デフレーター、政府最終消費支出デフレーター、公的固定資本形成デフレーターである。各デフレーターは2011年（歴年）を100としたパーシェ型であり、1997年と2014年に消費税の影響が含まれていることに留意が必要である。公的固定資本形成デフレーターは2003年頃まで急激な低下を見せるが、その後は資材価格の高騰の影響等もあり、緩やかな上昇基調となっている。政府最終消費支出・民間最終消費支出デフレーターは1990年代後半より低下基調を示している。

図5-4a　政府消費・公的資本形成（右目盛り）と
GDP・マネタリーベース（左目盛り）の推移（兆円）

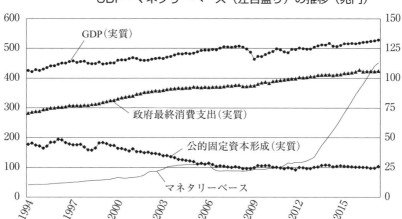

図5-4b　各デフレーターの推移

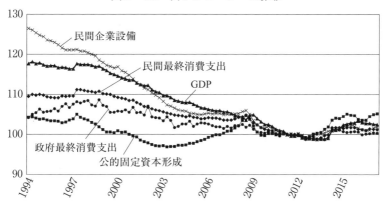

　分析で用いたデータは国民経済計算年次推計（08SNA1994-2015、四半期ベ
ース、平成23年基準）の実質GDP（GDP）、実質政府最終消費支出（CG）、実
質公的固定資本形成（IG）、民間最終消費支出デフレーター（PCP）、日本銀
行のマネタリーベースの平均残高を四半期ごとに平均して自然対数をとった
もの（MB）、政府最終消費支出デフレーター（PCG）、公的固定資本形成デフ
レーター（PIG）、輸入デフレーター（PMGS）である。

表 5-2　ブロック外生ワルドテストの結果

説明変数　＼　被説明変数	D(GDP)	D(CG)	D(IG)	D(MB)	D(PCP)	D(PCG)	D(PIG)	D(PMGS)
D(GDP)		8.4*	3.6	5.2	14.4**	4.0	8.3*	0.9
D(CG)	2.0		5.6	4.6	14.4**	8.3*	4.3	0.7
D(IG)	21.5***	3.8		3.7	10.9**	3.2	5.6	0.7
D(MB)	23.0***	5.0	8.3*		15.5***	3.9	3.6	1.0
D(PCP)	11.0	2.9	13.3*	4.9		1.5	0.7	0.6
D(PCG)	5.4	1.7	6.0	5.8	2.9		1.0	0.9
D(PIG)	4.2	5.0	8.2*	2.2	10.7**	2.5		0.8
D(PMGS)	14.1**	4.3	4.1	1.8	12.9**	2.0	5.9	

注：***は0.1％、**は 1 ％、*は10％ 水準で統計的に有意であることを示す。

　四半期データを用いる理由は、データの数を確保するためであるが、08SNA のカバーする期間は日本経済が慢性的にデフレーションとなる期間を充分に含んでいるため、旧基準の93SNA に接続してデータ数を増やす処理は行わなかった。多くの先行研究においては、物価の指数としては消費者物価指数が用いられているが、消費者物価指数には市場で生産される財と政府によって生産される財の両者が含まれているため政府の生産財価格の下落が消費者物価指数の下落に結びつくのは自明であること、民間最終消費支出デフレーターと消費者物価指数の間には高い相関関係があることから、統一的な基準で用いることのできる民間最終消費支出デフレーターを用いることとした。

　まず、変数間に統計的な関係があるかどうかをグレンジャーの意味での因果関係の存在で検定する。変数の数が多いため 1 階の階差を取った変数でブロック外生ワルドテストを行うことにする（表 5-2）。推計の結果から実質公的資本形成とマネタリーベースから実質 GDP へのグレンジャーの意味での因果関係はないとの帰無仮説は0.1％ 水準で棄却された。実質 GDP は実質政府最終消費支出の説明変数ではなく、マネタリーベース、民間最終消費支出デフレーター、公的固定資本形成デフレーターは実質公的固定資本形成の説明変数ではないとの帰無仮説は10％ 水準で棄却された。民間最終消費支出デフレーターに対してはマネタリーベースが0.1％ 水準で、実質 GDP、実質

表 5 - 3　ラグ次数の決定（情報量基準）

Lag	LR	FPE	AIC	SC	HQ
0	NA	1.5E +23	73.2	73.4	73.3
1	1853.2	2.3E +13*	50.6	52.2*	51.2*
2	63.3	3.0E +13	50.9	53.9	52.1
3	53.7	4.3E +13	51.2	55.6	52.9
4	40.6	7.3E +13	51.6	57.4	53.9
5	59.2	8.5E +13	51.6	58.8	54.5
6	58.0	9.4E +13	51.4	59.9	54.8
7	62.4	8.3E +13	50.8	60.7	54.8
8	66.7*	5.4E +13	49.5*	61.0	54.2

注：*は以下の検定が示す最適なラグ次数。
LR: sequential modified LR test statistic（each test at 5% level）
FPE: Final prediction error
AIC: Akaike information criterion
SC: Schwarz information criterion
HQ: Hannan － Quinn information criterion

政府最終消費支出、実質公的固定資本形成、公的固定資本形成デフレーター、輸入デフレーターが 1 ％水準でグレンジャー因果が確認された。実質政府最終消費支出から政府最終消費支出デフレーターと、実質 GDP から公的固定資本形成デフレーターへの因果は10％水準で帰無仮説が棄却された。

　先行研究から金融変数であるマネタリーベースから為替レートを経由して輸入物価へと波及するパスがあると考えて輸入デフレーターを変数として採用しているが、他の変数からのグレンジャー因果が確認できないため外生変数として用いることにした。また、マネタリーベースも他の変数からのグレンジャー因果が確認できないが、金融政策が独立して行われていることを想定して、外生性の強い内生変数として扱うことにした。

　次に、VAR モデルで用いる変数のラグ次数を決定する。制約条件を課さない VAR モデルでは最適なラグ次数を設定するためにいくつかの基準量を計算する（表 5 - 3）。外生変数を設定したため、ラグ次数は 0 から検定することとした。LR と AIC が 8 次のラグを推奨しているが、金融政策と財政政策がいずれも 2 年間に渡り直接的な影響を与え続けることは考えにくいため、本章では FPE、SC、HQ の指示する 1 次のラグを採用することにする。

　VAR モデルの推計に先立って、変数が一つでも非定常の場合、見せかけ

表5-4　単位根検定の結果

変数	ADF		PP		変数	ADF		PP	
	統計量	P値	統計量	P値		統計量	P値	統計量	P値
MB	0.97	1.00	1.68	1.00	PCP	−1.00	0.75	−0.86	0.80
D(MB)	−4.30	0.00	−4.19	0.00	D(PCP)	−7.63	0.00	−7.74	0.00
GDP	−1.07	0.72	−1.10	0.71	PCG	−0.74	0.83	−0.83	0.81
D(GDP)	−8.67	0.00	−8.69	0.00	D(PCG)	−13.38	0.00	−13.79	0.00
CG	−0.74	0.83	−0.83	0.81	PIG	−1.85	0.35	−1.43	0.57
D(CG)	−13.38	0.00	−13.79	0.00	D(PIG)	−5.43	0.00	−5.49	0.00
IG	−1.85	0.35	−1.43	0.57	PMGS	−2.34	0.16	−2.14	0.23
D(IG)	−5.43	0.00	−5.49	0.00	D(PMGS)	−7.71	0.00	−7.56	0.00

の回帰となるため、定常性の確認を行う。先行研究に倣い Augmented Dickey-Fuller test（ADF）、Phillips-Perron test（PP）によって上記のデータで単位根検定を行ったところ、どの変数についても単位根の存在が確認された（表5-4）。1階の階差を取ると全ての変数は定常となるが、変数間に共和分関係が存在する場合は階差変数による VAR モデルよりも VEC（Vector Error Correction）モデルの方が情報量を維持できるため望ましい。そこで、エラーコレクションモデルのためラグの次数を一つ下げて Johansen の共和分検定を行ったところ、共和分関係にある変数が最大で3組存在することが AIC より示唆されたため（表5-5）、本章では VEC モデルを採用することにした。共和分関係には実質の需要項目である GDP、政府最終消費支出、公的固定資本形成を選択し、AIC の指示するトレンドありの線形関数と、トレンドなしの定数項のみで構成された共和分3本の推定式を含む VEC モデルを推計した。

　VAR モデルでは各変数の係数を確認しても、ネットの効果を分析することが困難であるため、得られた VEC モデルの特性をインパルス反応によって確認する。ショックを与える変数は実質 GDP、マネタリーベース、実質政府最終消費支出、実質公的固定資本形成、政府最終消費支出デフレーター、公的固定資本形成デフレーターである。ショックを与える際のコレスキー分解は変数の順序を変更することによって結果が大きく変わりうる。本章における分析では予算編成からは独立しており中長期的な視点から形成される金

表 5 - 5　Johansen の共和分検定の結果

Data Trend:	None	None	Linear	Linear	Quadratic
Test Type	No Intercept	Intercept	Intercept	Intercept	Intercept
	No Trend	No Trend	No Trend	Trend	Trend
Akaike Information Criteria by Rank（rows）and Model（columns）					
0	52.04576	52.04576	51.72009	51.72009	51.65437
1	51.41792	51.33372	51.12847	51.13799	51.05663
2	50.93933	50.83948	50.72519	50.74984	50.75989
3	50.8451	50.706	50.60849*	50.61837	50.63167
4	50.9096	50.77166	50.7052	50.68981	50.68552
5	51.06665	50.89876	50.82652	50.81051	50.83857
6	51.25721	51.0825	51.1029	51.01932	51.0259
7	51.55667	51.40145	51.40145	51.32697	51.32697

注：*は検定が示す最適な共和分関係。

　融政策変数であるマネタリーベース、歳出予算は総額の統制が重要であるとともに、社会保障関係費や給与関係費が含まれる実質政府最終消費支出、予算によって統制されるものの補正予算によってある程度柔軟な運用が行われる実質公的固定資本形成、予算総額を統制するために調整される単価が含まれる政府最終消費支出デフレーター、競争入札を通じて一定程度市場性を有するため予算によってのみ決定されない公的固定資本形成デフレーター、金融政策及び各需要項目とデフレーターの影響を受ける民間最終消費支出デフレーター、短期的には貨幣中立性が満たされないと仮定して最後に実質 GDP という順序でコレスキー分解を行った。ショックの波及は40期（10年）とし、消費者物価指数の代理変数として利用している民間最終消費支出デフレーターへの影響を確認する。

　図 5 - 5 は分析によって得られたインパルス反応である。実質 GDP のショックは、短期的には民間最終消費支出デフレーターを引き上げるものの、中期的にはマイナスの影響がある。これは、実質 GDP 成長を実現しながらもデフレーションが続いた期間の VEC モデルの特性として妥当な性質といえよう。マネタリーベースのショックは物価に対して正の影響を示している。これは貨幣数量説の成立を示唆しており、1994年 Q 1 -2017年 Q 2 という期間の設定に依存していると考えられるが、先行研究で得られた結論を支持す

図5-5　インパルス反応

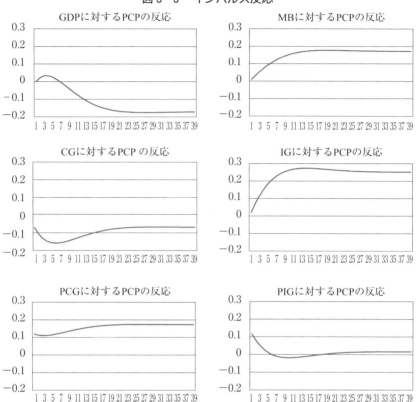

　るものである。

　本章の特徴として、分離された財政変数である実質政府最終消費支出、実質公的固定資本形成、政府最終消費支出デフレーター、公的固定資本形成デフレーターに関しては明確に異なる特性が現れている。実質政府最終消費支出の増加は物価に対して負のインパクトを与える一方で、実質公的固定資本形成の増加は正のインパクトを与えている。実質公的固定資本形成が正の反応を示す理由として、推計期間中に大きく減少した実質公的固定資本形成は、クラウディングアウトが解消されるというよりも有効需要の減少を招き、物価に下落圧力を与えていた可能性が示唆される。

　他方で、実質政府最終消費支出の増加が物価に対して負のインパクトを与

えるということは、需要の増加がGDPギャップに対して需要超過方面への影響を与えるということとは逆の結果を意味している。なぜ、需要の増加が物価に下落圧力を加えるのであろうか。これは高齢化等の影響で社会保障関係費を中心として財政需要が増加するが、全体としてはシーリング予算によって総額が統制され、しかも「単価の引き下げ」によって予算の抑制が図られてきたことの影響によるものと考えられる。実質政府最終消費支出が高齢化の代理変数となっている可能性も考慮して、変数に65歳以上人口や65歳以上人口比率を加えたとしてもこの結果は変わらなかった。

　公的固定資本形成デフレーターのインパクトは短期的な正の影響しか観察されないのに対して、政府最終消費支出デフレーターは長期的に正の影響が残ることがわかる。市場における相対価格の下落は、可処分所得の増加を通じて他の財・サービスの消費量を増やすと想定される。しかし、実質で増加する政府最終消費支出とその相対価格の下落の組み合わせは、マクロの可処分所得の増加を意味せずに他の消費の増加につながらない。このことが、需要の増加が一般物価の下落を引き起こした原因であると考えられる。これらのことから、推計期間中において、減少する投資的経費という予算編成の特徴と、増大する義務的経費とその単価の抑制が、直接または民間最終消費支出デフレーターを通じて間接的に消費者物価の下落圧力となっていた可能性が示唆されるのである。

おわりに

　バブル経済の崩壊から5年以上経って、1990年代末から日本経済はデフレーション下にあった。2012年末から始まった第二次安倍内閣におけるアベノミクス三本の矢、すなわち大胆な金融政策、機動的な財政政策、民間投資を喚起する成長戦略のもとで、「デフレではない状況」は実現できたが、デフレ脱却には至っていない。2000年代に主因と考えられた金融政策に関しては、黒田日銀総裁のもとで2013年4月の量的・質的金融緩和、2016年3月にはマイナス金利付き量的・質的金融緩和、同9月には長短金利操作付き量的・質的金融緩和と非伝統的金融政策のフロンティアを切り開いてきたが、インフレ・ターゲットである2％の消費者物価上昇率が実現する見通しはなかなか

立たない。貨幣数量説もコミットメントによるインフレ期待の醸成も特効薬とはならなかったといえよう。他方で、2017年度の骨太方針では財政再建に関する表現を「PB 黒字化と同時に政府債務残高を安定的に引き下げる」とするなど、財政規律に対する表現を和らげ、同年10月の衆議院選挙においては2019年度の消費税率引き上げによる税収の使い道として、社会保障の充実と将来に渡る社会保障の安定化＝財政再建から、幼児教育の無償化等に用途を広げるなど再び財政政策へとシフトする兆候が現れている。

　本章の分析によれば、公的固定資本形成の増加は物価上昇に寄与する。もっとも、GDP ギャップが需要超過となっているとされる状況では、公的固定資本形成の増加は供給制約にぶつかる可能性がある。他方で、政府最終消費支出の増加は、有効需要として GDP ギャップを埋める働きをするものの、単価の引き下げを通じてデフレに寄与する可能性がある。すなわち、標準的なマクロ経済学では、個別の財の相対価格が下落した場合、他の財への支出の増加を通じてその相対価格が上昇するため、一般物価は変化しないと考える。しかし、社会保障支出のように単価は下がりつつ支出そのものは増加する場合、他の財への支出は増えないことになり、一般物価の下落圧力になりうることが示されたのである。

　今後の財政運営が、非社会保障についてはゼロシーリングを維持し、社会保障費についても社保充実や一部の目玉政策を除いた自然増を5,000億円に留めるなど、単価を引き下げる抑制策が取られるのであれば、さらに物価の引き下げ要因となる危険性がある。金融緩和や賃上げ要求などアクセルを踏みながら財政政策でブレーキを踏むようなチグハグな政策が続くのであれば、インフレ期待はいつまでたっても醸成されえない。財政の運営は、その財源に公課を用いるため、例えば公務員給与を民間企業に先立って引き上げることなどできないので、ビルトインされたデフレプレッシャーを持っている。とはいえ、準市場的な医療、介護、保育などの現物社会給付においては、財政赤字の論理ではなく経済の論理によって予算編成をすることは可能である。すなわち、政府最終消費支出については、インフレ・ターゲティングと同様に、目標とする物価上昇率と同じ率で単価を引き上げるのである。国におけるシーリング予算、診療報酬・介護報酬の抑制、地方交付税の一般財源同水準基準など、予算編成のあり方そのものを根本的に見直さない限り、デフレ

からの本格的な脱却は困難なのではないだろうか。

参考文献

Fisher, Irving（1933）"The Debt-Deflation Theory of Great Depressions," *Econometorica*, Vol.1, No.4, pp.337-357.

Friedman, Milton and Anna Schwartz（1963）*A Monetary History of the United States, 1867-1960*, Princeton University Press.

Fujita, Shigeru and Ippei Fujiwara（2014）"Aging Deflation: Japanese Experience," prelim draft on SWET2014.

Krugman, Paul（1998）"It's Baaack: Japan's Slump and the Return of the Liquidity Trap," *Broocking Papers on Economic Activity*, 2, pp.137-187.

Kuroda, Sachiko and Isamu Yamamoto（2013）"Is Downwoard Wage Flexibility the Primary Factor of Japan's Prolonged Deflation?" JSPS WP Series, No.13.

Nishizaki, Kenji et al.（2012）"Chronic Deflation in Japan," Bank of Japan Working Paper Series, No.12-E-6.

Summers, Laurence H.（2014）"Reflections on the 'New Secular Stagnation Hypothesis'," Coen Teulings and Richard Baldwin eds., *Secular Stagnation: Facts, Causes and Cures*, CEPR Press.

Urasawa, Satoshi（2014）"Japan's Deflateon: The Role of Wage Costs," *Applied Economics Letters*, Vol.21, No.11, pp.742-746.

安達誠司（2005）『デフレは終わるのか』東洋経済新報社。

池尾和人（2013）『連続講義・デフレと経済政策——アベノミクスの経済分析』日経 BP 社。

岩田規久男（2001）『デフレの経済学』東洋経済新報社。

――――（2011）『デフレと超円高』講談社。

牛嶋俊一郎（2014）「日本経済の長期停滞とデフレに関するケインジアン的説明」『東京経大学会誌』（経済学）、15-45頁。

梅田政信（2006）「1930年代前半における日本のデフレ脱却の背景——為替レート政策、金融政策、財政政策」『金融研究』2006.3、145-182頁。

川本卓司・尾崎達哉・加藤直也・前橋昂平（2017）「需給ギャップと潜在成長率の見直しについて」BOJ Reports & Research Papers。

北浦修敏・南雲紀良・松木智博（2005）「財政政策の短期的効果についての分析」『フィナンシャル・レビュー』August-2005、131-170頁。

クー，リチャード（2001）『良い財政赤字、悪い財政赤字——「俗説」の呪縛をとき景気回復へ』PHP 研究所。

玄田有史編（2017）『人手不足なのになぜ賃金が上がらないのか』慶應義塾大学出版会。

小西砂千夫編（2015）『日本財政の現代史Ⅲ——構造改革とその行き詰まり　2001
　　年〜』有斐閣。

小宮隆太郎他編（2002）『金融政策論議の争点——日銀批判とその反論』日本経済
　　新聞社。

近藤絢子（2017）「人手不足なのに賃金が上がらない三つの理由」玄田有史編『人
　　手不足なのになぜ賃金が上がらないのか』慶應義塾大学出版会、1-15頁。

塩路悦朗（2016）「為替レート・輸入品価格の影響力の復権——外的ショックの時
　　系列 VAR 分析」渡辺勉編『慢性デフレ　真因の解明』日本経済新聞出版社、
　　141-171頁。

庄司啓史（2013）「公的債務の蓄積が実体経済に与える影響に関するサーベイ及び
　　Vector Error Correction モデルによる財政赤字の波及効果分析」RIETI Discussion
　　Paper Series 13-J-040。

高崎経済大学産業研究所編（2014）『デフレーション現象への多角的接近』日本経
　　済評論社。

————（2015）『デフレーションの経済と歴史』日本経済評論社。

得田雅章（2007）「構造 VAR モデルによる金融政策効果の一考察」『滋賀大学経済
　　学部研究年報』Vol.14。

林文夫編（2007）『経済停滞の原因と制度』勁草書房。

原田泰・江川暁夫（2002）「賃金の硬直性と金融政策の衝突」原田泰・岩田規久男
　　編著『デフレ不況の実証分析——日本経済の停滞と再生』東洋経済新報社、
　　75-94頁。

ブートル, ロジャー（1998）『デフレの恐怖』東洋経済新報社。

堀雅博・伊藤靖晃（2002）「財政政策か金融政策か——マクロ時系列分析による素
　　描」原田泰・岩田規久男編著『デフレ不況の実証分析——日本経済の停滞と
　　再生』東洋経済新報社、41-73頁。

藻谷浩介（2010）『デフレの正体——経済は「人々の波」で動く』角川書店。

山田久（2016）「デフレ期賃金下落の原因と持続的賃上げの条件」Special Issue,
　　No.667、26-36頁。

吉川洋（2013）『デフレーション——"日本の慢性病"の全貌を解明する』日本経
　　済新聞出版社。

吉田充（2017）「GDP ギャップ／潜在 GDP の改定について」経済財政分析ディス
　　カッション・ペーパー、DP/17-3。

渡辺努・渡辺広太（2016）「デフレ期における価格の硬直化——原因と含意」日本
　　銀行ワーキングペーパーシリーズ、No.16-J-2。

第6章

市町村国民健康保険の保険料収納率に関する分析

大津　唯

はじめに⁽¹⁾

　日本は、すべての国民が公的医療保険への加入を義務づけられている、いわゆる「国民皆保険」体制にある。その中で、市町村国民健康保険（以下、市町村国保）は、他の公的医療保険に加入していない人すべてを対象とし、国民皆保険の中核を担ってきた。しかし、1990年代から2000年代初頭にかけて、市町村国保では保険料（税）（以下、単に「保険料」とする）の収納率（保険料の収納額を調定額で除した割合）が大幅に低下し、制度の持続可能性が危ぶまれる状況となった。

　これに対し、国は市町村による対策強化を促し、保険料滞納者への制裁措置（資格証明書の交付）や滞納処分（預貯金の差押えなど）の積極的な実施、収納率を交付金の配分額に反映させるインセンティブの強化などを通じ、収納率の向上を図ってきた。そうした効果の現れか、近年の保険料収納率は大幅な改善傾向にある。

　しかし、保険料滞納問題は市町村国保の構造的な問題の帰結であると指摘されており⁽²⁾、そのような状況をそのままに収納率の向上のみを追求すること

（1）本研究は、文部科学研究費補助金「超高齢・人口減少社会において多様な生活者を支える医療保障の持続性を目指す実証研究（基盤研究（B）、平成27年度～平成29年度、課題番号：15H03365）」（研究代表者：泉田信行）による助成を受けた。また、旧稿を報告した医療経済学会第10回大会（2015年9月6日）および第12回大会（2017年9月2日）では、討論者および参加者の先生方から大変貴重なコメントを頂いた。ここに記して感謝申し上げる。なお、いうまでもなく本章に残された誤りはすべて筆者の責任に帰する。

は、かえって問題を深刻化させるおそれもある。いずれにせよ、収納率の動向を適切に評価するためには、その決定要因を実証的に明らかにする必要があるが、後述するようにそのような研究はこれまで十分に行われてこなかった。

　そこで本章では、厚生労働省『国民健康保険事業年報』および同『国民健康保険実態調査』の保険者別データなどから構築した市町村別（保険者別）のパネルデータ（2009〜15年度）を用い、市町村国保の保険料収納率の決定要因を分析した。それにより、2010年度以降の収納率向上の要因について検討を行った。

　本章の結果および含意を要約すると、次のようになる。市町村国保における2010年度以降の保険料収納率の上昇には、所得水準の改善と若年者比率の低下が寄与していた。しかし、その規模は収納率の上昇幅の 2 割未満であり、分析モデルの中に収納率上昇の決定的な要因を見出すことはできなかった。したがって、本章の分析モデルに含めることのできなかった要因によって収納率は上昇してきたことになるが、そのような要因として、差押えの増加、ひいては目標収納率の達成状況に応じて交付金の配分を行うインセンティブ構造の強化があると推察される。収納率は、世帯主が現役世代である世帯において、また世帯所得の低い世帯ほど、大きく上昇している。そのため、自治体が収納率の目標値達成を優先するあまり、保険料の支払い能力の低い世帯からその生活実態を十分に考慮しないまま差押え処分を行うことのないよう、慎重な対応が求められる。

　本章の構成は次のとおりである。まず第 1 節において、市町村国保の保険料収納率の推移や、収納率向上に向けた施策の動向などの制度的背景について概観する。第 2 節では収納率の決定要因に関する先行研究の整理、第 3 節では本研究の分析枠組みについての説明、第 4 節では分析結果の確認を行う。最後は本章のまとめとなる。

（ 2 ）　例えば、伊藤（2008）は「国民健康保険料の滞納の増大が、加入者の保険料負担能力の低下や保険料の引き上げという構造的原因にある」（37頁）と論じている。

第1節　制度的背景

1　日本の公的医療保険制度の体系と市町村国民健康保険の位置づけ

　周知のとおり、日本では、すべての国民が公的医療保険への加入を義務づけられている。いわゆる「国民皆保険」である。しかし、日本の公的医療保険は複数の異なる制度で構成されており、年齢や職業によってどの制度の対象となるかが決まっている（表6-1）。75歳以上の後期高齢者は、全員が単一の制度である後期高齢者医療制度に加入する仕組みとなっている一方、75歳未満の人が加入する制度は、職域保険である被用者保険（組合健保、協会けんぽ⁽⁵⁾、共済組合⁽⁶⁾）と地域保険である国民健康保険（市町村国保と国民健康保険組合⁽⁸⁾）に分かれている。

　市町村国保は、他の公的医療保険制度に加入していないすべての人を対象とし、国民皆保険の中核を担ってきた。加入者数は約3,303万人で、公的医療保険全体の加入者の約26%を占めている。市町村国保の加入者の大半は、退職者を含む無職者や、被用者保険に加入していない非正規雇用者などの被用者である。2015年の厚生労働省『国民健康保険実態調査』によると、世帯主が無職である割合は40.4%、世帯主が被用者である割合は30.3%である。かつて市町村国保の主力であった農業従事者やその他の自営業者は、現在はわずか1割強を占めるに過ぎない（図6-1）。

（3）65歳以上75歳未満で一定の障害を抱える人も、任意で後期高齢者医療制度に加入することができる。対象となる障害の程度は、国民年金法等における障害年金の1・2級、精神障害者保健福祉手帳の1・2級、身体障害者手帳の1・2・3級および4級の一部、療育手帳のAである。また、保険者は都道府県単位の広域連合である。

（4）健康保険組合管掌健康保険。健康保険組合は単一または複数の企業によって設立され、従業員とその被扶養家族が加入する。

（5）全国健康保険協会管掌健康保険。各都道府県に支部を持つ単一の保険者で、健康保険組合を持たない企業の従業員とその被扶養家族が加入する。

（6）公務員とその被扶養家族が加入する。

（7）市町村が運営する。他の公的医療保険制度に加入していない人は、生活保護受給者を除いてすべて市町村国民健康保険の対象となる。

（8）医師や弁護士などの職種ごとに都道府県単位で設立されており、本人とその家族が加入できる。

表6-1　日本の公的医療保険制度の概要

制度		保険者数	加入者数 （千人）	主な対象
被用者 保険	協会けんぽ*	1	36,392	中小企業の従業員とその被扶養家族
	健保組合	1,409	29,131	大企業の従業員とその被扶養家族
	共済組合	85	8,836	公務員とその被扶養家族
国民健康 保険	市町村国保	1,716	33,025	自営業者、無職者、退職者など
	国保組合	164	2,911	特定の職種に就く人とその家族
後期高齢者医療制度		47	15,767	75歳以上の全国民**
計		3,422	126,062	

注1：＊日雇特例被保険者および船員保険の加入者を含む。
　　＊＊65歳以上75歳未満でも一定の障害を抱える人は後期高齢者医療制度に加入することができ
　　る。
　2：2015年3月末時点。
出所：厚生労働省『平成28年版厚生労働白書』をもとに筆者作成。

図6-1　市町村国保の世帯主の職業別構成割合の推移

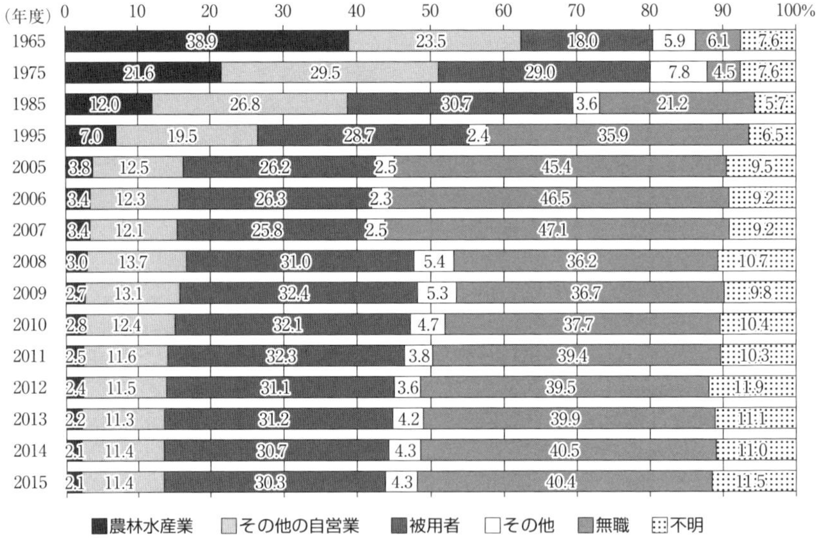

注1：擬制世帯を含む。
　2：2008年度に無職の割合が大きく低下しているが、これは後期高齢者医療制度の創設に伴う変
　　化である。
出所：厚生労働省『国民健康保険実態調査』（各年度版）より筆者作成。

2　市町村国民健康保険の保険料収納率の長期推移

　このように市町村国保の加入者層が変化する中で、保険料の滞納の増加が深刻な問題となってきた。それを端的に示す指標として広く用いられてきたのが保険料収納率である。保険料収納率とは、保険料の収納額を調定額（1992年度以降は居所不明者分を除く）で除した割合である。収納額は実際に納付された保険料の総額であり、調定額は納付されるべき保険料として保険者が決定した金額の総額である。

　図6-2は、国民皆保険が達成された1961年度以降の保険料収納率の年次推移を示したものである。1960年代は一貫して上昇傾向にあり、福祉元年と呼ばれた1973年度には過去最高の96.5%を記録した。しかし、第1次オイルショックの起きた同年以降は収納率の低下が続き、1983年度には93.4%まで落ち込んだ。その後は再び上昇傾向に入り、1990年度には94.2%まで回復したものの、バブル崩壊以降、特に1990年代後半から2000年代初頭にかけて収納率は大幅に下落し、2004年度には90.1%を記録した。このように、収納率は上昇と低下を繰り返しつつも、長期的には低下傾向にあり、特に1990年代から2000年代初頭にかけての深刻な収納率悪化により、保険料の滞納問題は重要な政策課題となった。

　しかし、近年の保険料収納率は回復基調にあるといってよい。2004年度を境に収納率は上昇に転じ、2007年度には90.5%まで回復した。2008年度は後期高齢者医療制度の導入による75歳以上の加入者の離脱とリーマンショックの影響により、2.1%ポイントも下落して88.4%、2009年度もさらに0.4%ポイント下落して88.0%となったものの、その後は再び上昇傾向に転じ、2013年度には90%台を回復、2015年度には91.5%まで上昇している。

　こうした傾向は、保険料滞納世帯割合の推移においても確認できる。図6-3は、データが残っている2002年以降の市町村国保の滞納世帯数とその割合の年次推移を示したものである。2003年に19.2%まで上昇した保険料滞納世帯の割合は、2007年には18.6%まで低下した。後期高齢者医療制度の導入により2008年に20.6%まで一気に上昇したものの、2011年以降は大幅な下落が続いており、2016年は実に15.9%まで低下している。

（9）保険料滞納世帯割合のデータは各年6月1日時点のものであるため、2008年の数値にリーマンショックの影響は含まれていない。

図 6-2　市町村国保の保険料収納率の年次推移（1961〜2015年度）

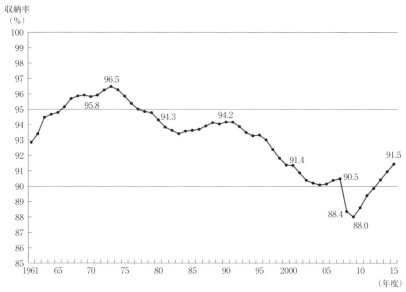

注 1 ：現年度（当該年度）分の収納率である。
　　2 ：1992年度以降の収納率は、居所不明者分調定額を控除した調定額を用いて算出されている。
　　3 ：2000年度以降の調定額には介護納付金、2008年度以降は後期高齢者支援金を含む。
　　4 ：2015度の収納率は速報値である。
出所：厚生労働省『国民健康保険事業年報』各年度版、同「平成27年度国民健康保険（市町村）の
　　　財政状況について」（2017年 2 月28日報道発表資料）より筆者作成。

3　保険料滞納問題への行政の対応

　1990年代以降の保険料収納率の急激な低下を受け、国は市町村による対策
強化を促してきた。2000年 4 月に資格証明書の発行が義務化されると、[10]
2005年には「国民健康保険料（税）の総合的な収納対策」が発表され、収納
率の低い市町村は「収納対策緊急プラン」を策定して収納率向上に本格的に
取り組むことが求められるようになった。この中で市町村は、職員の増員や

---

(10)　保険料滞納が続く被保険者に対し、自治体は通常の保険証を回収して、代わりに有
　　効期間 1 年未満の「短期被保険者証」を交付する措置をとることができる。また、 1
　　年以上も「特別の事情」（国民健康保険法第 9 条第 3 項）なく保険料滞納を続ける被保
　　険者に対しては、「被保険者資格証明書」を交付する措置をとることができる。こうし
　　た制裁措置の弊害については、芝田（2010）、結城（2010）、大津・山田・泉田（2014）
　　や大津（2014）を参照されたい。

図 6 - 3　市町村国保の滞納世帯数とその割合の年次推移（2002〜16年）

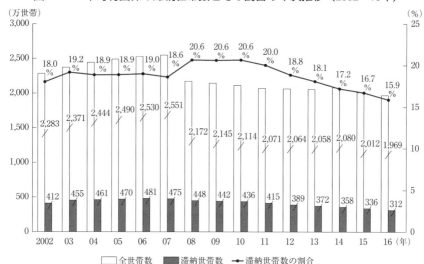

注 1 ：各年 6 月 1 日現在。ただし、2007年以前の全世帯数は各年 3 月31日現在。
　　2 ：2007年以降の滞納世帯数は 6 月 1 日現在で国民健康保険の資格を有する世帯とすることを明確化したところであり、2006年までとの比較には注意を要する。
　　3 ：2011年は福島県の一部の町（広野町、楢葉町、富岡町、大熊町、双葉町、浪江町及び新地町）については含まれていない。
　　4 ：2016年は速報値。
出所：厚生労働省「平成18年度 国民健康保険（市町村）の財政状況について＝速報＝」（2008年 1 月15日報道発表資料）、同「平成24年度国民健康保険（市町村）の財政状況について」（2014年 1 月28日報道発表資料）、同「平成27年度国民健康保険（市町村）の財政状況について」（2017年 2 月28日報道発表資料）より筆者作成。

　口座振替の促進などによる徴収体制の強化を図る一方、滞納処分も積極的に実施していくこととなった（厚生労働省 2005; 土佐 2005）。[11]
　また、保険料収納率を指標として用いたインセンティブも強化されてきた。もともと、収納率が保険者規模別に定められた基準を下回る市町村は、国の普通調整交付金が減額される仕組みとなっていた。[12] しかし、2010年の国民[13] 健康保険法改正により都道府県が策定可能となった「広域化等支援方針」[14] において、収納率の目標を明記すると普通調整交付金の減額措置の適用から除

───────────────

(11) 滞納処分による保険料の強制的な徴収の是非を論じることは本章の範囲を超えるが、行き過ぎた滞納処分によって滞納者の生活が破綻してしまうケースがあると指摘されている（寺内 2016など）。

外されることとなった。そのため、ほぼすべての都道府県において目標収納率が設定され、その達成状況が都道府県の調整交付金[15]の市町村への配分額にも反映されることとなった。

さらに、2018年度から市町村国保は都道府県単位化されるが、それに伴って創設された保険者努力支援制度[16]において、収納率は保険者の取り組みを評価するための指標の一つとして採用され[17]、その達成状況がやはり国の市町村への交付金の配分額に反映されることとなった。

以上のように、保険料の収納率向上に向けた取り組みが強化される中で、収納率の目標を設定してその達成状況に応じて交付金の配分を行うインセンティブも強化されてきた。しかし、保険料収納率の動向は、保険者による保

---

(12) 国の普通調整交付金は、市町村国保間の財政調整のために国から都道府県に交付されるものである。総額は全医療給付費の7％である。国からの交付金としては、このほか、災害などの事業に応じて交付される特別調整交付金（総額は全医療給付費の2％）がある。

(13) 普通調整交付金の減額率は、厚生労働省令「国民健康保険の調整交付金の交付額の算定に関する省令」（平成28年3月31日厚生労働省令第66号）の別表4に定められている。なお、ここでは退職被保険者等にかかる分は勘案されない。また、2008年度の後期高齢者医療制度創設の影響を考慮し、2009年度には収納率の基準がおおむね1％ポイント引き下げられた。

(14) 2010年の国民健康保険法改正により、市町村国保の都道府県単位化を進めるための環境整備として、都道府県が「広域化等支援方針」を策定できることとされた（国民健康保険法第68条の2）。

(15) 都道府県調整交付金は、市町村国保間の財政調整のために都道府県から市町村に交付されるものである。2005年度の三位一体改革において創設された。総額は全医療給付費の9％（2011年度までは7％）である。詳しくは神田・長友（2015）などを参照されたい。

(16) 保険者努力支援制度は国の市町村国保に対する新たな財政支援制度であり、2018年度から700億〜800億円規模で本格的に実施される予定であるが、その「前倒し」として特別調整交付金の一部を活用して150億円規模で2016年度から開始された。

(17) 2016年度の保険者努力支援制度前倒し分における評価指標においては、収納率向上に関する取組の実施状況に関する指標として、2015年度の保険料収納率を用いて以下の3つの指標が設定された（厚生労働省 2016）。

　　①現年度分の収納率が市町村規模別の前年度の全自治体上位3割または上位5割に当たる収納率を達成しているか。

　　②現年度分の収納率が前年度と比較して1％ポイント以上向上しているか。

　　③過年度分（滞納繰越分）の収納率が前年度と比較して5％ポイント以上向上しているか。

険料の徴収努力だけでなく、経済環境をはじめとする外的な要因によっても左右される可能性がある。とりわけ、保険料滞納問題は市町村国保の構造的な問題の帰結であると指摘されており、そうした状況を放置したまま収納率の向上のみを追求することは、かえって問題を深刻化させるおそれもある。いずれにせよ、収納率の動向を適切に評価するためには、その決定要因を実証的に明らかにする必要がある。しかし、次節でみるように、そのような研究はこれまで十分には取り組まれてこなかった。

第2節　先行研究

　市町村国保の保険料収納率の決定要因分析を行った研究には、下平（2010）、足立・上村（2013）、足立（2015）[18][19]がある。しかし、次にみるように収納率の決定要因について確定的な結論が得られているわけではない。

　下平（2010）は、2005年度の地域別のデータを用いたクロスセクション分析を行い、完全失業率が高いほど収納率は低いこと、人口規模が大きいほど収納率は低いこと、非正規雇用の割合や生活保護率が高いほど収納率が低いことなどを確認している。下平（2010）はこの分析結果を踏まえ、「国保収納率が低下した背景には、国保制度の内在的な欠陥はもちろんのこと、雇用破壊、雇用劣化、都市化といった要因が深く関係しており、個々の自治体の努力だけでは解決不能な問題を孕んでいる」（78頁）と、結論づけている。こうした考察は示唆に富むものであるが、クロスセクション分析は、観察されない説明変数が存在する場合に回帰係数の推定結果に欠落変数バイアスが生じてしまい、誤った結論を導いてしまう可能性があるという課題を抱えている。

---

(18) なお、日本は生活保護を受給している場合を除いてすべての国民が公的医療保険への加入を義務づけられているが、アンケート調査では「未加入」あるいは「保険証を持たない」と回答するケースが一定程度認められる。その背景には、被用者保険から国民健康保険に移る場合に必要な加入手続きを怠っている場合や、滞納の結果として通常の保険証が回収され、事実上の無保険状態に陥ってしまっている可能性が考えられる。こうした公的医療保険への「未加入」や「無保険」に関する要因分析を行った研究として、鈴木・大日（2000）、湯田（2006）、酒井（2009）、河口・井伊（2010）などがある。

　足立・上村（2013）は、厚生労働省『国民健康保険事業年報』を主なデータとして用いた保険者単位の年次パネルデータ分析（2008～10年度）を行い、財政調整制度が収納率に与える影響を検証している。その結果、都道府県調整交付金（前節参照）が多いほど収納率が高いことや、滞納繰越分の収納率が高いほど（現年度分）収納率も高いことが観察されている。また、こうした観察結果が所得などの被保険者側の要因を考慮しても変わらないことから、下平（2010）とは異なり収納率が「保険者側の要因によって左右されている」（足立・上村 2013、22頁）との見解を示している。しかし、都道府県調整交付金の交付額は前年度の収納率を反映して決定されるものであることや、滞納繰越分の収納率が過去の（現年度分）収納率に左右される可能性を考慮すると、これらの変数を特別の操作なく説明変数に加えることは内生性の観点から疑問が残る。また、分析対象期間が2008～10年度であるため、2008年秋のリーマンショックによる景気後退の影響を受け、この時期にしか当てはまらない結果となっている可能性もある。

　足立（2015）は、足立・上村（2013）と同じく保険者単位の年次パネルデータ分析（2008～10年度）を用い、その分析モデルにいくつかの説明変数を追加することで、保険料賦課方式の違いが保険料収納率に与える影響を検証している。追加された説明変数は、1年間の徴収回数と所得割、資産割、平

---

(19) なお、国民健康保険の滞納については、個人レベルの要因分析も行われている（泉田 2011; 四方・田中・大津 2012）。泉田（2011）は『国民健康保険実態調査』の個票データを利用した分析を行い、次の結論を得ている。第一に、保険料が所得に占める割合が増加すると滞納しやすい。第二に、自営業者より被用者の方が、滞納確率が高い。
　また、四方・田中・大津（2012）は、独自のアンケート調査の結果を利用した分析を行い、次の結論を得ている。第一に、所得の影響は観察されなかった一方、低貯蓄の場合に滞納確率が高くなる。第二に、非正規雇用者や失業者は納付意思があるにもかかわらず滞納しやすくなる。第三に、主観的健康感が良いほど納付意思のない滞納の確率が高いことが観察され、逆選択仮説が成立することが示唆される。第四に、高額療養費に対する知識があると滞納しにくくなることから、制度に関する知識の有無が滞納に影響することが示唆される。
　これら2つの研究では、単なる流動性制約のほか、就業状態、健康水準による逆選択、制度知識といった要因が保険料の納付行動に影響を与えることが示されている。しかし、こうした要因についての検証は本章の射程を超えるものであり、稿を改めたい。
　なお、以上の2つの研究のほかに、国民健康保険料の滞納がある6世帯への聞き取り調査を行った鈴木（2009）がある。

等割、均等割それぞれの保険料（率）であり、徴収回数が多いほど収納率が
高いこと、また所得割、資産割、平等割、均等割の別によって保険料（率）
の影響が異なることを観察している。しかし、この分析は足立・上村
（2013）と同様の課題を抱えているのに加え、追加された説明変数が本当に
保険料賦課方式の違いを表しているのかという点で疑問が残る。

　以上のように、市町村国保の保険料収納率の決定要因については、個々の
自治体だけでは解決できない社会的要因が大きいとする見方と、保険者の努
力やインセンティブを重要視する見方がある。しかし、これを検証するのに
必要な統計的分析は、これまで十分には行われてこなかった。

　そこで本章では、厚生労働省『国民健康保険事業年報』および同『国民健
康保険実態調査』の保険者別データなどから構築した市町村別（保険者別）
のパネルデータを用い、2009〜15年度の市町村国保の保険料収納率の決定要
因を分析する。それにより、この期間の収納率の上昇要因について検討する。

第3節　分析の枠組み

1　分析に用いるデータ

　本章の分析で用いるデータは、厚生労働省『国民健康保険事業年報』
（2009〜15年度版）の保険者別データ、および同『国民健康保険実態調査』
（2009〜16年度版）[20]の保険者別データを結合した市町村別（保険者別）の年
次パネルデータである[21]。

　分析対象期間は2009〜15年度である。保険者別データは本章執筆時点で
2007年度分から公開されているが、2007年度は後期高齢者医療制度の導入前
であるため、また2008年度から2009年度にかけてはリーマンショックによる
影響で収納率が悪化していると思われるため、2008年度以前は分析対象から

---

(20)　『国民健康保険事業年報』は2015年度版までを用いるのに対して『国民健康保険実態
　　調査』は2016年度版までを用いるのは、『国民健康保険実態調査』からは前年の所得に
　　関するデータを用いるためである。
(21)　複数の市町村で構成される一部事務組合または広域連合によって国民健康保険が運
　　営されている場合がある。本章の分析対象期間では、大雪地区広域連合、後志広域連
　　合、空知中部広域連合、最上地区広域連合、御坊市外三ケ町組合（2010年度まで）が
　　該当する。

除外し、それ以降の収納率が上昇している期間に分析対象を限定した。⁽²²⁾また、
『国民健康保険事業年報』の保険者別データは本章執筆時点で2015年度版ま
で、『国民健康保険実態調査』は2016年度版まで公開されているため、分析
対象期間は2015年度までとなっている。

　分析対象からは、以下の自治体を除外している。

①　分析対象期間中に市町村合併のあった自治体⁽²³⁾

②　2011年3月の東日本大震災における福島第一原子力発電所事故の避難
　　地域となっている自治体⁽²⁴⁾

③　被保険者数が過少であるとしてデータの一部が非公表となっている自
　　治体

　分析対象として残った保険者の数は1,589であり、これは2015年度末の全
保険者数1,716の92.6%に当たる。

2　推定モデル

　本章の分析では、保険料収納率を被説明変数とした固定効果モデルを用い
た推定を行った。固定効果モデルは、時間によって変化しないを個体特有の
個別効果の影響を、この個別効果が説明変数と独立でないと仮定したうえで
除去したモデルであり、観察されない説明変数が存在することによって生じ
る欠落変数バイアスを、時間によって変わらない要因に限って回避すること
ができる。なお、ここでは推定結果への保険者規模の影響を除去するために、
被保険者数の期間平均値で重みづけしたうえで推定を行っている。具体的な
推定式は次のとおりである。

---

(22) 2008年度の後期高齢者医療制度の発足により、75歳以上の被保険者は全員、国民健
　　康保険を離脱して後期高齢者医療制度に加入することとなった。そのため、2007年度
　　以前と2008年度以後で国民健康保険のデータは比較不可能であり、2007年度のデータ
　　を分析対象に加えた場合は定常性の仮定を満たさないものと考えられる。
(23) 分析対象期間中に一部事務組合または広域連合の設立または解散により保険者の合
　　併または分離を経験した保険者を含む。
(24) 田村市、南相馬市、川俣町、広野町、楢葉町、富岡町、川内村、大熊町、双葉町、
　　浪江町、葛尾村、飯舘村の12市町村。

$$(y_{it} - \bar{y}_l)\sqrt{w_i} = \beta\,(x_{it} - \bar{x}_l)\sqrt{w_i} + (\epsilon_{it} - \bar{\epsilon}_l)\sqrt{w_i}$$

y_{it}：t 年における保険者 i の保険料収納率

x_{it}：t 年における保険者 i の説明変数ベクトル

ϵ_{it}：攪乱項

$\bar{y}_l$、$\bar{x}_l$、$\bar{\epsilon}_l$：y_{it}、x_{it}、ϵ_{it} の期間平均値

w_i：保険者 i の被保険者数の期間平均値

3　分析に用いる変数と仮説

　回帰分析に用いた変数の一覧と記述統計量は表6-2、各変数の年度別の加重平均値（被保険者数で重みづけ）は表6-3のとおりである。

（1）被説明変数

　被説明変数である保険料の収納率は、次の式に従って『国民健康保険事業年報』[25]の保険者別データから算出した。

$$収納率（\%）= \frac{収納額}{調定額 - 居所不明者分調定額}$$

（2）説明変数

　各説明変数の定義・算出式は表6-4のとおりである。

　まず、社会経済的要因として「1人あたり所得（対数値）」、「1人あたり保険料調定額」、「若年者比率」を説明変数に用いた。「1人あたり所得」では、2008年9月のリーマンショックに端を発した世界的な景気後退からの回復に伴う所得水準の改善が、国民健康保険の収納率の向上に寄与したことを検証する。一方で、所得水準の上昇は保険料調定額の上昇に繋がると考えられることから、これを考慮して「1人あたり保険料調定額」も説明変数に追

---

(25) ここで収納率は現年度（当該年度）分のみを指すものとしている。また、『国民健康保険事業年報』の保険者別データでは、収納額、調停額、居所不明者分調停額が一般被保険者と退職被保険者等に分けて記載されており、本章では両者の値を合計して求めている。

表 6-2　記述統計量

変数名	観測値数	平均値	標準偏差	最小値	最大値
保険料収納率（％）	11,123	89.88	3.74	73.43	100.00
1 人あたり所得（万円）	11,123	65.66	21.15	14.50	588.81
1 人あたり保険料調定額（万円）	11,123	9.13	1.12	2.23	17.73
若年者比率（％）	11,123	12.68	3.08	1.67	34.46
保険税方式ダミー	11,123	0.53	0.50	0	1
保険料賦課方式：					
2 方式ダミー	11,123	0.17	0.38	0	1
3 方式ダミー	11,123	0.49	0.50	0	1
保険料徴収回数	11,123	9.30	1.33	1	12
1 人あたり総務費（万円）	11,123	0.54	0.23	0.00	3.66
1 人あたり保険料軽減額（万円）	11,123	0.79	0.29	0.01	4.99
1 人あたり保険料減免額（万円）	11,123	0.05	0.10	0.00	1.40
平均世帯人員数	11,123	1.72	0.13	1.31	3.10

注 1：平均値は被保険者数の期間平均値で重み付けした加重平均値である。
　 2：年度ダミーは省略。
出所：筆者作成。

表 6-3　各変数の年度別加重平均値

変数名	年度						
	2009	2010	2011	2012	2013	2014	2015
保険料収納率（％）	88.08	88.66	89.43	89.92	90.49	91.04	91.56
1 人あたり所得（万円）	64.25	63.23	63.70	65.40	67.87	66.69	68.51
1 人あたり保険料調定額（万円）	9.09	8.86	8.98	9.10	9.33	9.33	9.21
若年者比率（％）	13.93	13.53	13.08	12.66	12.28	11.83	11.45
保険税方式ダミー	0.53	0.53	0.53	0.53	0.53	0.53	0.53
保険料賦課方式：							
2 方式ダミー	0.17	0.17	0.17	0.17	0.17	0.17	0.19
3 方式ダミー	0.45	0.47	0.48	0.49	0.52	0.53	0.52
保険料徴収回数	9.27	9.31	9.29	9.32	9.30	9.30	9.31
1 人あたり総務費（万円）	0.53	0.57	0.53	0.52	0.53	0.55	0.57
1 人あたり保険料軽減額（万円）	0.64	0.73	0.75	0.77	0.78	0.91	0.96
1 人あたり保険料減免額（万円）	0.06	0.05	0.06	0.06	0.05	0.05	0.05
平均世帯人員数	1.77	1.75	1.74	1.73	1.71	1.68	1.66

注：平均値は被保険者数の期間平均値で重み付けした加重平均値である。また、分析対象の保険者
　　だけを集計しているので全国平均とは一致しない。
出所：筆者作成。

表6-4　各説明変数の定義・算出式

説明変数	定義・算出式	出所
1人あたり所得（対数値）	「所得（旧ただし書き方式による課税標準額）」／「被保険者数（年度平均）」	両者
1人あたり保険料調定額	「調定額（原年度分）」／「被保険者数（年度平均）」	年報
若年者比率	「20～34歳の被保険者数」／「全被保険者数」	実態
平均世帯人員数	「被保険者数（年度平均）」／「世帯数（年度平均）」	年報
保険税方式ダミー	保険税方式である場合に「1」、保険料方式である場合に「0」をとるダミー変数	年報
2方式ダミー	保険料賦課方式が2方式である場合に「1」、それ以外の場合に「0」をとるダミー変数	年報
3方式ダミー	保険料賦課方式が3方式である場合に「1」、それ以外の場合に「0」をとるダミー変数	年報
保険料徴収回数	当該年度内の保険料の徴収（納付）回数	年報
1人あたり総務費（対数値）	総務費／「被保険者数（年度平均）」	年報
1人あたり保険料軽減額	「保険料軽減額」／「被保険者数（年度平均）」	年報
1人あたり保険料減免額（対数値）	「保険料減免額（災害等による減免を除く）」／「被保険者数（年度平均）」	年報

注1：出所欄の「年報」は『国民健康保険事業年報』、「実態」は『国民健康保険実態調査』である。「1人あたり所得（対数値）」の出所欄には「両者」とあるが、ここでは所得を『国民健康保険実態調査』、被保険者数を『国民健康保険事業年報』から得ている。
　2：ただし書き方式による課税標準額とは、旧地方税法第292条第4項ただし書きの課税総所得金額と同じ方式によって算定され、国民健康保険法施行令第29条の7第2項第4号に規定されているもの（厚生労働省『平成27年度国民健康保険実態調査報告』）。
出所：筆者作成。

加した。「若年者比率」では、『国民健康保険実態調査』において世帯主年齢が低いほど収納率は低い傾向にあることが示されていることを踏まえ、分析対象期間の若年者比率の低下が収納率の向上の繋がっていることを検証する。[26]
なお、若年者比率の低下は、単なる人口学的変動の反映だけではなく、雇用環境の改善による市町村国保からの離脱の増加の影響も含むものと考えられる。

---

(26) 『平成27年度国民健康保険実態調査報告』によれば、2014年度の世帯主年齢階級別の収納率は25歳未満が65.2%、25～34歳が74.7%、35～44歳が82.9%、45～54歳が83.3%、55～64歳が91.6%、65～74歳が97.4%であった。なお、この数値は擬制世帯が除かれているほか、2014年度に1年間継続して同じ保険者に加入していた世帯について抽出調査の結果を用いて推計したものであるため、全体の収納率は92.0%で、『国民健康保険事業年報』における収納率とは一致しない。

　続いて、制度的要因として「保険税方式ダミー」、「2方式ダミー」、「3方式ダミー」を説明変数に用いた。保険税方式ダミーでは、保険料方式から保険税方式への移行が収納率を押し上げた可能性を検証する。[27]「2方式ダミー」および「3方式ダミー」は、4方式をレファレンス・カテゴリーとした保険料賦課方式に関するダミー変数であり、賦課方式の違いが収納率に影響を及ぼす可能性を検証する。[28]

　また、収納対策要因として「保険料徴収回数」および「1人あたり総務費（対数値）」を説明変数に用いた。これらは、自治体による収納対策の強化が収納率の向上に寄与していることを検証するための代理変数である。前者は足立（2015）で有意な影響が観察されている一方、後者は足立・上村（2013）および足立（2015）において有意な影響が観察されていない。なお、本来であれば、保険料の滞納処分の状況に関する変数を用いることが望ましいと考

---

(27) 自治体は国民健康保険の財源として原則として保険料を徴収することとなっているが、地方税法に基づいて保険税の形で徴収することもできる（国民健康保険法第76条）。両者は依拠する法律が異なるため、徴収権の消滅時効が保険料の場合は2年であるのに対し保険税の場合は5年となるほか、保険税であれば他の地方税と一括で徴収可能であるなど、保険料よりも保険税の方がより強力な徴収方法となっている可能性がある。

　　なお、保険税方式を選択する保険者は全体の9割近くを占めている。ただし、人口の多い大都市圏の自治体を中心に保険料方式が選択されているため、被保険者数でみると保険税方式は5割強となる。なお、厚生労働省『国民健康保険事業年報』の保険者別データでは、保険税か保険料かの記載が1年分だけ前後の年度と異なっているケースが4件あり（2008年度の保険者別データも用いて確認）、前後の年度の記載に合わせてデータを修正している。

(28) 保険料額は、所得に応じて算定される所得割、資産に応じて算定される資産割、世帯の人数に応じて算定される均等割、世帯数に応じて算定される平等割の4種類を組み合わせて算定することとなっているが、その組み合わせ方については、保険者が3つの方式から選択することができる。この3つの方式が、いわゆる4方式（所得割額、資産割額、均等割額、平等割額を賦課）、3方式（所得割額、均等割額、平等割額を賦課）、2方式（所得割額、均等割額を賦課）である。

　　なお、賦課方式の違いが収納率に影響を及ぼす可能性は足立（2015）が指摘している。しかし、前節で触れたように足立（2015）では保険料の賦課方式に関する変数として、所得割、資産割、平等割、均等割のそれぞれの保険料（率）を用いている。自治体によって所得割、資産割、平等割、均等割をどのような比率で組み合わせるかは異なっているので、これらは保険料賦課方式を表す変数としては不適切ではないかと思われる。

えられるが、そのような地域別の利用可能なデータは得られなかった。

　さらに、保険料の軽減・減免要因として「１人あたり保険料軽減額」および「１人あたり保険料減免額（対数値）」を説明変数に追加した。保険料の軽減は法律で定められた制度であり、前年の所得が一定基準以下の場合に応益分（均等割、平等割）の保険料が軽減される。一方、保険料の減免は市町村の定める条例に基づいて実施される保険料の減額・免除である。こうした保険料の軽減・減免の拡大が収納率の向上に繋がるとの見方があることを踏まえ、この点を検証する。ただし、2010年度に導入された非自発的失業者の保険料軽減措置はここに含まれない。(29)

　以上のほか、「平均世帯人員数」は趨勢的に低下しているが、こうした世帯の小規模化は、「連帯」としての社会保険の保険料納付意欲を低下させる作用があると考えられる。

　また、年度ダミーを説明変数に追加した。年度ダミーは2009年度をレファレンス・カテゴリーとしている。

第4節　分析結果

　推定結果の一覧は表6-5のとおりである。

　まず、社会経済的要因の変数についてみると、１人あたり所得は１％増大すると収納率が0.019％ポイント上昇すると推定された。分析対象期間中に１人あたり所得の加重平均値は64.3万円から68.5万円まで上昇しており、これにより収納率は0.12％ポイント程度押し上げられたと試算されるが、この期間の収納率の上昇幅が３％ポイント以上であるのと比較すると非常に小さい効果であり、景気回復に伴う所得水準の改善が収納率上昇を牽引したとまではいえない。

　１人あたり調定額は、１万円上昇すると収納率は0.25〜0.31％ポイント低下すると推定された。分析対象期間中に１人あたり保険料調定額の加重平均値は0.12万円上昇しており、これにより収納率は0.03〜0.04％ポイント押し下げられたと試算される。

---

(29) 解雇、倒産、雇い止めなどの会社都合により離職した場合、失業時からその翌年度末までの間、前年の給与所得を100分の30とみなして保険料を算定する制度。

表6-5　推定結果

	（1）	（2）	（3）	（4）
1人あたり所得（万円）の対数値	1.921***	1.866***	1.909***	1.888***
	[0.186]	[0.184]	[0.186]	[0.184]
1人あたり保険料調定額（万円）	− 0.285***	− 0.312***	− 0.246***	− 0.284***
	[0.021]	[0.021]	[0.022]	[0.022]
若年者比率（%）	− 0.135***	− 0.143***	− 0.135***	− 0.136***
	[0.025]	[0.025]	[0.026]	[0.025]
保険税方式ダミー		1.727		1.737
		[0.979]		[0.976]
保険料賦課方式（ref: 4方式）				
2方式ダミー		0.896***		0.852***
		[0.157]		[0.157]
3方式ダミー		− 0.586***		− 0.631***
		[0.068]		[0.069]
保険料徴収回数		0.075**		0.072**
		[0.026]		[0.026]
1人あたり総務費（万円）の対数値		0.685***		0.684***
		[0.079]		[0.079]
1人あたり保険料軽減額（万円）			− 0.838***	− 0.639***
			[0.142]	[0.141]
1人あたり保険料減免額（万円）の対数値			0.081***	0.120***
			[0.021]	[0.021]
平均世帯人員数	2.406***	2.046***	2.473***	2.136***
	[0.584]	[0.581]	[0.583]	[0.579]
年度ダミー	あり	あり	あり	あり
Number of obs	11,123	11,123	11,123	11,123
Number of groups	1,589	1,589	1,589	1,589
R-squared:				
within	0.661	0.669	0.663	0.671
between	0.216	0.188	0.109	0.148
overall	0.155	0.197	0.127	0.172

注1：*** は1%、** は5%、* は10%水準で統計的に有意であることを示す。[　]内は標準偏差。
　2：年度ダミーの係数の推定結果は省略。
出所：筆者作成。

　若年者比率は、1％ポイント上昇すると収納率は0.14％ポイント低下すると推定された。分析対象期間中に若年者比率の加重平均値は2.5％ポイント程度低下しているので、これにより収納率は0.35％ポイント押し上げられたと試算される。これは所得水準の上昇による効果の3倍程度であるが、やはり収納率上昇を牽引したとまではいえない。

　続いて、制度的要因の変数についてみると、保険税方式ダミーの係数は有意にはゼロと異ならなかった。したがって、保険料方式から保険税方式への移行が収納率を押し上げたとはいえない。これは足立・上村（2013）および足立（2015）と整合的な結果であるが、分析対象期間に保険料方式か保険税方式かの選択に変更があったのは分析対象の中ではわずか2自治体であり、固定効果モデルにおける説明変数としては十分な経時的変化が確保されなかったために有意な影響が観察されなかった可能性が残る。

　保険料賦課方式については、4方式の場合に比べて2方式の場合は約0.9％ポイント高く、3方式の場合は約0.6％ポイント低いと推定された。したがって、保険料賦課方式の違いが収納率に影響を及ぼすことが確認されたといえる。ただし、分析対象期間の収納率の変化への寄与度はいずれも（絶対値で）0.05％ポイント未満と軽微なものであった。また、保険料賦課方式による収納率の違いは、世帯構成等によって影響が異なることと関係しているものと思われるが、その詳細な構造については、さらなる検討が必要である。

　また、収納対策要因の変数についてみると、保険料徴収回数は1回増えるごとに保険料徴収回数を0.07％ポイント引き上げると推定された。しかし、分析対象期間中の保険料徴収回数の加重平均値の上昇幅は0.04％ポイントで、これが収納率を押し上げた効果はわずか0.003％ポイントであった。

　1人あたり総務費は、1％増大すると収納率が0.68～0.69％ポイント程度上昇すると推定された。しかし、分析対象期間中に1人あたり総務費の加重平均値は0.04万円上昇しており、これが収納率を押し上げた効果はわずか0.03％ポイント程度であったと試算される。

　さらに、保険料の軽減・減免要因の変数についてみると、1人あたり保険料軽減額の係数は有意に負であり、1万円増えると収納率が0.6～0.8％ポイント程度低下することが観察された。分析対象期間中に1人あたり保険料軽減額は0.3万円ほど上昇しており、この間の1人あたり保険料軽減額の上昇

が収納率を0.2〜0.3％ポイント低下させたと試算される。したがって、保険料軽減対象の増加が収納率の向上に繋がっていることは確認されなかった。保険料軽減額が多いということは、（平均の所得水準が制御されているので）それだけ所得格差が大きく軽減の対象となる低所得者が多いということであると考えると、この推定結果は所得格差の拡大が保険料収納率の低下に繋がることを示唆しているのかもしれない。

　1人あたり保険料減免額は1％増大すると収納率が0.1％ポイント程度上昇すると推定された。したがって、自治体による減免適用の拡大は収納率を上昇させる効果を持つものと考えられる。ただし、分析対象期間中に1人あたり保険料減免額の加重平均値は0.01万円低下しており、これは収納率を0.01〜0.02％ポイントとわずかながら押し下げる要因となっていた。

　その他の変数についてみると、平均世帯人員数の係数は有意に正であり、平均世帯人員数が1人増えると収納率が約2.0〜2.5％ポイント上昇すると推定された。分析対象期間中に平均世帯人員数の加重平均値は0.11人減少しており、これにより収納率は0.2〜0.3ポイント押し下げられたと試算される。

おわりに

　本章では、厚生労働省『国民健康保険事業年報』および同『国民健康保険実態調査』の保険者別データなどから構築した市町村別（保険者別）のパネルデータ（2009〜15年度）を用い、市町村国保の保険料収納率の決定要因に関する回帰分析により、この期間の収納率の上昇要因について検討を行った。

　分析結果は次の5点に整理できよう。

　第一に、所得水準の改善と若年者比率の低下が、保険料収納率の上昇に寄与していることが観察された。ただし、分析対象期間の収納率の上昇幅が3％ポイント以上であるのに対し、所得水準改善の効果は約0.1％ポイント、若年者比率低下の効果は約0.4％ポイントであり、いずれも収納率上昇を牽引したとまではいえなかった。一方、1人あたり保険料調定額の上昇により保険料収納率は0.03〜0.04％ポイント押し下げられていることが観察された。

　第二に、保険料方式から保険税方式への移行が収納率を押し上げた可能性は確認されなかった。一方で、保険料賦課方式の違いが収納率に影響を及ぼ

すことは確認された。ただし、分析対象期間の収納率の変化への寄与は軽微なものであった。また、保険料賦課方式がなぜ収納率の違いに繋がっているのかについては、さらなる検討が必要である。

　第三に、収納対策要因の代理変数である「保険料徴収回数」と「1人あたり総務費」は、いずれも収納率の上昇に寄与していたが、その度合いはそれぞれ約0.003%ポイントと約0.03%ポイントに過ぎなかった。しかし、これらの変数が収納対策の強化の度合いを適切に反映しているかは疑問の残る部分がある。今後この点については保険料の滞納処分の状況に関する変数などによって直接的に検証可能となることが望ましい。

　第四に、保険料の軽減・減免は、分析対象期間の収納率を低下させる方向に作用していたことが観察された。特に、1人あたり保険料軽減額の増加は収納率に負の効果を持つと推定されたが、これは所得格差の拡大が収納率の低下に繋がりうることを反映している可能性がある。

　第五に、趨勢的な世帯の小規模化が収納率を押し下げる方向に作用していることが確認された。世帯の小規模化は長期的な傾向であり、この構造的な要因により収納率が低下の圧力にさらされてきたとすれば、そうした状況にもかかわらず近年の大幅な収納率の増加が実現されてきたことになる。

　以上の分析結果を踏まえ、2010年度以降の国民健康保険料の収納率上昇の背景要因について考察を加えたい。

　収納率の上昇には、所得水準の改善と若年者比率の低下が寄与していた。しかし、その規模は収納率の上昇幅の2割未満であり、分析モデルの中に収納率上昇の決定的な要因を見出すことはできなかった。保険料の軽減・減免や世帯の小規模化などはむしろ収納率を押し下げる要因となっていた。

　したがって、本章の分析モデルに含めることのできなかった要因によって収納率は上昇してきたことになるが、そのような要因としては、やはり差押えの増加（表6-6）が考えられる。そしてその背景には、目標収納率の達成状況に応じて交付金の配分を行うインセンティブ構造の強化があることが推察されよう。

　もちろん、差押えによる強制的な手段を含む保険料徴収の強化は、単なる行政の適正な執行という観点からみれば妥当かもしれない。しかし、『国民健康保険実態調査』の全国集計の結果によれば、世帯主が現役世代である世

表6-6　差押えの実施状況

年度	差押え件数	差押え金額 （億円）	年度	差押え件数	差押え金額 （億円）
2000	45,346	165	2008	164,268	564
2001	44,112	157	2009	182,583	644
2002	51,461	178	2010	186,790	732
2003	55,830	209	2011	212,277	799
2004	68,488	245	2012	243,540	896
2005	77,262	299	2013	260,174	936
2006	95,228	390	2014	277,303	943
2007	120,525	454	2015	298,374	968

出所：厚生労働省（2007）「全国老人医療・国民健康保険主管課（部）長及び後期高齢者医療広域
　　　連合事務局長会議（平成19年2月19日）《保健局国民健康保険課説明資料》」、同「国民健康
　　　保険（市町村）の財政状況について」（各年度版）より筆者作成。

帯において、また世帯所得の低い世帯ほど、収納率が大きく上昇している
（表6-7、表6-8）。したがって、収納率の上昇については、自治体が収納
率の目標値達成を優先するあまり保険料の支払い能力の低い世帯からその生
活実態を十分に考慮しないまま差押え処分を行うことのないよう、慎重に評
価する必要がある。そうした意味では、2016年度の保険者努力支援制度前倒
し分の評価指標として保険料収納率を採用し、これを交付金の配分額と紐づ
けたことは拙速であるように思われる。

　最後に、本章の限界と課題について2点触れておきたい。

　第一に、本章の分析モデルには滞納処分に関する変数が含まれておらず、
差押えの増加の効果を直接的に検証できていない。この点は、本章の結果の
解釈にあたって留意すべき点である。また、2010年度に導入された非自発的
失業者の保険料軽減措置の効果が考慮されていない点にも注意が必要である。

　第二に、本章で明らかにしたのはあくまで2009年度以降の収納率の決定要
因であり、それ以前の収納率の決定要因とは一致しない可能性がある。とり
わけ、2000年代中ごろまでの収納率の下落期間は所得水準などの経済環境が
より大きな影響を持っていた可能性が考えられる。また、1970年代以降の収
納率の趨勢的低下には、世帯の小規模化が大きく影響していた可能性も考え
られる。これらは今後の課題とし、稿を改めたい。

表 6 - 7　市町村国保における世帯主年齢階級別の保険料収納率の年次推移
（2009〜14年度）

年度	世帯主年齢階級別の収納率（%）						
	計	25歳未満	25〜34歳	35〜44歳	45〜54歳	55〜64歳	65〜74歳
2009	89.2	62.1	72.6	77.6	80.9	88.8	97.0
2010	89.8	62.4	72.6	78.8	81.4	90.0	97.0
2011	90.3	59.1	72.7	79.9	82.3	90.1	96.9
2012	90.8	62.7	73.5	81.1	81.4	90.5	97.2
2013	91.4	64.0	73.7	81.2	83.1	91.4	97.1
2014	92.0	65.2	74.7	82.9	83.3	91.6	97.4

注 1：擬制世帯を除き、当該年度の 1 年間継続して当該保険者に加入していた世帯のみ集計された
　　　ものである。そのため、『国民健康保険事業年報』による収納率の数値とは一致しない。
　 2：世帯主年齢は翌年度の 9 月末時点。
出所：厚生労働省『国民健康保険実態調査報告』（各年度版）より筆者作成。

表 6 - 8　市町村国保における世帯所得階級別の保険料収納率の年次推移
（2009〜14年度）

年度	世帯所得階級別の収納率（%）									
	計	所得なし	0〜30	30〜50	50〜100	100〜200	200〜300	300〜500	500〜	所得不詳
			（万円以上〜万円未満）							
2009	89.2	82.4	84.7	86.0	89.1	90.0	89.9	91.8	96.5	71.0
2010	89.8	83.5	85.7	86.9	89.6	90.5	89.8	92.9	96.8	71.3
2011	90.3	84.6	85.7	87.5	89.8	90.7	90.6	93.3	97.1	70.2
2012	90.8	86.4	88.4	87.7	91.2	90.8	91.2	93.2	96.9	66.5
2013	91.4	85.8	88.3	89.5	91.2	91.8	91.4	93.3	97.6	67.8
2014	92.0	89.2	90.2	92.0	92.6	92.2	91.8	93.8	97.1	67.4

注 1：擬制世帯を除き、当該年度の 1 年間継続して当該保険者に加入していた世帯のみ集計したも
　　　のである。そのため、『国民健康保険事業年報』による収納率の数値とは一致しない。
　 2：所得は旧ただし書き方式による課税標準額である。旧ただし書き方式による課税標準額とは、
　　　旧地方税法第292条第 4 項ただし書きの課税総所得金額と同じ方式によって算定され、国民
　　　健康保険法施行令第29条の 7 第 2 項第 4 号に規定されているもの。
出所：厚生労働省『国民健康保険実態調査報告』（各年度版）より筆者作成。

参考文献

足立泰美（2015）「国民健康保険制度における保険料賦課方式の違いが収納率に与える影響」『甲南経済学論集』55巻3・4号（2015年3月）、145-167頁。

足立泰美・上村敏之（2013）「国民健康保険制度における財政調整と保険料収納率」『生活経済研究』37巻（2013年3月）、15-26頁。

泉田信行（2011）「国民健康保険料の未納と所得水準との関係に関する分析」日本財政学会第68回大会報告論文。

伊藤周平（2008）「国民健康保険料の滞納問題と医療保障──保険料滞納者の医療を受ける権利の観点から」『都市問題研究』60巻4号（2008年4月）、28-38頁。

大津唯（2014）「国民健康保険における資格証明書交付と財政に関する分析」『三田学会雑誌』106巻4号（2014年1月）、121-132頁。

大津唯・山田篤裕・泉田信行（2014）「短期被保険者証・被保険者資格証明書交付による受診確率への影響」『医療経済研究』Vol.25、No.1（2014年1月）、33-49頁。

河口洋行・井伊雅子（2010）「低所得世帯における社会保険と生活保護の現状に関する研究」『医療経済研究』Vol.22、No.2（2010年10月）、91-108頁。

神田敏史・長友薫輝（2015）『市町村から国保は消えない──都道府県単位化とは何か』自治体研究社。

──── （2017）『新しい国保のしくみと財政──都道府県単位化で何が変わるか』自治体研究社。

厚生労働省（2005）「収納対策緊急プランの作成等について」厚生労働省通知（国保発0215第1号、2005年2月15日）。

──── （2016）「保険者努力支援制度における評価指標の候補の提示について」、厚生労働省通知（保国発0428第1号）。

厚生労働省保険局調査課（2016）『医療保険に関する基礎資料──平成26年度の医療費等の状況』。

酒井正（2009）「就業移動と社会保険の非加入行動の関係」『日本労働研究雑誌』592号（2009年11月）、83-103頁。

四方理人・田中聡一郎・大津唯（2012）「国民健康保険料の滞納の分析」『医療経済研究』Vol.23、No.2（2012年7月）、129-145頁。

芝田英昭（2010）『国保はどこへ向かうのか──再生への道をさぐる』新日本出版社。

下平好博（2010）「多様化する貧困と医療・年金危機──地域の安全はなぜ劣化しているのか」神野直彦・高橋伸彰編著『脱成長の地域再生』NTT出版、第2章、45-86頁。

鈴木幸恵（2009）「国民健康保険と保険料滞納問題──旭川市における滞納世帯の実態調査分析」『北海学園大学大学院経済学研究科　研究年報』9号（2009年3月）、1-26頁。

鈴木亘・大日康史（2000）「医療需要行動の Conjoint Analysis」『医療と社会』
　　Vol.10、No.1（2000年 5 月）、125-144頁。

寺内順子（2016）『検証！国保都道府県単位化問題――統一国保は市町村自治の否
　　定』日本機関誌出版センター。

土佐和男（2005）「国民健康保険料（税）の総合的な収納対策について」『社会保
　　険旬報』No.2239（2005年 4 月）、18-28頁。

結城康博（2010）『国民健康保険』岩波書店。

湯田道生（2006）「国民年金・国民健康保険未加入者の計量分析」『経済研究』57巻
　　4 号（2006年10月）、344-356頁。

第7章

資源利用における行財政の役割と過少利用の影響
——温泉資源を事例に

高柳友彦

はじめに

　近年、土地「所有」への懐疑がみられ始めている。土地所有者が不明な土地の多さ、利用されない空き家問題、ゴミ屋敷問題など、土地（建物を含む）をめぐる様々な問題が表面化してきている[1]。近代以降の日本において、財産として高い価値を有していた土地が「財産」としてみなされなくなるとともに、その財産の所有・利用を放棄する事態が生じている。これら新たに表面化した土地問題によって、土地利用が困難になるだけでなく、地域の生活環境の悪化（防災や防犯機能の低下、ごみなどの不法投棄、火災の発生の危険、風景・景観の悪化など）も引き起こしてしまう恐れもある。土地「所有」に関わる新たな問題は、これまで土地所有権制度を基礎づけていた「近代的土地所有権」自体の再考を促すなど、法社会学や民法学の分野を中心に土地所有権制度の見直しに向けた議論が始まっている[2]。

　土地「所有」の放棄にみられる様々な問題は、土地利用に関わる資源利用、特に再生可能資源である森林や水資源利用にも大きな影響を与えている。例えば、国内の木材生産は、海外からの木材輸入との厳しい競争にさらされ、多くの森林で行われてきた林業経営は衰退し始めている。豊富に存在している森林資源は所有者らによって放置され、災害などの防災機能の低下といった問題が表出している。加えて、過疎化が進行する中で林業経営・森林維持

（1）吉原（2017）; 土地総合研究所（2017）所収の一連の研究。
（2）過少利用における土地所有権のあり方については高村（2014; 2015a; 2015b）を参照のこと。土地所有の放棄については田處（2013; 2015）において論じている。

を行う担い手が不足するといった事態が生じるなど[3]、森林資源は過剰に使われていた時代から、森林の更新量にも満たない過少利用の時代へと状況は大きく変わりつつある。この点は、水資源も同様で、高度成長期以降、水資源利用の増加の要請から整備されたダムや水道施設は、その後の水需要の減少の影響で計画された利用量を満たさない状況が続き、各地の水道事業での赤字や統廃合が進められる事態を招いている[4]。

　このように、近代以降の日本社会では、土地や資源は希少な財として存在し、増加する需要に対してどのように効率的に利用・処分などを行うのか、主に資源の「分配」の観点から議論が行われ、またそれぞれの権利を保護するため所有権制度にみられる様々な仕組みが構築されてきた。しかし、今日の日本ではそうした土地や資源の所有・利用が放棄され、過剰な利用を秩序づけていた社会から過少利用の社会へと転換しつつある。では、土地・資源利用が減少していく社会において、土地・資源の利用・管理を維持していくには、どのような仕組みづくりが求められているのだろうか。これまで歴史的に展開されてきた資源利用のありようを明らかにしていく必要があるだろう。

　そこで本章では、再生可能資源である温泉資源（源泉）に注目し、温泉地内の資源供給の役割を担っている地方自治体の温泉事業を通して、源泉利用の歴史的展開と資源利用が減少する中での地方自治体の役割について明らかにしていく。そもそも温泉資源は、有限で再生可能な資源であるのに加え、利用者相互間の関係が強いという特徴を有する。近代以降の日本の温泉地は利用客数増加の下で、必要とする湧出量の増加が常に求められ、各地で開発が進展した。しかし、上記のような資源利用の特徴を持つ温泉資源は、温泉地内で開発が進展すれば個々の利用は不安定になってしまった（例えば、利用者相互の源泉利用の対立、利用客に提供するための湧出量の不足など）。したがって、温泉地における資源利用を安定化させるためには、温泉地のある一定の範囲内において開発・利用を調整し、源泉を保全する必要があった。それ

（3）　図司（2017）。

（4）　国土交通省によると水使用量は年間800億㎥で推移している。1995年に889億㎥を記録して以降漸減し、2012年には805億㎥となっている（http://www.mlit.go.jp/mizukoku-do/mizsei/mizukokudo_mizsei_tk 2 _000014.html　最終アクセス2017年10月29日）。

ぞれの温泉利用者間の権利調整に加え急増する利用客に対応するため、効率的な源泉利用が求められたのである。本章が対象とする熱海温泉は、1930年代に誕生した熱海町営温泉（その後熱海市営となる）が中心部の主要な源泉を所有・管理しながら、住民や旅館施設に源泉を配給する役割を担った。地方自治体である熱海市は、現在に至るまで、熱海温泉の重要な源泉利用の担い手として機能し、市営温泉事業は一部の源泉だが温泉地の源泉を集中的に管理し配給する役割をも担っている。ただ、資源利用の重要な担い手である市営温泉事業は、温泉地の盛衰や資源利用の変化によって、大きく影響を受けることになる。そこで、近年の動向も含め、市営温泉事業がどのような状況下で展開してきたのか、また資源利用において地方自治体がどのような意義を有しているのかについて市営温泉事業の歴史的変遷を中心に論じていこう。

第1節　熱海温泉における市営温泉事業の展開

1　町営温泉事業の成立と意義

　ここでは、第二次大戦以前に誕生する町営温泉事業（のちに市営となる）の成立過程について、近代以降の熱海温泉の源泉利用の歴史的展開から紹介しておこう。(5)近代以降、私的土地所有を前提とした源泉開発が進展した熱海温泉では、7つだった源泉数が、1870年代14カ所、1880年代には26カ所に増加し、源泉の私有化とともに内湯利用も普及した。利用客の増加とともに多くの源泉湧出量が必要となったため、開発が進展することになった。開発に伴う利用者間の対立・紛争が生じ源泉利用が不安定化するたび、静岡県が取締規則を改正し、源泉利用に介入することで秩序を維持した。地域社会における資源利用の秩序の維持を県行政の規則や施策が支える仕組みが構築されたのである。

　1925年に熱海線が開通し東京・横浜と直通した熱海は、1934年の丹那トンネルの開通によって利用客数を飛躍的に増加させた。交通インフラ整備に伴う利用客数の増加は、さらなる湧出量の増加を必要とした。しかし、たび重

（5）以下、1項の内容に関しては、高柳（2017a）を加筆・修正したものである。

なる開発の結果、熱海温泉中心部では、多くの源泉が枯渇する危機的状況となっていた。そして、必要な湧出量を確保するためには、新たな開発を指向するだけではなく、既存の源泉を効率的に利用する仕組みづくりが必要となった。そこで、地方行政機構である熱海町が温泉地内の主要な源泉を一元的に管理し、利用者に配給する温泉配給事業を実施したのである。

　誕生した町営温泉配給事業は、以下の3つの機能を有していた。第1に多くの源泉を一元化し無駄遣いを廃した結果、湧出量の効率的な利用が可能になった点である。加えて新たな源泉開発も可能とした。第2に個々の利用者の湧出量の減少や枯渇といったリスクを回避することを可能にした点、第3に利用秩序が安定し「開かれた源泉利用」が実現した点である。住民であれば誰でも源泉を利用できるため、高額な温泉権を購入せずに安価に利用が可能となり、外部からの進出が容易となった。こうした熱海町の取り組みに対して、県行政は、取締規則を改正し、熱海温泉中心部での開発を原則町のみに限定した。熱海町は、既設の源泉利用を調整する機能に加え、唯一の開発権者として新たな開発を行えるようになったのである。

　温泉地では、開発の進展による利用者間の対立（私人間の利用（権利）の調整）という問題だけでなく、利用客数の増加に伴う湧出量の増加に迫られることとなった。湧出量不足の課題に直面する中で、温泉地全体の資源管理（源泉の効率的な利用）へと課題が転換したのである。それまで源泉の利用者らは、特定の源泉に依存していたため、天災地変など不可抗力に対して非常に弱い立場に置かれていた。地方行政機構が資源利用に関わり（源泉を引用する権利関係への介在も含む）利用秩序の安定を担うことで、資源利用の効率性が高まるだけでなく、枯渇や減少のリスクを回避し利用上における恣意性の排除も実現した。取締規則や利用秩序への関わりといった県行政による取り組みが支えながら、地域社会や地方行政機構が温泉地の源泉利用の展開を安定させたのである。

（6）こうした効率的な利用は、高度成長期以降、各地で温泉不足となる中、集中管理事業という形で普及した。熱海町（のちの熱海市）営の温泉はそうした集中管理の一形態と解することができる。集中管理事業については、高柳（2014）を参照のこと。

2　高度成長期の市営温泉事業

　第二次大戦後の熱海温泉は、1950年に市内中心部の大部分を焼失した大火を経験したもののその後利用客数を増加させた。[7]旅館数の増加と大規模化を実現させながら市営温泉事業も拡大を続けたのである。ただ、当初から市営温泉が充実し、利用客数増加に寄与していたわけではなく、利用客の急増に対応できない事態も招いた。特に1950年代初頭にはたびたび温泉が不足する事態が生じていた。例えば、1952年にはいくつかの市営温泉の源泉において、湧出量の減少や枯渇といった事態を招いている。[8]新たな開発を熱海市が行ったものの市営温泉の状態は悪化し続け、利用者らに温泉の節約をうながす必要に迫られていた。[9]熱海市は源泉の整備や新設、新たな源泉開発を実施していたものの源泉不足の状況の解消には至らなかったのである。

　こうした増加する利用客に対応する源泉需要への解決策として、私有源泉の有効利用が模索された。当時、熱海市が所有する市有源泉は熱海温泉全体の源泉数のうち、約8分の1を占め、残りは旅館や別荘が所有する私有源泉であった。これら私有源泉を含め、市営として熱海温泉全体の源泉を統一するという「源泉統合」が提唱されるようになったのである。この私有源泉を含めた源泉の市営化という発想について、熱海市は実際に実現可能かどうかの検討を行っていた。熱海市の対応は以下のように伝えられている。「熱海市水道温泉課では、乱掘による温泉衰退の防止と温泉を統合して有効適切に大衆化するため市内三百の私有温泉源地の市営温泉合併を計画中で、近く温泉組合とも相談の上、積極的な動きを開始することになった。（中略）私有温泉は市内に三百余あるが、そのうち現在使っているのは百六十源地、残りは休止状態となっている。併し一日の湧出量は十二時間モーターをかけただけで十三万石もあり、休止源地の復活を計れば優に二十万石に達するだろうとみられている。これら私有温泉を市有に切り替え、これを妥当に市民間に分湯しようというのが、今度の合併案である」。[10]熱海市が所有し管理、配給

（7）　以下、高度成長期の市営温泉事業の記述については、高柳（2017a）を圧縮、修正している。当該期の詳しい状況については、同論文を参照のこと。

（8）　「温泉確保に市全力」『熱海新聞』1952年10月12日。

（9）　「温泉事情悪化」『熱海新聞』1952年12月18日。

（10）　「市内三百の私有温泉を全部市営に統合か」『熱海新聞』1953年11月21日。

する源泉だけでは、利用客増加に対応できないと認識されていたため、多くを占める私有源泉を有効活用しようと模索していたことがうかがえる。源泉の統合によって源泉湧出量の増加に加え、効率的な源泉利用を期待していたのである。しかし、市営化に関わる多額の費用（源泉の買収など）や権利関係の複雑さもあってこの統合案自体は実現することはなかった。ただ、源泉開発・管理において、熱海市の関与の度合いが増すなど、既存の源泉と熱海市との連携した源泉利用は進められた。実際、1954年の静岡県の温泉審議会の審議では、旅館による開発申請に対して、源泉利用の調整の難しさや市営源泉不足といった事態に対応するため、熱海市を開発主体として、許可を出すことを決定している。⁽¹¹⁾熱海市は源泉利用における利害調整を行う主体としての役割を担うようになっていたのである。

　熱海温泉中心部での源泉利用の統合への動きがあった一方、市営温泉事業による源泉開発は周辺部に拡大した。中心部での温泉事業の状態悪化が問題となっていた1952年11月、温泉が出ない熱海市南部の多賀地区での源泉開発が企図された。⁽¹²⁾当初から湧出への期待が高かった多賀地区の和田木における試掘は1955年8月に成功し、⁽¹³⁾この和田木の市有源泉では一昼夜に二千石の湧出量を有した。和田木の市有源泉は、その後、第四号源泉まで開発が行われ、多賀、網代地域での温泉地形成に重要な役割を果たしたのである。

　また、戦前以来、湯河原温泉の一地域として温泉旅館が営業していた泉地区でも1950年代以降、市営温泉事業を含めた源泉開発が進展した。ここでは、熱海市に加え、静岡県も泉地区の分離を阻止するための施策として、県営温泉開発に着手している。⁽¹⁴⁾県営、市営温泉の開発は1955年9月からはじまり、⁽¹⁵⁾12月には県営温泉の湧出が実現した。⁽¹⁶⁾その後も泉地区では、個人による源泉開発も進展し、1958年時には「花の家旅館（田原氏）がトップを切って試掘を開始したのに続き、喜代川、ひぐち、大東館、の三館、五軒町に佐々木氏等五本の試掘」⁽¹⁷⁾が行われた。周辺部を中心とした開発は、市営温泉事業を中

---

(11)　静岡県『温泉審議会関係綴』No.3、昭和28年度〜30年度。
(12)　「下多賀地区が有望」『熱海新聞』1952年11月9日。
(13)　「大成功和田木温泉」『熱海新聞』1955年8月12日。
(14)　「27日県営温泉着工」『熱海新聞』1955年6月25日。
(15)　「泉の県営温泉」『熱海新聞』1955年9月16日。
(16)　「温泉湧き出る」『熱海新聞』1955年12月25日。

心に進展するとともに、数多くの私有源泉の開発が行われるようになり、1962年には多賀・網代地区では源泉総数28（うち使用源泉は16）、泉地区では源泉総数22（うち使用源泉は11）に進展した。このように熱海温泉中心部で展開されていた市営温泉事業は、周辺地域の温泉地開発の流れと相まって、配給地域を拡大していったのである。

　では、当時の市営温泉事業の具体的な配給の状況についてみてみよう。市営温泉事業は1951年に来宮附近の西山地区の民間温泉組合を統合し、源泉開発を行いながら湧出量を増加させるとともに配給地域を拡大させた。1950年に全体で約400件程度であった市営温泉事業の配給先は、1960年637件（営業用228件、自家用365件）、1963年761件（営業用262件、自家用401件）に増加した。営業用の多くは中小旅館や寮へ配給していた。市営温泉事業が主に配給していた地区は、熱海温泉中心部とその周辺の西山地区であった（1967年時点で中心部495件、西山157件）。市営温泉事業が源泉開発を主導した南熱海、泉地区では、和田木で102件、泉で15件に配給され、熱海中心部に比べて契約数は少ないものの、それぞれの地域内の旅館にとっては重要な存在であった。当時、南熱海（多賀・網代地域）の旅館数は26軒、泉では27軒であったが、和田木からの営業用の配給は23件、泉では11件であり、多くの旅館が市営温泉事業から源泉を引用していたからである。

　市営温泉事業は、区域内の居住者、住居を有する者からの公募によって供給者が決定され、使用量に基づいて、使用料を支払う形式をとっていた。供給加入金とそれぞれの契約に基づく温泉使用料を支払っていたのである。1965年当時、温泉権の権利（源泉地の土地所有）を熱海中心部で購入すれば1,000万円から3,000万円程度といわれていた。市営温泉事業から配給を受ける場合、供給加入金（1965年当時、営業用では数十万から100万円程度）と毎月の使用料（基本料金では数千円）の費用で利用できた。その他の諸経費を含めても市営温泉事業の利用によって、安価に安定的な源泉利用が可能であった。

　このように、市営温泉事業は、熱海温泉周辺部に展開する泉、南熱海（多

---

(17)　「温泉試掘ブームの泉区」『東海民報』1958年1月9日。
(18)　熱海は323うち使用232、伊豆山では77うち使用53であった。熱海市（1967）。
(19)　熱海市（1967）。

賀、網代）地域での温泉地形成を支える役割を有し、また、新規開業の旅館
や寮、保養所など外部からの熱海への進出を支える中小旅館などの源泉配給
の役割を担うなど熱海温泉の拡大・発展を支える基盤として機能したのであ
る。

第2節　高度成長期以降の熱海温泉

1　1970年代以降の市営温泉事業

　高度成長期の熱海温泉の発展を支えた市営温泉事業が1970年代以降どのよ
うに展開したのか、1970年代から2000年代の熱海温泉の動向とともにみてい
こう。表7‐1は1960年代後半以降の熱海市における旅館、寮・保養所、宿
泊客数の推移を表したものである。1967年に597万人であった熱海温泉の宿
泊客数は、オイルショック後の1970年代半ばには500万人を割り込み、400万
人台へと減少した。その後、バブル景気の際、いったんは利用客数が回復し
たものの、1990年代初頭には300万人台へ減少し、以後長期の停滞を迎えた。
このような宿泊客数の減少は、熱海のように巨大化した温泉地で共通にみら
れた現象であった。1968年と1983年の利用者数を比較すると、別府では613
万人から474万人、箱根443万人から374万人、白浜246万人から179万人、伊
東329万人から254万人へと、いずれも大きく落ちこんでいた。[20]高度成長期に
巨大化した温泉地の多くは、社員旅行や慰安旅行を中心とした団体旅行客を
数多く受け入れ、そのための宴会場や娯楽施設を完備していた。しかし、オ
イルショックの影響や個人旅行のニーズが高まる中、団体旅行の需要が減少
し、団体旅行客向けに設備投資をしていた巨大な旅館・ホテルは経営難に陥
ったのである。一方、熱海など都市的な景観や機能を持つ巨大な温泉地とは
対照的に、秘湯と呼ばれるひなびた小規模な温泉地が注目されるなど、[21]人々
の温泉地に対する志向が多様化することとなった。
　利用客数の減少は、温泉地内の旅館数の動向にも大きな影響を与えた。

---

(20)　山村（1998）87頁。
(21)　高度成長期後半にはホテル・旅館の施設巨大化が進み、多くの施設では宿泊客をホテ
　　　ル・旅館内に留めるための娯楽施設などを数多く設置した。温泉街を街歩きすること
　　　もなくなり、巨大旅館・ホテル以外の温泉地内の商業、飲食業に大きな影響を与えた。

表7-1　熱海市における旅館数、寮・保養所数、宿泊客数の推移

年	旅館数	寮・保養所数	宿泊客数（人）
1967	317	287	5,973,094
1968	309	284	5,924,660
1969	310	309	5,945,441
1970	302	362	5,632,885
1971	296	353	5,320,661
1972	298	397	5,201,369
1973	281	430	5,187,560
1974	261	487	4,902,126
1975	251	481	4,613,299
1976	248	480	4,659,042
1977	245	481	4,561,408
1978	242	608	4,528,555
1979	234	606	4,585,381
1980	236	623	4,413,911
1981	217	604	4,319,550
1982	214	598	4,330,305
1983	205	601	4,228,844
1984	209	629	4,312,390
1985	197	621	4,361,517
1986	192	590	4,344,078
1987	189	579	4,396,797
1988	185	557	4,312,967
1989	182	544	4,423,018
1990	182	538	4,459,724
1991	181	529	4,466,920
1992	179	520	4,172,700
1993	171	508	3,885,715
1994	170	493	3,824,903
1995	168	487	3,685,844
1996	161	466	3,811,132
1997	152	436	3,655,729
1998	149	421	3,577,208
1999	150	402	3,447,224
2000	139	364	3,299,983
2001	133	315	3,278,647
2002	132	290	3,211,773
2003	136	276	3,147,927
2004	136	258	3,149,600
2005	132	246	3,122,777
2006	130	231	3,167,123
2007	130	227	3,020,085
2008	131	216	3,040,004
2009	131	205	2,934,918
2010	130	193	2,885,126
2011	120	195	2,415,227
2012	121	179	2,805,255
2013	121	182	3,014,601
2014	120	183	3,154,722
2015	117	176	3,280,045

出所：検討委員会配布資料「温泉事業　過去の経緯」より作成。

1960年代に300軒を数えた旅館数は以後漸減し、20世紀終わりには半減、2010年代には約3分の1にまで減少した。一方、寮や保養所などの企業の福利厚生施設は1990年代にかけて増加したものの、バブル崩壊以降の余剰施設の売却などによって熱海では最盛期の600軒から2010年代にはその3割程度に減少した。1970年代以降長期の停滞を迎える熱海では、利用客数増加にあわせて必要とされていた温泉資源（源泉）が使われなくなる恐れが生じ始めていたのである。

　では、利用客数減少を迎える1970年代以降の市営温泉事業の展開をみてみよう。表7-2は1960年代後半からの市営温泉事業における契約件数、総給湯量を表したものである（この契約件数には新たに温泉地として開発された泉地区、多賀地区の契約件数も含まれている）。1970年に約900件であった契約総数は、1980年代には1,500件を超え、1980年代後半には1,700件、1990年代初頭には1,800件を超えた。営業用の契約件数が400件弱から250件前後に減少した一方で、自家用の件数が増加したことが契約数の増加の要因であった。営業用の契約数の減少は、1970年代以降の旅館数減少、1990年代以降の寮・保養所数の減少が影響していた。使用した源泉の量は、1965年当時、市営温泉では年間約120万㎥を揚湯（温泉をくみ上げること）していたうち、約90万㎥の温泉を旅館などに給湯していた。ただ、大口契約数の減少は給湯量にも大きな影響を与え、1970年代に年間80万㎥であった給湯量はその後減少し、1980年代には70万㎥台となった。

　市営温泉を利用する際には上述したように使用者は供給加入金を支払うほか、毎月の基本料金を支払い利用していた。表7-3は市営温泉事業の供給加入金の変遷である。供給加入金は、1951年、1956年、1960年、1975年に大幅な値上げを実施し、自宅用では、43万円から113万円、営業用では90万円

---

(22) 後述する検討委員会での議論では、委員の一人が過去に市営温泉の権利は需要があったため、利用希望でも手に入れることが困難であったと話している。市営温泉の権利は他人への譲渡が可能なため（条例で譲渡可能と定められている）、利用が多い時期には、プレミアムをつけて譲渡されていたようである。

(23) 熱海市（1967）。

(24) 宿泊客数の減少だけでなく、循環式による設備導入も利用量減少の一因であった。衛生面での対応で循環式を導入するものの、結果として湯量の節約につながったと思われる。しかし、その詳しい実態についてはわからない。

表7-2 熱海市における温泉事業の展開

年度	業務量（件数）					総給湯量（㎥）
	自家用	営業用	団体	その他	合計	
1965	436	274	15	78	803	902,415
1966	433	268	16	90	807	828,591
1967	416	289	16	85	806	809,656
1968	434	300	15	84	833	819,254
1969	444	302	14	92	852	836,610
1970	482	309	13	103	907	848,017
1971	574	354	15	3	946	826,155
1972	706	356	15	2	1,079	812,009
1973	785	359	13	0	1,157	840,005
1974	893	387	12	1	1,293	887,292
1975	961	391	12	2	1,366	824,266
1976	1,002	395	12	4	1,413	782,989
1977	1,016	401	12	5	1,434	725,400
1978	1,069	401	12	3	1,485	677,640
1979	1,092	392	13	3	1,500	677,643
1980	1,129	393	13	2	1,537	693,545
1981	1,150	388	12	2	1,552	728,071
1982	1,208	386	12	2	1,608	718,873
1983	1,225	385	12	2	1,624	712,631
1984	1,265	382	12	2	1,661	692,065
1985	1,287	378	12	3	1,680	651,219
1986	1,303	379	12	1	1,695	640,716
1987	1,320	381	12	1	1,714	653,718
1988	1,334	383	12	1	1,730	684,956
1989	1,355	384	11	2	1,752	628,432
1990	1,367	388	11	1	1,767	623,702
1991	1,378	389	11	1	1,779	628,378
1992	1,387	389	10	1	1,787	655,526
1993	1,395	394	10	1	1,800	637,517
1994	1,410	389	10	2	1,811	615,851
1995	1,424	369	10	1	1,804	643,824
1996	1,426	364	10	1	1,801	635,941
1997	1,420	352	10	1	1,783	634,920
1998	1,439	346	11	2	1,798	582,954
1999	1,451	343	13	1	1,808	586,464
2000	1,435	321	12	0	1,768	594,481
2001	1,457	307	12	1	1,777	595,468
2002	1,458	299	12	1	1,770	629,771
2003	1,472	283	13	0	1,768	633,012
2004	1,469	270	12	1	1,752	634,443
2005	1,467	261	12	1	1,741	627,766
2006	1,446	254	12	1	1,713	603,967

出所：検討委員会配布資料「温泉事業　過去の経緯」より作成。

表 7 - 3　供給加入金の変遷（1950年～2014年 3 月）

（円）

種類	用途	種別	基本使用量	1950年 4 月 ～51年10月	1951年11月 ～56年 3 月	1956年 4 月 ～60年 3 月	1960年 4 月 ～75年 3 月	1975年 4 月 ～08年 3 月	2008年 4 月 ～14年 3 月
普通供給	自家用	甲種	0.5㎥まで	22,500	50,000	100,000	290,000	430,000	430,000
			1.0㎥まで	26,250	80,000	160,000	460,000	690,000	690,000
			超過数量 1.0㎥につき	11,250	35,000	70,000	200,000	300,000	300,000
		乙種	0.5㎥まで	30,000	80,000	160,000	460,000	690,000	690,000
			1.0㎥まで	49,500	130,000	260,000	750,000	1,130,000	1,130,000
			超過数量 1.0㎥につき	15,750	50,000	100,000	290,000	430,000	430,000
	営業用	甲種	0.5㎥まで	24,750	100,000	200,000	580,000	900,000	900,000
			1.0㎥まで	29,250	150,000	260,000	750,000	1,340,000	1,340,000
			超過数量 1.0㎥につき	13,600	35,000	70,000	200,000	300,000	300,000
		乙種	0.5㎥まで	36,000	130,000	300,000	860,000	1,170,000	1,170,000
			1.0㎥まで	58,900	180,000	360,000	1,040,000	1,630,000	1,630,000
			超過数量 1.0㎥につき	18,000	50,000	100,000	290,000	430,000	430,000
	団体用	甲種	0.5㎥まで	6,000	6,000	12,000	35,000	45,000	90,000
			1.0㎥まで	7,000	7,000	14,000	40,000	50,000	100,000
			超過数量 1.0㎥につき	1,000	1,000	2,000	6,000	8,000	16,000
		乙種	0.5㎥まで	10,000	10,000	20,000	58,000	75,000	150,000
			1.0㎥まで	13,000	13,000	26,000	75,000	95,000	190,000
			超過数量 1.0㎥につき	2,000	2,000	4,000	12,000	16,000	32,000

出所：熱海市公営企業総務室『熱海市温泉事業のあらまし　平成17年度版』27頁。2008年以降には
　　　共同用という用途が設けられるが、ここでは共同用を省略する。
注：2014年 4 月より、消費税 8 ％が加算された額となる。

から163万円の範囲で定められていた。利用者はこれら供給加入金のほか、市営温泉が供給する配管まで、利用者が自ら工事をする必要があった（場所によって配管の状況が異なる）。

　一方、1950年代に自家用で数百円、営業用でも1,000円程度であった温泉料金は、1960年代以降の数度の改定を経て1971年4月には自家用で1,720円（基本使用量40㎡以下）、営業用で4,160円（基本使用量80㎡以下）に上昇した。⁽²⁵⁾ 表7-4は1970年代の温泉料金の一覧である。温泉事業では、新たな源泉の掘削だけでなく、加温施設など温泉の維持管理施設などの費用がふくらみ、値上げが断行されるようになった。そのため、1970年代以降料金改定の幅は大きくなり、数度の改定を行ったのである。こうしたたび重なる値上げは、温泉事業だけでなく水道事業全体にも及んでいた。⁽²⁶⁾ 実際、1977年には「熱海市では、この四月から国民健保、保育料など十件の公共料金をいっせいに値

表 7 - 4　1970年代における温泉料金の変遷

	種類	用途	種別	基本使用量	基本料金			
					1973年4月～74年12月22日	1974年12月23日～76年3月	1976年4月～77年3月	1977年4月～78年11月
基本料金	普通供給	自家用	甲種	40㎡以下	3,120	4,720	7,120	8,920
			乙種	40㎡以下	3,640	5,320	8,040	10,080
		営業用	甲種	80㎡以下	6,960	10,640	16,080	20,160
			乙種	120㎡以下	10,920	16,680	25,200	31,680
		団体用	甲種	100㎡以下	4,435	4,800	5,400	6,500
			乙種	100㎡以下	4,836	5,200	5,800	7,000
	臨時供給	自家用	甲種	80㎡以下	3,740	5,660	8,540	10,700
			乙種	120㎡以下	4,360	6,380	9,650	12,100
		営業用	甲種	90㎡以下	8,350	12,770	19,300	24,190
			乙種	120㎡以下	13,100	20,020	30,240	38,020
		団体用	甲種	100㎡以下	5,320	5,760	6,480	7,800
			乙種	100㎡以下	5,800	6,240	6,960	8,400
	短期供給			100㎡以下	12,200	18,350	27,720	34,850

出所：熱海市水道温泉課『熱海市温泉事業のあらまし　平成26年度版』30頁。

---

(25) 家庭用の浴槽では1杯200リットルから250リットル（0.2～0.25㎡）程度の温泉を利用する。したがって、家庭では1日に多くても1㎡程度の温泉を利用する場合、1カ月30㎡程度の使用量となる。

(26) 上下水道は温泉事業と同様に公営企業として組織されている。水道温泉課という組織が水道・温泉を管轄していた。

上げするほか、水道、温泉、下水の三料金も四月から第三波値上げを行うことになり合わせて十三の強烈な値上げパンチに不況に悩む市民は完全にノックダウンと言うところである。水道、温泉、下水の三料金は五十年一〇〇％、五十一年二七・七％に続き、五十二年は二五％の三年計画の段階的値上げを行うもので今回は第三波の最終的値上げである。値上げ理由はいずれも諸物価、材料費、人件費、維持費等のアップによるもので」あったと伝えられている。また、1983年にも「下水36％、温泉25％の値上げ」が計画され、実際、温泉料金は1983年12月に自家用11,230円（30㎥以下）、営業用25,730円（80㎥以下）に値上げされている。物価上昇と維持管理コストの上昇がこうした幾度もの値上げにつながったのである。この一連の値上げは、1973年から10年間で計4回、自家用、営業用の温泉料金はともに約4倍に上昇した。これら諸費用の値上げ、特に温泉料金の値上げはコスト増につながるなど旅館経営にとって厳しかったことがうかがわれる。その後1990年代後半以降から減少傾向となるまで、市営温泉事業の契約数は増加し続けた。営業用の契約数は大幅な落ち込みがみられないものの、給湯量は1990年代に60万㎥台に減少し、ピーク時の約4分の3程度になった。こうした市営温泉事業にみられる厳しい経営状況は、2000年代後半になって明らかになるとともに、そのあり方が議論されるようになる。

2　温泉事業の見直し検討委員会の発足

　温泉料金の改定は1983年から実質的に行わず（1993年と1997年時に若干の値上げを実施しているが、消費増税の範囲内である）、約20年間値上げがなかった（供給加入金も同様に1975年から33年間値上げがなかった）。2006年9月に就任した齊藤栄市長は2006年12月5日に、近い将来熱海市財政が危機に陥り、財政再建団体に転落する旨を内容とする財政危機宣言を行った。翌2007年11月に行財政改革プランが策定され、以後、行財政改革が実施されたのである。
　ここで2000年代前後の熱海市財政を概観してみよう。1998年に273億円あ

(27)　『熱海新聞』1977年3月19日。
(28)　以後の熱海市財政の状況については、『財政の状況と課題』平成9年から平成17年度を参照（http://www.city.atami.lg.jp/_res/projects/default_project/_page_/001/001/653/46d38187002.pdf　最終アクセス2017年10月28日）。

った歳入は2005年には191億円まで減少した。市税収入も同時期に130億円から109億円まで減少し、特に割合が大きかった固定資産税は、地価の下落の影響を受け約70億円から55億円まで減少した。一方歳出では、2000年前後に行われた大規模事業（1998清掃工場（エコプラント姫の沢）、2000年にマリンスパ整備事業）で多くの資金が、市が備えていた基金から支出されていた。1980年代後半からバブル期にかけて積立された基金は1995年までに130億円に達していた。しかし、上記の資金に加え1995年から1999年にかけて退職手当の積み立てに15億円、清掃工場に26億円、観光振興への充当に6.5億円などを一般会計に繰り入れしたほか、2000年から5年間に退職手当22.5億円、国際医療福祉大学付属熱海病院建設費補助30億円を切り崩して一般会計に繰り入れた。その結果、基金残高は2006年には19億円にまで減少してしまったのである。市債も縮減傾向とはいえ毎年10億円以上発行し残高も200億円を超えていた。こうした厳しい財政状況から、財政危機宣言が行われ、2008年以降緊縮財政が実施されることとなったのである。2008年度予算案では一般会計は前年度比約5％減の173億円、特別・公営企業会計は10％減という予算が企図されていた。[29]

　温泉事業では、収益的収支（収入として温泉料金、支出として温泉施設の維持管理費用（職員給与費や修繕費など）、施設の改修費など（減価償却費）、企業債の利息などが挙げられる）の推移では、40億円から50億円の幅で推移し赤字も計上していなかった（1997年から2005年までの9年間で赤字は3年間のみであった）。ただ、資本的収支（収入としては企業債、支出としては温泉施設の建設、改修に関わる費用やその施設建設のために借りた資金の元金の返済（企業債償還金）が挙げられる）については、2003年から億単位の赤字となり、その結果、「平成十八年度決算の累積赤字が二億五千三百万となるなど、厳しい事業運営を迫られていた[30]」のである。そこで、2008年4月にこれまで20年間以上値上げをほとんどしてこなかった温泉料金、供給加入金の値上げを実施した。供給加入金は団体用料金を値上げした一方（表7-3）、温泉料金はいずれも10％以上の値上げを断行した。例えば、自家用甲種（30㎡以下）では、11,791円から13,559円に、営業用甲種（80㎡以下）では27,016円から31,068円

(29)「着実に行財政改革実行」『熱海新聞』2008年2月14日。
(30)「温泉事業検討委を説明」『熱海新聞』2008年3月22日。

に値上げされた。

　こうした財政状況の中で、市営温泉事業のありようを検討・分析するための委員会として「温泉事業のあり方についての検討委員会」（以下、検討委員会）設置が決定した。検討委員会は、大学教授ら学識経験者が3名、温泉関係者（温泉組合、旅館協同組合など）ら5名、公募で選ばれた1名の合計9名の委員で構成された。2008年5月9日に行われた第1回の委員会で挨拶を行った斎藤市長は、「議会や町内で温泉事業について経営という観点から見直しが必要ではないかという論議があった。（中略）経営の改善だけでなく歴史、文化、観光の位置づけも含めて市営温泉のあり方を考えてほしい。二十一年度末までに市営、民営化などの方向性を出したい」と述べ、市営温泉の民営化の可能性にも踏み込んだ内容であった。その後、検討委員会では、赤字であった市営温泉事業の様々な問題点についての議論が行われた。

　市営温泉事業が抱えていた問題は、加入者数の減少や温泉施設の維持管理、安定した財源の確保など多岐にわたっていた。例えば、市営温泉の加入者増加に向けた取り組みでは、供給区域内の未加入者に対して、水道温泉課が戸別訪問による勧誘を行っている。熱海（多賀地区）地区で200件を超える勧誘の結果、2件が新たに加入したものの、南熱海では約170件の勧誘で新規加入者はいなかった。新たに市営温泉を利用するのは、加入金や工事などの費用負担もあり、加入する意思がない住民も多いのが実状であった（供給加入金については、個人向けには10万円減額する措置を2006年から実施していた）。市営温泉の維持管理については、湯を供給する送湯管のメンテナンスが重要な課題であった。熱海で湧出する温泉は、塩化物泉や硫酸塩泉で、鉄管などを腐食させやすい。したがって、水道設備とは異なり短いスパンで定期的な設備の更新・交換が必要となる。市営温泉が供給する送湯管の総延長は約60キロメートルで、40年間で更新するとしても年間1,500mの送湯管の更新が

---

(31) 以下、検討委員会に関する記述については、検討委員会の委員の一人であった枡田豊美氏（当時、特定非営利活動法人エイミック理事）より提供された委員会資料等を参考にしている。枡田氏からの資料提供に感謝すると同時に、資料の扱いには注意を払った。

(32) 「市営継続か民営化か」『熱海新聞』2008年5月10日。

(33) ただ、この新聞報道の内容については、後日開催された委員会で事務局ならびに委員の間で、誤解を招いてしまうと危惧されていた。

必要であった。加えて、熱海の場合、老朽管の割合が高く、約40％が敷設後40年を経過していた。水道やガス管同様、老朽化による破裂といった被害もあることから、早急な設備更新が求められていた。ただ、資金難から半分程度の更新を計画するにとどまっていたのである。同様に、源泉をくみ上げる動力（コンプレッサー）や貯湯槽の更新、源泉自体の改修（単に湯をくみ上げるのではなく改修することで揚湯の温度上昇や効率化が実現できる）など温泉の利用に不可欠な維持管理をどのように継続させていくのかも重要であった。

　市営温泉事業の収入に関して、温泉地で宿泊客から徴収する入湯税を市営温泉事業の使途に充填できるのかについても議論された。熱海市では年間４億円程度の入湯税収入があり、その使途としては、主に観光振興や環境衛生施設整備に使用していた。入湯税は温泉地を訪れる観光客から徴収するため温泉地を抱える自治体あるいは観光関連事業に使用されていたのである。したがって、温泉事業へ入湯税を振り分けることは現実的に難しく早急に実現できる課題ではなかった。

　以上のような検討委員会内部での議論だけでなく、広く市民の意見も集めるため、検討委員会では市民との意見交換会も開催した。この交換会には市民公募、委員の推薦を含め、15名の市民が参加し様々に議論された。参加者の属性は様々であるが、あらたに建設されるマンションへの積極的な温泉供給を行うなど加入促進策や温泉と健康をアピールするなど、温泉利用を活性化させることについては共通の認識があり、市民の多くは熱海における温泉の重要性を認識していた。

　検討委員会は計８回の委員会で様々に議論を行い、2009年３月に市長へ提出する報告書を作成した。報告書では、熱海市における温泉の位置づけとあり方について、第１に温泉資源を守る、第２に温泉文化の創造、第３に熱海温泉の PR 強化を掲げた。温泉資源が熱海を代表する資源であり、加えて熱海市が温泉資源を守ることが必要である旨を主張した。そして、温泉と観光・健康を結びつけて温泉文化を創り上げること、日常的に温泉を活用できる環境にある点を積極的に PR することの必要を述べている。

　また、ここでは民営化という手段は用いずに経営を改善していく仕組みづくりとして、①入湯税のあり方の見直し、②温泉のシンボルづくり、③所有と経営の分離の検討、④収益事業の検討の４つの柱が提案された。例えば、

収入増加につながる方策として、加入促進策の推進や鉱泉地保護の目的から入湯税収入を市営温泉経営に充当する案、料金設定の再検討などが挙げられる。また、支出減少の方策は、職員数の削減など、検討委員会発足以前に、可能な行財政改革は実施していたため、大規模な支出削減は現実的ではなく、維持管理費の見直しなどが主張された。報告書では、今後の課題として、所有と経営の分離に伴う企業形態や経営形態のあり方をさらに検討する必要性を述べている。この検討委員会では十分な議論ができなかったが、今後の熱海の温泉のあり方の死命を制するとまで評価していた。利用減少の中でいかにして配給事業を維持させていくのか、簡単に解決できる問題ではなかったのである。

3　その後の温泉事業と抱える問題

　2008年度に行われた検討委員会ののち、温泉事業はどのように展開したのだろうか。市営温泉事業のデータからその様子を確認してみよう。表7-5は2006年度と2010年度以降の温泉事業の実態を表したものである。

　2006年度に1,598件（営業用232件）であった契約数は、その後、2010年度1,511件（営業用204件）、2014年度1,418件（営業用192件）、2016年度1,370件（営業用183件）に漸減した。熱海市の宿泊客数も東日本大震災が起きた2011年度には240万人にまで減少したものの、その年を底にV字回復を実現し、現在では宿泊客数は300万人台を回復している（表7-1）。ただ、温泉事業は伸び悩みをみせた。給湯量は2006年度60万㎥から、2010年度59万㎥、2014年度55万㎥、2016年度には50万㎥に減少した。営業用は41万㎥程度で推移していたものの、2014年度37万㎥、2016年度33万㎥に減少している。また、給湯量を地区別で比較すると、2006年度と比べ熱海地区の落ち込みが顕著であることが確認できる。給湯量は熱海地区が全体の70％台後半、南熱海が15％、泉地区が8％前後を占めていることからも、最大の配給地区熱海温泉での営業用の給湯量減少が市営温泉事業に大きな影響を与えていたのである。ここ10年間で市営温泉を利用していた中小旅館や寮、保養所が激減していたことも給湯量の変化の要因となっただろう。

　このように、先の検討委員会で議論された加入増への取り組みにもかかわらず、温泉事業の契約数、利用量は減少傾向にあった。ろ過循環式の採用な

表7-5　温泉事業の地区別契約数および使用量

		2006年度 件数	2006年度 使用量	2006年度 割合(%)	2010年度 件数	2010年度 使用量	2010年度 割合(%)	2011年度 件数	2011年度 使用量	2011年度 割合(%)
熱海地区	自家用	906	122,330	25.8	870	110,836	23.9	858	107,153	25.8
	営業用	176	325,454	68.6	155	334,621	72.2	149	288,082	69.5
	団体・共同用	11	25,397	5.4	8	18,049	3.9	8	19,435	4.7
	臨時短期	1	1,114	0.2	0	0	0.0	0	0	0.0
	合計	1,094	474,295	100.0	1,033	463,506	100.0	1,015	414,670	100.0
多賀地区	自家用	298	34,315	41.6	290	35,836	42.8	290	35,170	44.5
	営業用	34	47,645	57.8	32	47,932	57.2	32	43,210	54.7
	団体用	1	269	0.3	1	50	0.1	2	686	0.9
	臨時短期	0	200	0.2	0	0	0.0	0	0	0.0
	合計	333	82,429	100.0	323	83,818	100.0	324	79,066	100.0
泉地区	自家用	149	16,734	35.4	138	17,354	35.5	135	15,390	34.1
	営業用	22	30,509	64.6	17	31,539	64.5	16	29,746	65.9
	団体用	0	0	0.0	0	0	0.0	0	0	0.0
	臨時短期	0	0	0.0	0	0	0.0	0	0	0.0
	合計	171	47,243	100.0	155	48,893	100.0	151	45,136	100.0
合計	自家用	1,353	173,379	28.7	1,298	164,026	27.5	1,283	157,713	29.3
	営業用	232	403,608	66.8	204	414,092	69.5	197	361,038	67.0
	団体用	12	25,666	4.2	9	18,099	3.0	10	20,121	3.7
	臨時短期	1	1,314	0.2	0	0	0.0	0	0	0.0
	合計	1,598	603,967	100.0	1,511	596,217	100.0	1,490	538,872	100.0

2012年度 件数	2012年度 使用量	2012年度 割合(%)	2013年度 件数	2013年度 使用量	2013年度 割合(%)	2014年度 件数	2014年度 使用量	2014年度 割合(%)
840	104,768	24.5	824	104,816	26.2	813	102,794	24.6
142	299,662	70.2	139	276,316	68.9	142	293,624	70.3
8	16,612	3.9	8	16,039	4.0	8	17,018	4.1
1	5,882	1.4	1	3,649	0.9	0	4,506	1.1
991	426,924	100.0	972	400,820	100.0	963	417,942	100.0
286	35,249	40.6	280	33,735	39.9	274	33,612	39.2
32	46,129	53.1	33	49,023	58.0	33	49,958	58.2
2	1,132	1.3	2	1,333	1.6	2	1,753	2.0
1	3,895	4.5	0	175	0.2	1	484	0.6
321	86,925	100.0	315	84,506	100.0	310	85,807	100.0
134	14,509	34.1	128	14,092	31.6	128	14,898	35.3
19	27,978	65.9	19	30,506	68.4	17	27,320	64.7
0	0	0.0	0	0	0.0	0	0	0.0
0	0	0.0	0	0	0.0	0	0	0.0
153	42,487	100.0	147	44,598	100.0	145	42,218	100.0
1,260	154,526	27.8	1,232	152,643	28.8	1,215	151,304	27.7
193	373,769	67.2	191	355,845	67.2	192	370,902	67.9
10	18,264	3.3	10	17,612	3.3	10	18,771	3.4
2	9,777	1.8	1	3,824	0.7	1	4,990	0.9
1,465	556,336	100.0	1,434	529,924	100.0	1,418	545,967	100.0

2015年度 件数	2015年度 使用量	2015年度 割合(%)	2016年度 件数	2016年度 使用量	2016年度 割合(%)
793	102,608	24.2	784	100,855	26.8
136	305,912	72.1	135	263,296	70.0
7	1,2699	3.0	6	11,958	3.2
0	2,967	0.7	0	0	0.0
936	424,186	100.0	925	376,109	100.0
269	32,980	42.0	271	34,732	41.4
32	42,361	54.0	32	47,428	56.5
2	2,643	3.4	2	1,808	2.2
0	484	0.6	0	0	0.0
303	78,468	100.0	305	83,968	100.0
123	14,293	40.2	124	13,652	38.8
16	21,237	59.8	16	21,484	61.1
0	0	0.0	0	0	0.0
0	0	0.0	0	0	0.0
139	35,530	100.0	140	35,146	100.0
1,185	149,881	27.8	1,179	149,249	30.1
184	369,510	68.7	183	332,208	67.1
9	18309	3.4	8	13,766	2.8
0	484	0.1	0	0	0.0
1,378	538,184	100.0	1,370	495,223	100.0

出所：熱海市水道温泉課『熱海市温泉事業のあらまし』各年度より作成。
注：使用量単位（m³）。

ど、旅館施設での利用量の減少も要因の一つであるが、利用客数が増加するにもかかわらず利用量が回復しないままで、温泉事業にとってこれまで経験したことがない事態を迎えているのである。

　こうした温泉資源の利用減少は、市営温泉事業だけでなく、熱海市内で源泉を利用している個人の利用者らにもみられる事態である。熱海では源泉を複数の利用者で所有・管理する仕組みとして温泉組合が設けられていることが多い。最後にこの温泉組合で現在生じている利用上の問題について簡単に紹介していこう[34]。

　温泉組合とは、温泉の所有者間で構成される民法上の組合（民法六六七条から六八八条）で、温泉の所有・管理を行う任意団体である。○○温泉組合と称され、利用の細目や規約を作成し、それに則って運営されている組織である。温泉の利用者が単独で温泉を所有している場合、こうした温泉組合が設けられることはなく、複数の個人や中小資本の所有者が、温泉を持ち合っている点が特徴である。豊富に温泉源が存在する熱海では、複数の利用者らによって設立された温泉組合が数多く存在し、温泉利用の重要な担い手の一つであった。温泉組合では、利用者らが、温泉が湧き出る源泉地や施設を共有する点も特徴である。温泉組合は民法上の組合であるため、株式会社とは異なり、不動産登記の主体となりえない。したがって、温泉がわき出る土地（鉱泉地）や施設を所有するのは、組合の構成員である利用者であった。それぞれ持分を定め所有し所有する持分の割合に応じて、温泉を配給する権利（口数）が決定されていた（固定資産税などの税金は、この持分に応じて支払う）。

　このように、温泉組合は、一つの源泉地から温泉を引用する利用者らによって構成され、温泉の維持管理や配給をその内容とし、管理費用などは、組合財産として管理していた。以上のような仕組みを有する温泉組合の運営にとって一番の課題は、維持管理費用の負担であった。温泉を開発する際に多額の工事費用がかかっているのに加えて、温泉を利用するための追加費用が常にかかるからである。温泉を利用するためには、温泉をくみ上げるためのポンプや配管、加えて、湯をためるタンクなど地上設備が必要となる。利用者は、単に組合を設立したのち、温泉の使用量に応じて料金を負担するだけ

（34）以下、温泉組合に関する記述は高柳（2017c）を加筆・修正したものである。

でなく、そのほかに、設備更新のための管理費や定期的な工事を行うための積立金などを支払う必要があった。

　現在問題となっているのは、組合員が減少する事態の中で、設備更新など管理にかかる費用が組合員に重い負担となって、組合自体の存続が危惧されるようになっていることである。温泉組合から離脱する理由としては、相続がうまくいかない場合や使用料の負担など費用負担が重い場合が挙げられる。近年は、高齢化の影響もあり、子供の住む大都市への移住など、組合員や温泉の維持管理の担い手の減少も起きている。高度成長期やバブル景気のころであれば、仮に組合から離脱しても、新たに温泉を利用したい希望者に権利を譲渡することは可能であった。しかし、現在は、温泉を必要としない人々の増加や熱海市の人口減少の下で、権利譲渡もなかなか進まない状況であり、また相続などで所有者が変わり、その実態把握が難しいといえる。その結果、組合員が組合を脱退すれば、残された組合員の持分が増加し、維持管理費などの追加負担が必要となってしまう。残された組合員にとって新たな負担増は、組合からの離脱を促す結果となり、最終的に温泉組合の維持が困難な状況となってしまうのである。温泉組合の構成員が土地所有を軸に構成されているため、今日起きている土地所有の様々な問題の影響を受けているのだろう。

　このように、使用者が様々な理由から「所有」を放棄または源泉利用の契約をやめるといったことが起きていることからも、市営温泉事業や民間の温泉組合を問わず、源泉利用が減少しつつある厳しい状況をうかがい知ることができるだろう。このまま源泉が利用されずに利用量が減少している事態が続けば、脱退者が多い温泉組合のように、市営温泉事業も維持管理できなくなる恐れもある。また、温泉組合が解散してしまうと、組合員が民有地内に敷設した温泉の配管や様々な施設などの解体といった問題も表面化してくる。仮に設備が放置されれば周辺地域に何らかの影響を及ぼすとともに災害時に問題となる可能性もあるだろう。市当局も温泉組合の実態についてすべてを把握しておらず、また民有地に対して何らかの対策を行うことは困難である。したがって、温泉組合をただ整理統合するだけでは問題の解決にはつながらないだろう。温泉事業の機能を維持するためには、入浴に限らない熱利用などの用途の模索が課題だろう。⁽³⁵⁾

おわりに

　近代以降の日本の温泉地は利用客数の増加の中で、源泉開発に伴う利用の不安定化や利用者間の対立、紛争に悩まされてきた。地方行政機構の規則制定や利用秩序への関わりの下で、源泉利用は秩序づけられたのである。温泉地の利用客数が増加し、効率的な資源利用が要請された熱海では熱海町（のちの熱海市）が源泉の所有・管理の担い手として、配給事業を行った。この市営温泉事業の誕生は、その後の熱海温泉の発展に寄与した。しかし、大口の契約先であった旅館、寮、保養所の減少によって給湯量が減少した結果、市営温泉事業の経営は悪化した。2000年代以降温泉事業のあり方を見直す中で地方自治体が源泉利用の秩序に関わる意義が再確認された。ただ、近年利用客数が増加する一方で、給湯量が減少する事態となり、事業を運営する環境は厳しくなっている。事業運営における厳しい環境は、民間の温泉組合でも生じており、負担の重さから所有を放棄、契約をやめる主体も現れている。このように、過剰利用を前提に構築された資源利用のありようは、過少利用に転換する今、大きな岐路に立たされている。単に公から民へという移行だけでは解決できない事態を迎える中、あらためて地方自治体の役割を重視するとともに、温泉地全体で資源利用のありようを再構築する必要があるだろう。

参考文献

熱海温泉誌作成実行委員会（2017）『熱海温泉誌』出版文化社。
熱海市（1967）『市営温泉概要』。
図司直也（2017）「現代日本の農山村における資源管理の担い手問題——過少利用下での世代交代を視野に入れて」『歴史と経済』235号、20-26頁。
高村学人（2014）「過少利用時代からの土地所有権論史再読——フランス所有権法史を中心に」『政策科学（立命館大学）』21巻4号、81-131頁。
————（2015a）「過少利用時代における所有権論・再考」（企画関連ミニシンポジウム「過少利用時代における所有権論・再考——地域・都市の持続可能性」）『法社会学』第81号、64-75頁。

（35）温泉資源の入浴以外の利用については、高柳（2014）を参照。

───── (2015b)「土地・建物の過少利用問題とアンチコモンズ論」(特集　土地法の制度設計)『論究ジュリスト』(2015秋号) No.15、62-69頁。

高柳友彦 (2014)「近現代日本における温泉資源利用の歴史的展開 ──多目的利用の観点から」『一橋経済学』 7 巻 2 号、21-43頁。

───── (2017a)「近代日本における資源利用──地域社会の対応」『歴史と経済』235号、11-19頁。

───── (2017b)「熱海温泉の生活インフラ整備」熱海温泉誌作成実行委員会『熱海温泉誌』258-269頁。

───── (2017c)「熱海の温泉組合と共同浴場」熱海温泉誌作成実行委員会『熱海温泉誌』270-273頁。

田處博之 (2013)「土地所有権の放棄は許されるか」『札幌学院法学』29巻 2 号、169-196頁。

───── (2015)「土地所有権は放棄できるか──ドイツ法を参考に」(特集　土地法の制度設計)『論究ジュリスト』(2015秋号) No.15、81-89頁。

土地総合研究所 (2017)「特集　所有者不明地等の課題と対応」『土地総合研究』25巻 2 号、 3 -145頁。

山村順次 (1998)『日本の温泉地』日本温泉協会。

吉原祥子 (2017)『人口減少時代の土地問題』中公新書。

第 2 部

グローバル経済下の金融と財政

第8章

新常態における中国の政府間財政関係

徐　一睿

はじめに

　習近平総書記は、2014年5月に河南省を視察した際、「我が国は依然として重要な戦略的チャンスに直面している時期にあり、自信を持ち、現在の経済発展段階の特徴を生かし、新常態に適応し、戦略的平常心を保つ必要がある」と発言した。また2015年11月3日の、「中共中央関与国民経済和社会発展第13個5年規劃的建議」においては、第13次5カ年計画は中国の経済発展が新常態（ニューノーマル）に入ってから初めての5カ年計画であるという認識を示した。さらに2016年9月3日、翌日から浙江省の杭州で開催される20カ国・地域（G20）首脳会議を前に行った演説では、中国経済の構造改革を続行しながらも、比較的速い成長を保っていく方針を示した。

　中国における「新常態（ニューノーマル）」とは、成長の鈍化を受け入れつつ、構造改革を通じて、安定成長を目指す路線であり、その中心理念は「創新」「協調」「緑色（グリーン）」「開放」「共享（シェアリング）」という5つのキーワードにまとめられている。こうしたなかで、中国で「新」常態というコンセプトが打ち出されるということは、今までの「旧」常態と決別して、制度的、政策的に変革を追求するという宣言であることも読み取れる。さらに、新常態における5つの中心理念が出されたとは言え、中央政府は政策理念を打ち出すのみであり、それぞれの政策を実際に行うのは地方政府である。このため、どのような形でそれぞれの政策を実現するかを明らかにするには、中央政府と地方政府の政府間財政関係の変化に着目する必要がある。特に、地域間の格差の是正に「協調」という理念が、どのような役割を果たしてい

るかについて、詳しく考察する必要がある。

　本章では、中国の新常態をキーワードとして、中国の政府間財政関係の歴史的変化を確認しながら、現在、実施されている政府間財政移転制度の現状と特徴を考察する。

第1節　中国の政府間財政関係の回顧

　1994年の分税制改革では、中央税と地方税が分けられるようになったとともに、中央政府に割り振られた財政収入は80年代から90年代初期に実施されてきた財政請負期と比べると、大きく伸びた。分税制が実施される前の1993年の中央政府の財政収入に占める国家財政収入の割合は22％だったものが、1994年になると一気に55.7％に上昇した。中央政府による財源の集権化が実現されたとともに、中央政府から地方政府への財政移転制度も整備されるようになった。

　中央と地方の関係の変化に伴い、政府間財政移転制度に関する研究も急速に進められるようになった。内藤（2004）、南部（1997）は、財政請負制から分税制改革に至る移行期に注目し、中央と省政府における政府間財政関係を紹介し、分税制改革の問題点について議論を加えた。田島（2000）は、分税制改革後の省ごとの1人あたり財政支出を確認し、地域間歳出格差は依然として大きく、改革によって、中央政府レベルの財政調整機能が強化されたとは言いがたいとして、分税制改革は地域間の財政力格差の是正面において、中途半端なものにとどまっていると指摘している。梶谷（2005）も田島（2000）と同様に、省間格差が依然として大きく、分税制改革によって中央政府レベルの財政調整機能が強化されたとは言いがたいとした。[1]

　こうした先行研究をまとめると、税収返還は裕福な地域に優遇的に配分されており、一般補助は、量的には少ないため、地域間の財政力格差を是正する効果が大きくなく、1994年分税制改革以降も系統的な財政調整制度が形成されず、財政力の地域間格差の拡大につながった、となる。徐（2010）では、

（1）中国の政府間財政移転制度については、中国での研究においても基本的に日本と同じ指摘がされている。たとえば、賈康・白景明（2002）やTsui（2005）も参照されたい。

前述の先行研究を踏まえて、中国の専項補助（特定補助金に相当）を中心とした政府間財政システムに焦点を絞り、専項補助の地域間格差の是正効果の有無について、検討を行った。この研究において、最も重要な知見としてあげられるのは、1994年分税制改革以後、特に2000年のはじめから、地域間の格差が急速に拡大し、既存の社会保障システムが完全に崩壊しているなか、中国の専項補助を中心とした政府間財政システムは、貧困地域の救済、義務教育の促進、国有企業の救済や社会保障の再編に貢献し、地域の所得格差の是正に一定の役割を果たしたことである。

2001年のWTO加盟以後、中国経済は飛躍的な経済成長を遂げるようになった。表8-1のように、中国のGDPは1994年にわずか4兆8,108億元だったものが、2001年には10兆8,068億元、2008年のリーマンショック時には32兆1,501億元、2015年には68兆2,635億元と急増している。経済成長に伴い、国家財政収入も急速に伸びた。国家財政収入は、1994年はわずか5,218億元だったが、2001年には1兆6,386億元、2008年には6兆1,330億元になり、2015年では15兆2,269億元にのぼった。国家財政収入の対GDP比も近年増え続けてきた。1994年では10.8％だったものが、2001年に15.2％に上昇し、2008年には19.1％となり、2015年では22.3％となった。

1994年の分税制改革以後、中央政府への財源の集権化が実現されてきたが、一方で、義務教育、医療、都市化に伴うインフラ整備などの公共投資といった公共サービスの支出は地方に残されたままであった。国家財政収入とともに、国家の財政支出も増え続けている。しかし、中央政府と地方政府の財源の不均衡問題は決して改善されてきたわけではない。国家の財政支出の対GDP比を見てみると、1994年では国家の財政支出の対GDP比は12.0％（中

表8-1　中国の経済規模と財政収支

年	GDP	国家財政収入	国家財政収入の対GDP比	国家財政支出の対GDP比
1994年	4兆8,108億元	5,218億元	10.8％	12.0％（中央3.6％、地方8.4％）
2001年	10兆8,068億元	1兆6,386億元	15.2％	17.5％（中央5.3％、地方12.2％）
2008年	32兆1,501億元	6兆1,330億元	19.1％	19.5％（中央4.2％、地方15.3％）
2015年	68兆2,635億元	15兆2,269億元	22.3％	25.8％（中央3.8％、地方22.0％）

出所：財政部予算司データにより筆者作成。

央3.6％、地方8.4％）だったものが、2001年では17.5％（中央5.3％、地方12.2％）に上昇し、2008年では19.5％（中央4.2％、地方15.3％）、2015年では25.8％（中央3.8％、地方22.0％）に達している。分税制改革以後、一時的に中央政府の直接支出の対 GDP 比は上昇したものの、2015年には、地方の財政支出の GDP 比は22％にも達している。中央政府の支出の役割が強化されてきているなか、政府間財政移転の重要性は増すばかりである。

　また、2003年に胡錦濤・温家宝政権によって「和諧社会論」が提起され、中央政府から地方政府への財政移転は大きな転換点を迎えた。2003年10月に開かれた中国共産党第16期 3 中全会において「社会主義市場経済体制整備に関わるいくつの問題に関する中国共産党中央の決定」が採択され、2020年までに「全面的な小康社会の建設」を実現するという目標に向けて、「人を中心とした（以人為本）、全面的な、協調しうる、持続可能な発展観を樹立し、経済・社会と人の全面的な発展を促進する」とし、「5 つの調和」の堅持を訴え、「科学的発展観」を基本的発展理念とする方針が固められた。2006年10月11日に開催された中国共産党第16期 6 中全会において「社会主義和諧社会の構築についてのいくつかの重大問題に関する決定」が議決され、「和諧社会」構築の重要性と緊急性が強調されるとともに、中央政府の政策の重心を「不均衡発展の問題解決と社会事業の強化」に置くようになった。それに伴って、中国全土で農村の義務教育費の免除、新型農村合作医療保険の促進、廉価賃貸住宅の整備、農村部に対する最低生活保障の実施と都市部における一元化医療保険の拡充など、あらゆる社会領域におけるセーフティネットの再構築が進められるようになった。これら公共サービスの拡充は中央政府が直轄で行うというより、地方政府が主として行っている。地方政府の支出負担が拡大するなか、中央政府から地方政府への財政移転の重要性が増している。

　図 8 - 1 から確認できるように、中央政府から地方政府への財政移転総額

（2）　5 つの調和とは、①都市と農村の発展の調和（農村の発展を重視し、農民問題を解決する）、②地域発展の調和（後発地域を支援する）、③経済と社会の発展の調和（就業の拡大、社会保障体制や医療・教育といった公共サービスを充実させる）、④人と自然の調和のとれた発展（資源の節約と自然環境の保護を重視する）、⑤国内の発展と対外開放の調和（対外開放を堅持しながら国内市場の発展を加速する）のことである。

図 8 - 1　中央政府から地方政府への財政移転総額の推移

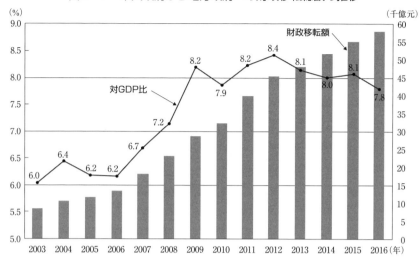

注：中央政府から地方政府への財政移転は税収返還を含む。また、2003年から2015年までは決算額、
　　2016年のデータは予算額である。
出所：中国統計局及び財政部予算司のデータより筆者作成。

は2003年以後、急速に増え続けており、2003年の政府間財政移転総額の対
GDP比は6.0％だったが、2006年の和諧社会論が提起された後、政府間財政
移転総額の対 GDP 比は急速に伸びるようになり、2009年に8.2％まで上昇し
ていた。その後も横ばいで推移している。

　ここまで見てきた政府間財政移転総額は、1990年代から2000年代初期にか
けて地域間の格差をさらに拡大させていると言われる税収返還も含んだもの
である。税収返還については、2000年代に入って新たな研究も行われている。
たとえば、張（2009）では、税収返還の計算式に着目し、税収返還は、中央
政府の中央集権化戦略を進めるために作成されたものであり、時間の経つに
つれて実質的に定額返還になり、格差拡大効果も次第に沈静化するとの指摘
がある。[3]

　さらに、2007年 6 月27日に開催された第10期全国人民代表大会常務委員会
第28回会議において、金人慶氏（財政部部長、当時）は、「国務院の財政移転

（3）谷口（2007）も税収返還の定額化傾向を指摘していた。

交付状況の制度化」に関する報告において、「集権化の過程における税収返還の歴史的使命が終わった」とし、税収返還は財政移転に属さないという見解が示されたのである。徐（2014）は、税収返還を中央政府の財源と見なす場合と見なさない場合とに分け、税収返還の中央集権化過程に果たしてきた役割を再確認している。そして、税収返還は分税制改革を進めようとしている中央政府と、それに反対している豊かな地方政府間の利益調整をはかる潤滑剤的な役割を持っており、比較的に緩やかな中央集権化の推進に大きく貢献したことを指摘している。

第2節　政府間財政関係の現状と制度的特徴

　2007年の金人慶氏の発言以後、財政部の予算司で公表されている中央政府と地方政府の財政移転に関する予算表と決算表では、財政移転に関する項目を「中央対地方の税収返還と移転支払い」とし、中央対地方の移転支払いと税収返還を別項目に分けて計上している。表8-2では2008年以後の中央政府による財政移転の構成の変化を示した。税収返還項目を確認すると、税収返還の金額では、2008年の4,282.2億元から2012年の5,128億元までに若干上がったものの、2012年を境として、その後次第に減少してきており、2015年の決算額では5,018.9億元になっていることがわかる。また、税収返還の財政移転総額に占める割合を見ると、2008年では18.6％だったが、2015年ではわずか9.1％になった。2000年代初頭まで言われ続けてきた中国の政府間財政関係における税収返還の地方政府間の格差を拡大させる効果は相当薄れてきた。

　次に、一般性移転支払いと専項移転支払いによって構成される移転支払いの構成を見てみよう。徐（2010）では、1994年分税制改革以後、中国の財政移転システムは専項移転支払いを中心としたシステムであったと論じていた。しかし、近年、中国の財政移転システムは次第に、専項移転支払いから一般

（4）分税制以降の長い間、中国の学界をはじめ、日本の学界も税収返還を財政移転制度の一環として見てきた。こういった点からも金人慶氏の発言は、財政移転制度を再定義する重要な意味を持つと言えよう。
（5）予算司とは予算編成と中長期財政企画を行う部署である。

表 8 - 2　中央政府による財政移転の構成の変化

| 年 | 中央対地方の移転支払い | | | | | | 税収返還 | | 移転支払い +税収返還 |
| | 一般性移転支払い (a) | | 専項移転支払い (b) | | (a) + (b) | | | | |
	億元	%	億元	%	億元	%	億元	%	億元
2008	8,746.2	46.7	9,962.4	53.3	18,708.6	81.4	4,282.2	18.6	22,990.8
2009	11,317.2	47.8	12,359.9	52.2	23,677.1	82.9	4,886.7	17.1	28,563.8
2010	13,235.7	48.4	14,112.1	51.6	27,347.7	84.6	4,993.4	15.4	32,341.1
2011	18,311.3	52.5	16,570.0	47.5	34,881.3	87.4	5,039.9	12.6	39,921.2
2012	21,429.5	53.3	18,804.1	46.7	40,233.6	88.7	5,128.0	11.3	45,361.7
2013	24,362.7	56.7	18,610.5	43.3	42,973.2	89.5	5,046.7	10.5	48,019.9
2014	27,568.4	59.3	18,941.1	40.7	46,509.5	90.2	5,081.6	9.8	51,591.0
2015	28,455.0	56.8	21,623.6	43.2	50,078.7	90.9	5,018.9	9.1	55,097.5
2016	32,917.8	65.7	20,923.6	41.8	50,078.7	90.9	5,088.6	9.2	55,097.5

注：2008年から2015年までは決算額、2016年は予算額である。
出所：中国財政部予算司のデータより筆者作成。

性移転支払いへシフトしている。2008年では、専項移転支払いの税収返還を除く政府間財政移転に占める割合は53.3％だったが、その後、その割合は次第に下がってきており、2016年の予算では41.8％となっている。地方政府の自主財源となる一般移転支払いの重要性は増している。

　中国政府の予算と決算は、財政部の予算司が公表している。そのデータを見ると、2008年まで、政府間財政移転の総額は記されているが、具体的にどの項目にどのように分配されているかの記載はなかった。しかし、2007年1月17日国務院の第165次常務会議で「中華人民共和国政府情報公開条例」が議決され、2008年5月1日に施行されたことで、中国の政府間財政移転の詳細データも次第に公表されるようになった。それ以降、政府間財政移転の関連データは一般性移転支払いと専項移転支払いに分けられ、補助金額の詳細が記載されるようになってきた。さらに2016年に入り、財政部の公式 Web サイトにおいて中央から地方への移転支払いの情報公開ページが立ち上げられ、一般性移転支払いと専項移転支払いについてそれぞれの個別項目の管理方法や支払い情報が掲載されるようになった。[6]

（6）中国の財政部が公表している政府間財政移転情報については、下記の Web サイトを参照されたい。http://www.mof.gov.cn/zhuantihuigu/cczqzyzfglbf/

　本章では、予算司が公表した2015年の政府間財政移転の決算データを用いて、現行の中国における中央政府から地方政府への財政移転の状況を概観したい。表8-3は中央政府から地方政府への財政移転の構成を示した表である。ここから確認できるように、2015年において、一般性移転支払い（一般補助）が56.8％で、専項移転支払い（特定補助）の43.2％を上回るものであった。中国における一般性移転支払いは日本の地方交付税と必ずしも同じではない。なぜなら、日本の地方交付税は、基準財政需要額と基準財政収入額をそれぞれ算出し、その差額を財源不足額として、各地方団体の普通交付税額が交付されるものであり、中国の一般性移転支払いはこのような計算式で基準財政需要額と基準財政収入額から算出して交付されるとは限らない。日本の地方交付税により近いのは、中国の一般性移転支払いのうちの均衡性移転支払いである。⁽⁷⁾この均衡性移転支払いが一般性移転支払い総額に占める割合は64.9％である。もちろん、中国における一般性移転支払いは一般補助のカテゴリに属している以上、地方政府が得た資金はそれぞれの地方政府の自主財源となる。しかし、均衡性移転支払いのような自動的に各地方政府の財源不足分を計算して配分される仕組みとは別に、中央政府の政策意図を含んだ補助形式も含まれている。

　表8-3から確認できるように、革命地域・少数民族地域・過疎地域・貧困地域への移転支払いや基礎養老金（年金）移転支払いや都市と農村住民の医療保険移転支払いがそれらである。これらは、中央政府の政策意図を実現するための地方に対する財源保障の役割が極めて大きい。特に、近年、中国において年金改革が推進された結果、地方政府の財源が著しく不足する状況が継続されている。そのため、中央政府は、年金を単独交付項目として、地方への財源調整を行っている。⁽⁸⁾2016年の中央財政の年金の一般性移転支払いの地域別の交付状況を見ると、北京、上海、江蘇省、浙江省、福建省、山東省、広東省の7つの省と直轄市は不交付団体となっており、24の省に合計

（7）均衡性移転支払いの公式：ある地域の均衡性移転支払い＝（その地域の基準財政需要額－その地域の基準財政収入額）×その地域の財政移転係数＋増幅調整＋奨励資金＋農業人口の都市人口転換奨励と補助資金。均衡性移転支払いの詳細については、2017年4月14日財政部が公表した「中央対地方均衡性移転支払弁法的通知」を参照せよ（http://www.mof.gov.cn/zhengwuxinxi/caizhengwengao/2017wg/wg201706/201708/t20170818_2676148.html　2017年9月13日最終アクセス）。

表 8 - 3　中央政府対地方政府の財政移転構成と金額（2015年）

項目	金額（億元）		財政移転総額の割合（%）	一般補助項目の割合（%）	特定補助項目の割合（%）
中央対地方の財政移転総額	50,078.7		100.0		
一般性移転支払い（一般補助）	28,455.0		56.8	100.0	
均衡性移転支払い	18,472.0		36.9	64.9	
そのうち　重点生態機能区移転支払い		509.0			
食料生産奨励金		370.7			
県レベル基礎財政力保障体制奨励補塡資金		1,778.0			
資源枯渇都市移転支払い		178.0			
都市と農村義務教育補助経費		1,232.8			
農村総合改革移転支払い		323.2			
革命地域・少数民族地域・過疎地域・貧困地域移転支払い	1,257.0		2.5	4.4	
ガソリン税費改革移転支払い	770.0		1.5	2.7	
体制決算補助	993.6		2.0	3.5	
公安・検察・司法の末端組織維持に対する移転支払い	434.1		0.9	1.5	
基本的養老金（年金）移転支払い	4,405.2		8.8	15.5	
都市と農村住民の医療保険移転支払い	2,123.2		4.2	7.5	
専項移転支払い（特定補助）	21,623.6		43.2		100.0
1　一般公共サービス支出	197.3		0.4		0.9
2　国防支出	27.2		0.1		0.1
3　公共安全支出	207.5		0.4		1.0
4　教育支出	1,654.6		3.3		7.7
5　科学技術支出	64.1		0.1		0.3
6　文化体育とメディア支出	293.0		0.6		1.4
7　社会保障と職業支出	2,567.1		5.1		11.9
8　医療衛生及び計画生育支出	1,206.9		2.4		5.6
9　エネルギー及び環境保全支出	1,854.4		3.7		8.6
10　都市と農村のコミュニティ支出	124.2		0.2		0.6
11　農林水産支出	5,958.0		11.9		27.6
12　交通運輸支出	3,752.5		7.5		17.4
13　資源探索情報など支出	322.8		0.6		1.5
14　商業サービス業支出	335.1		0.7		1.5
15　金融支出	6.5		0.0		0.0
16　国土海洋気象支出	255.2		0.5		1.2
17　住宅保障支出	2,450.0		4.9		11.3
18　食糧物資備蓄支出	313.8		0.6		1.5
19　その他支出	33.6		0.1		0.2

出所：中国財政部予算司のデータより筆者作成。

456億元を交付している。そのうち、四川省に49億元、遼寧省に45億元、黒龍江省に34億元、湖北省に32億元をはじめ、西部地域、中部地域、東北部地域の省により多くの資金が移転交付されている。

　また、2010年 9 月に財政部が「中央対地方民族地区移転支払い弁法」（財

予「2010」448号）を公表し、移転支払いの範囲を①内蒙古自治区、広西チワン族自治区、チベット自治区、寧夏回族自治区、新疆ウィグル自治区、および財政体制上少数民族地域と指定されている雲南省、貴州省、青海省、②吉林延辺朝鮮族自治州、湖北恩施土家族苗族自治州、四川阿垻蔵族羌族自治州などの民族自治州、③重慶市西陽土家族苗族自治県、黒龍江省杜尔伯特蒙古族自治県などの民族自治地域に定め、それらの少数民族地域に特化した財政移転を行っている。⁽⁹⁾

　均衡性移転支払いは、日本の地方交付税に最も近い存在であると先に述べたが、日本のようにすべて同じ計算式を適用し、基準財政需要額と基準財政収入額の差を計算して交付されるわけではない。たとえば、2015年の財政移転決算表から見て取れるように、均衡性移転支払いのうち、重点生態機能区移転支払いや食料生産奨励金といった個別の政策目的に焦点を当てた独自の基準による補助形式も同時に存在している。財政部が公表した均衡性移転支払いに属する農業移転人口市民化奨励資金を見てみよう。この移転資金が設けられた目的は、中央政府が１億の農村人口の都市人口への移転に伴う奨励体制の構築と、それに伴う省以下の各レベルの政府の財政力に対して保障し、公共サービスの均等化を実現させることである。資金は、農村から都市への人口移動の状況及び各地方の基本的公共サービスの提供状況に応じて、人口流入の多い地域、中部・西部の中型・小型都市に傾斜的に配分することにな

（８）基礎養老金（年金）移転支払いでは、2014年に国務院が出した「統一の都市と農村住民養老金（年金）保険制度の意見」に従い、年金保険に加入要件に満たしているすべての住民に対して、基礎養老金（年金）を支払う。年金財源は各省に所管しているため、中央政府が定めた基礎年金部分について、中西部の地域に全額交付、東部の地域に対して50％交付としている。基礎養老金（年金）移転支払いの詳細については、2015年、財政部が公表した「関与城郷居民基本養老保険中央財政補助資金管理有関問題的通知」（http://sbs.mof.gov.cn/ybxzyzf/jbyljzyzf/201608/t20160805_2377003.html　2017年９月13日最終アクセス）を参照。

（９）2016年に中央政府から地方政府へ移転した少数民族移転支払いは、合計21の省に交付し、総額は640億元に上る。そのうち、河北省は5.1億元、内蒙古自治区は81.8億元、遼寧省は9.6億元、吉林省は8.5億元、黒龍江省は1.7億元、浙江省は0.4億元、河南省は2.4億元、湖北省は10.6億元、湖南省は12.5億元、広東省は1.3億元、広西チワン族自治区は87.6億元、海南省は10.3億元、重慶市は6.0億元、四川省は24.5億元、貴州省は96.5億元、雲南省は71.0億元、チベット自治区は30.0億元、甘粛省は13.6億元、青海省は32.4億元、寧夏回族自治区は38.0億元、新疆ウィグル自治区は96.1億元であった。

っている。このように、均衡性移転支払いの項目に属する補助金でありながら、その配分方式は中央政府の政策意図に基づいて、それぞれの配分方式や管理方法が決められているのが特徴である。日本の地方交付税と比べて、ブロック補助金的な要素も含まれていることがわかる。

　次に、専項移転支払いについて見てみよう。専項移転は全部で19の項目に分けられている。専項移転のうち、農林水産支出（27.6％）、交通運輸支出（17.4％）、社会保障と職業支出（11.9％）、住宅保障支出（11.3％）、エネルギー及び環境保全支出（8.6％）、教育支出（7.7％）の 6 項目は専項移転総額の84.3％を占める。

　専項移転支払いに関する分析について、徐（2010）では、その実態と設定ルールの分析を行った。地方政府は、地域間の経済力格差が極めて大きいなか、医療や教育、人的移動に不可欠な道路、鉄道、橋梁といった社会資本、住宅、さらに、環境保全といった人々の生存権に関わる基礎的公共財・サービスを供給しなければならない。専項移転支払いはそのために交付されることになっているが、実態は、ばらまき、ロビー活動、腐敗の温床となっているという指摘もある。こうしたなかで近年、専項移転支払いに関する法整備は急速に進んできた。すべての専項補助項目にその管理と配分方法、さらに詳細な評価基準と問責ルールが整備されてきた。中国はすでにかつての専項移転を中心とするシステムから一般移転を中心とするシステムに変わりつつあるが、専項移転は未だ重要な役割を果たしている。

　澤田・徐（2014）、Sawada and Xu（2016）では、中国の政治選抜トーナメント方式のもとで、いくつかの政策目標が同時に存在する場合、環境保全に関する専項移転がどのような役割を果たすか、理論的検討を行った。結論として、中国の政治選抜トーナメント方式においては、単なる人事権だけでは中央政府の政策目標を実現できず、人事権統制による失敗を回避するために、中央政府による地方政府に対する財政権の統制（専項移転を中心に）は、必要不可欠であることが明らかにされた。こうした理論的検討から、専項移転という財政権行使は、中国の中央政府が持つ地方政府の統治手段としても極めて重要な役割を果たしていることがうかがえる。

第 3 節　政府間財政移転による地域の再分配効果

　前節では近年中国の政府間財政関係の推移を概観した。次に、政府間財政
移転はどのように地域間に配分されているのか、その効果はどのようになっ
ているか、省レベルのデータを用いて分析したい。

　まず、中国を東部、中部、西部、東北部の 4 つの地域に分けて、それぞれ
の地域に属する財政移転の 1 人あたり額を見てみよう。図 8 - 2 から確認で
きるように、 1 人あたりの財政移転総額の全国平均額が3,568元であるのに
対して、東部の平均は1,622.9元、中部は3,772.6元、東北部は5,078.7元、西部
地域ではチベットを含むと5,986.5元となり、チベットを外しても5,691.1元と
なる。税収返還を含まない財政移転は西高東低になっていることがわかる。
また、 1 人あたり額から見ると、チベット、青海、新疆、寧夏、内蒙古の 5
つの少数民族地域に、より多くの配分がされていることがわかる。特にチベ
ットの 1 人あたり財政移転額は39,544元となり、 1 人あたり財政移転額の最
も少ない上海市の725元と比べると、その差は55倍にも上る。また、同じ西
部地域に属する地域であっても、重慶市の4,118元と比べても、極めて高い
値となる。さらに、財政移転を一般性移転支払いと専項移転支払いに分けた
場合、一般性移転支払いと専項移転支払いは財政移転総額と同じ傾向が見ら
れる。

　少数民族人口は中国の地域間財政移転において重要な説明要因である。一
般移転であろうが、専項移転であろうが、公表された交付方法のほとんどは
少数民族人口に対する傾斜的配分方式が採られており、また、前述のように、
少数民族地域にしか交付しない移転支払いも設けられている。そのため、各
省の 1 人あたりの財政移転と各省の少数民族人口比率で相関を取ったところ、
図 8 - 3 で示したように、少数民族比率の高い地域ほど、 1 人あたりの財政
移転額が高くなるという正の相関関係が確認できる。

　以下ではいくつかの省の事例をあげて確認をしてみよう。たとえば、東部
地域に属する海南島の少数民族比率は16.4％、東部地域に属する各省のなか
で最も高い比率である。海南島に交付される 1 人あたりの財政移転額は
5,525元で、東部地域に属する各省のなかで最も高い値となっている。次に、
中部地域に属しているいくつかの貧困省の事例を見てみよう。たとえば、山

図8-2　地域別政府間財政移転の比較（1人あたり額）

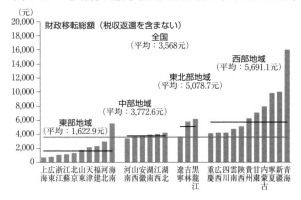

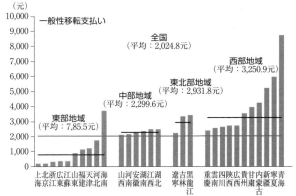

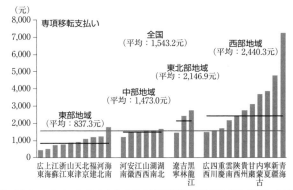

注：他地域と比べると、チベットの1人あたりの財政移転関係額は極めて高いため、この図からチベットのデータを外している。ちなみにチベットの1人あたり財政移転額は39,544元、1人あたり一般性移転支払いは23,545元、1人あたり専項移転支払いは15,999元である。
出所：中国財政部予算司のデータより筆者作成。

図 8-3　１人あたり財政移転額と少数民族比率の相関関係

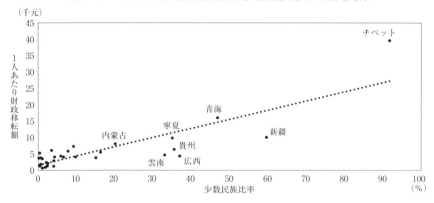

出所：中国財政部予算司のデータ及び統計局「2010年人口調査資料」より筆者作成。

西省、安徽省、江西省、河南省の４つの省は、中部に属する中国の中でも典型的な貧困省である。それらの１人あたり GRP は常に下位グループに属しているが、少数民族比率が極めて低いがゆえに、１人あたりの財政移転額も低く抑えられている[10]。それに対して、新疆ウィグル自治区の１人あたり GRP は40,036元に達しており、全国の１人あたり GRP ランキングで20位と、中位水準であるが、少数民族比率は60％と、極めて高い水準であるがゆえに、前述の中部地域の各省と比べると、１人あたり財政移転額は9,986元と、極めて高い水準であることも確認できる。また前述のように、チベットの１人あたり財政移転額は他地域と比べると、極めて高い39,544元で、１人あたり財政移転額の最も低い上海市（725元）の55倍に相当する。内蒙古自治区は近年資源産業を中心に飛躍的な経済成長を遂げてきた。１人あたり GRP は天津市、北京市、上海市、江蘇省、浙江省といった地域に次ぐ全国で６位となる71,101元であるが、少数民族比率は21％で、１人あたり財政移転は7,932元と中部地域の各省と比べると極めて高い水準である。以上で確認したとお

(10)　山西省の１人あたり GRP は34,919元で、全国で27番目に位置し、少数民族比率0.26％、１人あたり財政移転額は3,693元である。安徽省の１人あたり GRP は35,997元、全国で25番目に位置し、少数民族比率は0.66％、１人あたり財政移転額は3,719元である。江西省の１人あたり GRP は3,6724元で、全国で24番目に位置し、少数民族比率は、0.34％、１人あたり財政移転額は3,984元である。河南省の１人あたり GRP は39,123元、全国で22番目に位置し、１人あたり財政移転額は3,359元である。

り、中国における政府間財政移転は少数民族に対する傾斜的な政策が採られていることが確認できる。

　しかし、少数民族地域でも、西北地域に属する少数民族地域と西南地域に属する少数民族地域の差も激しい。西北地域に属する少数民族地域であるチベット自治区、青海省、内蒙古自治区、寧夏自治区、新疆ウィグル自治区といった地域の１人あたり財政移転額が高く、一方、西南地域に属する貴州省、雲南省、広西チワン族自治区の少数民族比率はそれぞれ30％を超えていたものの、１人あたり財政移転額は西北地域の各地域と比べると、低く抑えられていることがわかる。⁽¹¹⁾一般的な意味における少数民族政策と異なり、少数民族のなかでも補助金の優先度がつけられていることがうかがえる。

　次に、財政移転が地域間の財政力格差の調整にどのような役割を果たしているかについて確認してみよう。図８-４は、１人あたり税収の地域格差、そして、一般補助、特定補助、さらに財政移転総額交付後の地域間の差異を示したものである。

　まず、財政力と経済力が極めて高い上海市、北京市、天津市の３つの直轄市とチベットを除いた27の省から見ると、１人あたり税収の偏在は明らかである（図８-４（１））。１人あたり税収の最も高い江蘇省は8,287.5元であるのに対して、最も低い甘粛省はわずか2,037.7元、両者の差は4.1倍に達した。全国平均の１人あたり税収は3,783.7元であるが、東部地域に属している７つの省のうち、河北省を除けば、すべて全国平均値を上回っている。西部地域に属している11の省のうち、内蒙古自治区、重慶市、寧夏自治区の３つの省は全国平均値を上回っているが、残りの８つの省は全国平均値に達していない。中部地域と東北部地域に属している９つの省はすべて全国平均値に達していない。

　次に、一般補助による調整効果を確認してみよう（図８-４（２））。税収と一般補助を受けた合計の１人あたり額の最も高い青海省は12,260元であるのに対して、最も低い河北省は4,353.3元である。１人あたり税収と比べ、両者の差は2.8倍に縮小している。全国平均の１人あたり額は5,782.9元であるが、

---

(11) 西南地域に属する各地域の少数民族比率と１人あたり財政移転額は、貴州省がそれぞれ35.7％と6,297元、雲南省がそれぞれ33.4％と4,743元、広西チワン族自治区がそれぞれ37.2％と4,210元である。

図8-4　税収格差と財政調整

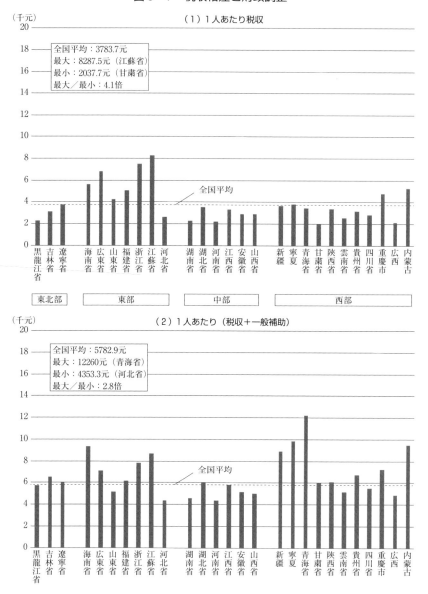

（千元）
（1）1人あたり税収

全国平均：3783.7元
最大：8287.5元（江蘇省）
最小：2037.7元（甘粛省）
最大／最小：4.1倍

全国平均

東北部　　東部　　中部　　西部

（千元）
（2）1人あたり（税収＋一般補助）

全国平均：5782.9元
最大：12260元（青海省）
最小：4353.3元（河北省）
最大／最小：2.8倍

全国平均

図 8-4　（つづき）

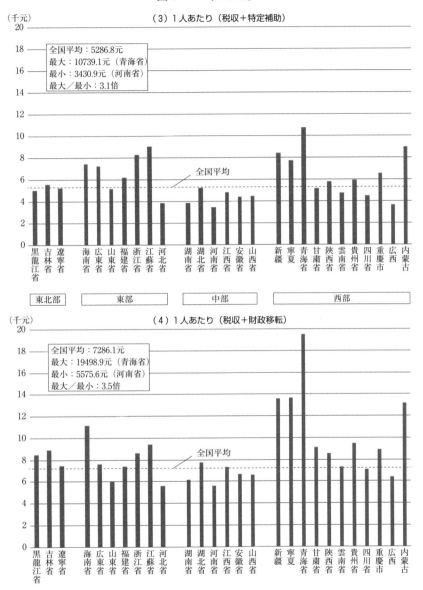

（3）1人あたり（税収＋特定補助）

（千元）

全国平均：5286.8元
最大：10739.1元（青海省）
最小：3430.9元（河南省）
最大／最小：3.1倍

全国平均

黒龍江省　吉林省　遼寧省　海南省　広東省　山東省　福建省　浙江省　江蘇省　河北省　湖南省　湖北省　河南省　江西省　安徽省　山西省　新疆　寧夏　青海省　甘粛省　陝西省　雲南省　貴州省　四川省　重慶市　広西　内蒙古

東北部　　東部　　中部　　西部

（4）1人あたり（税収＋財政移転）

（千元）

全国平均：7286.1元
最大：19498.9元（青海省）
最小：5575.6元（河南省）
最大／最小：3.5倍

全国平均

黒龍江省　吉林省　遼寧省　海南省　広東省　山東省　福建省　浙江省　江蘇省　河北省　湖南省　湖北省　河南省　江西省　安徽省　山西省　新疆　寧夏　青海省　甘粛省　陝西省　雲南省　貴州省　四川省　重慶市　広西　内蒙古

注：財政力と経済力が突出している上海、北京、天津の 3 つの直轄市とチベットを除外している。

出所：中国統計局及び財政部予算司のデータより筆者作成。

　4つの地域の27の省のうち、全国の平均値を超えるのは17の省で、10の省は全国平均に達していない。全国平均値に達していない省の内訳は、東部地域は河北省と山東省の2つの省、中部地域は山西省、安徽省、河南省、湖南省の4つの省、西部地域は広西チワン族自治区、四川省、雲南省の3つの省、東北部地域は黒龍江省の1つの省となる。特に西部地域に属している省では、1人あたりの収入が大きく伸びており、財政調整が行われていることが確認できる。たとえば、1人あたり税収はわずか3,500元しかなかった青海省は一般補助による調整が行われた後に1人あたりの収入は12,260元になり、1人あたり税収の最も高い浙江省を逆転していることが確認できる。この逆転現象は西部地域の多くの省において観測できる。

　さらに、特定補助による調整効果を確認してみよう（図8-4（3））。一般的に、特定補助は中央政府が地方政府に支出・交付する資金のうち、その使途が特定されているものであるが、調整効果は必ずしもあるとは言えない。中国の場合、一般補助と同様に、特定補助における調整の逆転現象も確認できる。税収と特定補助を受けた合計1人あたり額の最も高い青海省は10,739.1元であるのに対して、最も低い河南省は3,430.9元である。1人あたり税収と比べ、両者の差は3.1倍に縮小している。全国平均の1人あたり額は5,286.8元であるが、4つの地域の27の省のうち、全国の平均値を超えるのは13の省で、14の省は全国平均に達していない。全国平均値に達していない省の内訳は、東部地域は河北省と山東省の2つの省、西部地域は広西チワン族自治区、四川省、雲南省、甘粛省の4つの省、東北部地域は遼寧省と黒龍江省の2つの省、中部地域はすべての省となる。

　最後に、財政移転総額による調整効果を確認してみよう（図8-4（4））。税収＋財政移転の1人あたり額の最も高い青海省は19,498.9元であるのに対して、最も低い河南省は5,575.6元である。1人あたり税収と比べ、両者の差は3.5倍に縮小している。全国平均の1人あたり額は7,286.1元であるが、4つの地域の27の省のうち、全国の平均値を超えるのは19の省で、8つの省は全国平均に達していない。全国平均値に達していない省の内訳は、東部地域は河北省と山東省の2つの省、中部地域は山西省、安徽省、河南省、湖南省の4つの省、西部地域は広西チワン族自治区、四川省の2つの省となる。税収＋財政移転の1人あたり額から見ると、青海省（19,498.9元）、寧夏自治区

（13,693.5元）、新疆ウィグル地区（13,637.2元）、内蒙古自治区（13,191.4元）が高く、河南省（5,575.6元）、河北省（5,576.6元）、山東省（6,062.2元）、湖南省（6,205.1元）が低い。財政移転総額による調整効果を見ると、西部地域と東北部地域に対する調整効果が大きいのに対して、中部地域に対する調整効果は限定的であると言えよう。

おわりに

　本章では、中国の政府間財政移転制度における歴史的変化を考察するとともに、新常態（ニューノーマル）と位置づける新しい時代的背景のなかでの中国の政府間財政移転制度の現状とその制度的特徴を明らかにし、さらに、現行の政府間財政移転制度における地域に対する再分配効果を検証した。

　本章の分析は予算内での財政移転にとどまるものであり、徐（2014）では、地方政府の土地に依存した財政システムや地方融資プラットフォーム（LGFV）といった独自財源に対する分析も行ってきた。中国の政府間財政関係を見るには、予算内の分析だけでは限界があり、予算外の分析も行わなければならない。これについては、今後の研究課題としたい。

参考文献

〈日本語文献〉

梶谷懐（2005）「中国の財政・金融改革と地域間消費平準化」『アジア研究』第51巻第4号、1-16頁。

澤田英司・徐一睿（2014）「政治選抜トーナメントと環境政策——中国の地方政府間競争はグリーン成長を実現できるか？」慶應義塾大学経済研究所『KEIO-IES Discussion Paper』2014年2月（https://ies.keio.ac.jp/publications/333/　2017年9月13日最終アクセス）。

徐一睿（2010）『中国の財政調整制度の新展開——「調和の取れた社会」に向けて』日本僑報社。

————（2014）『中国の経済成長と土地・債務問題——政府間財政システムによる「競争」と「調整」』慶應義塾大学出版会。

田島俊雄（2000）「中国の財政金融制度改革——属地的経済システムの形成と変容」毛里和子編集代表『現代中国の構造と変動』第5巻、東京大学出版会。

谷口洋志（2007）「中国における財政調整関係」片桐正俊・御船洋・横山彰編『分

　　権化財政の新展開』第11章、中央大学出版部。

張忠任（2009）「中国の政府間財政関係改革の趨勢──分税制の変容」島根県立大
　　学『総合政策論叢』第16号、17-34頁。

内藤二郎（2004）『中国の政府間財政関係の実態と対応──1980～90 年代の総括』
　　日本図書センター 。

南部稔（1997）「財政改革の現状と課題──分税制にみる中央と地方の関係」『日中
　　経協ジャーナル』43号（1997年 4 月）、 7 -14頁。

〈中国語文献〉

賈康・白景明（2002）「県郷財政困難与財政体制創新」中国財政部（http://www.
　　mof.gov.cn/pub/caizhengbuzhuzhan/zhengwuxinxi/diaochayanjiu/200807/
　　t20080709_56650.html　2017年 9 月13日最終アクセス）。

澤田英司・徐一睿（2014）「環境政策決定的誘因与環境改善的可能性」『公共治理
　　評論』第 2 期、24-36頁。

〈英語文献〉

Sawada, Eiji and Yirui Xu（2016）"Extended Official Responsibility and the Red Card Rule
　　in China", *The Economics of Waste Management in East Asia*, Rutledge, pp.137-152.

Tsui, Kai-yuen（2005）"Local Tax System, Intergovernmental Transfers and China's Local
　　Fiscal Disparities", *Journal of Comparative Economics*, 33, pp.173-196.

第9章

「オランダモデル」形成期の 財政・社会保障改革
——ルベルス政権とコック政権の政策連続性に着目して

島村玲雄

はじめに

　本章は、1982年から2002年のオランダにおける中道右派のルベルス政権、中道左派のコック政権による財政改革、社会保障改革がいかにして行われ、どのような性格のものであったのか、経済的、政治的背景から明らかにすることを目的としている。[1]後述するように、この時期のオランダは「オランダモデル」や「オランダ版第三の道」など成功モデルとして捉えられてきたが、そうした主張は政治体制に着目しており、制度の実態面から捉えなおす必要がある。

　1980年代初頭のオランダは、「オランダ病」[2]と呼ばれる経済的苦境に陥っていたものの、1982年に政労使の政策協調を締結したワセナール合意（*Akkoord van Wassenaar*）を契機に経済回復を果たし、「オランダの奇跡（*Dutch Miracle*）」と評され、「オランダモデル（または"*polder model*"）」として論じら

（1）ルベルス政権は第1次（1982-1986年）および第2次（1986-1989年）がキリスト教民主アピール（Christen-Democratisch Appèl: CDA）と自由民主国民党（Volkspartij voor Vrijheid en Democratie: VVD）による中道右派連立政権、第3次（1989-1994年）がCDAとVVD、労働党（Partij van de Arbeid: PvdA）による連立政権である。コック政権は第1次（1994-1998年）第2次（1998-2002年）ともに、自由民主国民党VVD（自由主義右派）および民主66党（自由主義左派）による中道左派連立政権である。

（2）第1次石油危機を契機に、エネルギー価格高騰に伴う天然ガス売却収入の増大によって、これを原資とする手厚い社会福祉制度が整備された。しかし、資源輸出に伴う通貨高が起こったことで、オランダは輸出製造業の衰退および失業率の上昇、社会保障支出の増加による財政赤字という経済状況に陥ったことを指す。こうした状態をイギリスの雑誌『エコノミスト』が「オランダ病」と名づけたのが起源である。

れるようになった（Visser and Hemerijck 1997; Levy 1999）。長坂（2000）は、これら先駆的な政策による成功の背景に異なる利益集団を横断的に統合して協議する場がある、「コンセンサス」経済によるものとした。長坂以降「オランダモデル」について、とりわけ日本では労働政策の視点から肯定的に評価する研究が多い。[3]近年、雇用の流動化に伴い非正規労働者を取り巻く不安定な状況が指摘されている日本において、労働時間短縮やワークシェアリング、同一労働同一賃金などを実施し経済回復を果たしたオランダの政策が改めて注目されている（大和田 2009; 秋富 2014）。しかし、これらの研究では、オランダモデルという用語が用いられるものの、政治学アプローチでは政治体制の議論が中心であり、加えてそれが可能とした抜本的な雇用流動化政策について議論されているものの、財政・社会保障改革の具体的な内容については十分に検討されていない。

　これまでの研究の主張は、経済回復した要因は、ワセナール合意を契機とする雇用政策と、それを可能とした「政労使の三者協議による政策形成過程」の二つに還元されるというものである。

　これに対し大和田（2009）では、柔軟な労働政策と同時に労働者の地位を保障する労働法が並行して公的に制度化されていた側面を軽視すべきではないと指摘する。Delsen（2002）は、Visser and Hemerijck 論文に言及し、マクロ経済的な分析からオランダの経済成功の要因について、政府や労使の政策協調は経済に対してポジティブな影響があったと認めつつも、労働市場の二分化、所得の不平等化、社会的排除が生まれているなどの負の側面を指摘し、1980年代の賃金抑制に対しては限定的な役割を果たしたに過ぎないと主張した。むしろ租税負担や社会保障負担の軽減等の結果としての賃金コストの抑制が大きな要因であり、社会保障制度が柔軟化した労働市場のオランダ社会の安定性を補完する役割を果たした可能性が高いことを指摘している。

（3）大和田（2009）では、日本における「オランダモデル」研究を、①規制緩和の一モデルとみるもの、②パートタイム労働の一モデルとみるもの、③男女平等シナリオの一モデルとみるもの、④ワークシェアリングの一モデル（コンビネーションワーク）とみるもの、⑤協調的（政労使）合意システムの一モデルとみるもの、⑥労働法の柔軟化政策における労働者の地位保障類型の一モデルとみるもの、以上６つに分類している。大和田は、柔軟な雇用法制への転換に着目した議論の一方で、同時に労働者の地位を保障する労働法が制定されたことを指摘している。

　こうした「オランダモデル」を、同時期に欧州で政治的な潮流となっていた「第三の道」の一類型とみなす研究もある（Giddens 1998=1999; ベッカー／クーペルス1998=2009; Hemerijck and Visser 1999; Levy 1999; Scharpf 2001; マイヤー2003）。1990年代に欧米で潮流となった「第三の道」と「オランダモデル」は時期が同じであり、オランダもこの「第三の道」に類する国の一つとして理解されてきた。Levy は、オランダを「第三の道のメッカ」と特徴づけ、[4]
Scharpf はオランダの本質は1982年のワセナール合意であったとした。これ[5]
に対し、Becker（2005）は、「合意」による賃金抑制はオランダの競争力上昇に貢献はなく、住宅価格高騰のバブル景気によるものであり、長期的にみれば「オランダの奇跡」をもたらした直接的な要因ではないと結論づけている。[6]
水島（2012）においては、ワセナール合意と経済回復の関係について賛否両論ありとしつつ、「政労使の中央協議の制度が三者による問題意識の共有と解決手段の模索の場を提供し、特に1982年以降の福祉国家の転換において重要な役割を果たしてきたことは事実である」とする。ただし、「受益者層による政治的抵抗を越え、福祉国家改革を推進した政治的イニシアティブの存在も無視することができず」、「オランダにおける福祉改革は政労使の三者合意を前提に進めたというよりは、一致して負担を『外部化』し、既存の制度から利益を得てきた労使の拘束を離れ、『政治の優位』を確保することで可能になった面も強い」としている。[7]

　これらの研究において、「オランダモデル」を「第三の道」と関連づけたうえでオランダ固有の政策決定体制に着目した議論が行われている。しかし、こうした「オランダ版第三の道」の議論においては、1982年のワセナール合意と1994年に誕生したコック労働党率いる紫政権に焦点が当てられているが、中道右派のルベルス政権から続く財政および社会保障改革を等閑に付すもの

（4）　Merkel は、財政政策、雇用政策、社会政策の3分野を比較分析し、市場を重視するニュー・レイバーのイギリス、市場とコンセンサスの組み合わせによるオランダ、福祉国家改革のスウェーデン、国家管理のフランスと、「第三の道」に4つのタイプがあるとしている。ここではオランダやスウェーデンを例外的に扱いつつ、「多様な第三の道」として議論している。Merkel（2001）.

（5）　Levy（1999, p.243）; Scharpf（2001, p.61）.

（6）　Becker（2005, p.1095）.

（7）　水島（2012、68-69頁）。

となっている。そのため、3期に渡るルベルス政権と2期に渡るコック政権において、どのような改革が、いかにして行われたのかを財政の視点から明らかにする必要がある。

　したがって、本章では「オランダモデル」と呼ばれた1982年以降のルベルス政権およびコック政権において、財政および社会保障制度が転換していく動態に焦点を当てその実態を明らかにすることを課題とする。次節では、ワセナール合意以降の長期的な経済推移を概観する。第2節では、ルベルス政権における財政および社会保障制度改革について、第3節ではコック紫政権における財政および社会保障制度改革について明らかにする。最後に、二つの政権に対する分析から、本章の結論を提示する。

第1節　「オランダ病」からの回復

　本節では、「オランダモデル」形成の画期となったワセナール合意以降、オランダが経済回復を果たす1990年代に至るまでのルベルス政権において、どのような改革が行われてきたのかみていく。

1　ワセナール合意と経済回復

　それまで手厚い福祉給付を実現していたオランダは、石油危機を契機に1980年初頭に「オランダ病」と呼ばれる経済状況に陥った。そのため、オランダは企業の回復および雇用確保、増え続ける社会保障支出による財政赤字に対処する必要性に迫られていた。1982年に発足した第1次ルベルス政権は、賃金抑制による雇用確保およびインフレ防止、公務員給与・社会保障給付の削減による財政再建の方針を決めた。同年11月22日に、政府は「公務員給与・最低賃金・社会保障給付の凍結を宣言」し、「政府は大幅な賃金上昇を防ぐため、労使双方に圧力をかけ、賃金の抑制を要求」し、「政府による強権的な介入を避けつつ、雇用の確保、企業業績の回復に取り組む必要性を感じていた労使のリーダーもこれに応じた」。これにより、11月24日にワセナールにおいて政労使の三者が協議を行い、いわゆるワセナール合意協定が結

（8）水島（2012、51頁）。

ばれたのである⁽⁹⁾。この協定では、企業の国際競争力の回復を目的に、労働組合は賃上げ抑制をする一方、他方で経営者は労働時間短縮と雇用確保を、政府は減税と財政赤字削減を行うことが取り決められた⁽¹⁰⁾。これにより財政再建がルベルス政権、後のコック政権という二つの政権における政策方針の基本路線となっていった。このワセナール合意による賃金抑制が雇用と経済の回復に大きく寄与したことが、「オランダモデル」の画期であるとみなされてきた。

ワセナール合意以降のオランダの経済動向をみていく。図9-1は、経済成長率と失業率を示している。経済成長率は1975年の5.1％を境に低下しワセナール合意の前年の1981年にはマイナス成長となった。ルベルス政権期は1989-90年を除き2～3％と相対的に低い一方で、コック政権期は1997-2000年に4％を超える成長率となっている。オランダの失業率は1980-83年に著しく上昇し、1983年に12.7％を記録したが、その後1983-92年で6.5％ポイント、1994-2001年で5.8％ポイントの下げ幅で大きく低下した。イギリスにも同様の変化がみられるが、1990年代初頭の上昇期にはイギリスやフランスの失業率の方が高く、下げ幅もオランダはより大きなことを示している。この失業率の低下が、「オランダモデル」の一つの「成果」として理解されている。

しかし、この「成果」に対して、賃金抑制が実際にはワセナール合意を結ぶ以前の1979年から行われており、実質賃金が1979-82年で5％も低下している⁽¹¹⁾。また経済回復は1990年代から2000年初頭に起きた住宅価格高騰による影響が大きいと指摘されている⁽¹²⁾。

（9）このときの労使の代表者は、使用者団体であるオランダ企業連合（Verbond van Nederlandse Ondernemingen: VNO）代表ファン・フェーン（Chris van Veen）と、オランダ労働組合連盟（Federatie Nederlandse Vakbeweging: FNV）代表で、後に労働党の党首となり2期にわたる連立政権の首相となるヴィム・コック（Wim Kok）であった。合意文書はそのほかに6名を含む9名の署名がされている。

（10）労働者が賃金抑制を受け入れた背景には、労働者にとってはインフレの影響を受け、当初賃上げを訴えて多くのストを実施するも、80年代に入ると失業率の深刻な悪化を受け、賃上げよりも雇用確保を優先事項として考えるようになったことが挙げられる（水島 2012、50頁）。

（11）Delsen（2002, p.28）. Delsen は、この認識について「オランダの神話（Dutch myth）」と称している。

（12）Becker（2005, p.1083）. Becker は、Delsen 同様に「ワセナールの神話（the Wassenaar myth）」と称している。

図9-1　経済成長率および失業率の推移

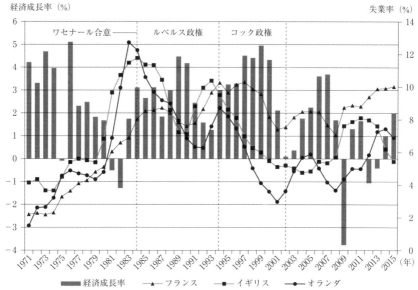

経済成長率（%）　　　　　　　　　　　　　　　　　　　　　　　　　失業率（%）

出所：OECD stat より作成。島村（2017）。

　失業率を引き下げた要因としては、ワセナール合意による賃金抑制ではなく、フルタイム雇用が停滞する一方で、劇的に雇用者数が増加したパートタイム雇用およびフレキシブル雇用といった形態の雇用であった。オランダの雇用全体に占めるパートタイム労働の割合は、1983年の18.5%から一貫して増加傾向にあり、1987年には26.3%、2002年には34%まで上昇している。パ[13]ートタイム労働の多くは女性労働者であり、これが労働力率とともに就業率も上昇させることになり、「オランダモデル」を象徴する変化となった。ま[14]たオランダの失業率については、障害保険にあたる就労不能保険（WAO）が吸収する実質的な失業者数を反映しておらず、「隠れた失業者」の存在も大

(13)　OECD stat *"Incidence of FTPT employment - common definition."*（http://stats.oecd.org　最終閲覧日：2017年10月13日 2：00）
(14)　Delsen（2002）p.41, Figure 2.3. 1987年を100とした雇用者数の増加率は、フルタイム労働者が1999年まで110未満を推移しているのに対し、1999年のパートタイム労働は約160、フレキシブル労働は約200まで増加した。

(15)
きい。衰退産業の高齢・非熟練労働者のブルーカラー層にとっては、失業保険に比べて就労不能保険は期限がなく、給付額も多い。また企業にとっても経済的な負担を負うことなく余剰人員を削減できるため、就労不能保険は労使双方に都合がよい労働市場からの早期退出ルートとして利用されるのが一般的であった。労使の利害が一致したのに加え、政府は表面上失業率を悪化させないことにもなるため、就労不能保険は「隠れた失業者」という形で失業者を吸収する制度として機能していたのである。就労不能保険の受給者数は、1975年から急増し1992年には90万人を超えるものとなった。1992年時の人口が1,500万人、労働力率が63.8%の957万人であることを考慮すると、いかに就労不能保険が多くの実質的な失業者を吸収し、失業者数を引き下げていた、ないしは失業率の改善に寄与していたかがわかる。失業率の低下については、こうしたオランダの独自の事情があった。

2　財政収支の推移

　もう一つの成功の結果は、財政収支の改善とされている。では、実際に財政収支はどのように変化したのか。図 9 - 2 は財政収支と累積債務残高の推移を示している。1970年代から財政収支は赤字傾向であり、ワセナール合意が締結された1982年には－5.9%の財政赤字となった。累積債務残高（対GDP比）は1977年の44%から1985年には75%と急増していた。こうした中で1982年から1995年までは、政府支出および政府収入は緩やかに減少傾向を示しているものの、そのギャップを縮小するほどの歳出削減もしくは歳入増加はみられない。そのため赤字幅の削減傾向は非常に緩やかなものであり、3 期に渡るルベルス政権期には財政赤字の解消には至らなかった。ただし、累積債務残高は1985年以降約75%で推移しているところをみると、累積債務を「抑制した」と言えるだろう。

　1994年からのコック政権期には、1995年に－8.6%と大幅な財政赤字を計

---

(15)　就労不能保険（Wet op de arbeidsongeschiktheidsverzekering: WAO）は、雇用保険力の求職課の医師が労働不能クラス（Arbeidsongeschiktheidsklasse）の診断を行い、労働不能クラスに応じて給付額が決定される。この障害度の診断が実際には医師の裁量に委ねられていたことから、精神疾患などを理由に障害給付を受ける労働者が増加した。島村（2014b、157頁）。

図 9 - 2　財政収支および債務残高の推移（対 GDP 比）

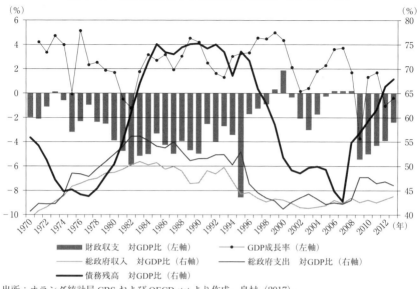

凡例：
財政収支　対GDP比（左軸）
GDP成長率（左軸）
総政府収入　対GDP比（右軸）
総政府支出　対GDP比（右軸）
債務残高　対GDP比（右軸）

出所：オランダ統計局 CBS および OECD stat より作成。島村（2017）。

上したのを除き、財政収支および累積債務残高の大幅な改善がみられる。1999年には単年度での財政黒字を実現し、債務残高は1995年の74%から2002年の49%まで大幅に解消された。政府規模の推移をみてみると、1995-96年間において政府収入に比べ、政府支出を大幅に削減している。政府支出が低下した一方で、政府収入が一定に推移したことで財政黒字を達成したことがわかる。ただし、1997-99年間において1976年に次ぐ5%の経済成長率が続いた点については留意する必要がある。

　以上、ワセナール合意以降のオランダの経済動向を概観してきた。これまでの「オランダモデル」論においては、ワセナール合意以降の経済回復は二つの政権にまたがり、「失業率の低下」と「財政状況の改善」がその成果として認識されてきた。しかしながら、失業率の低下は1982年のワセナール合意による賃金抑制が要因ではなく、女性労働者を中心とするパートタイム労働の増加と「隠れた失業者」を吸収した就労不能保険にあった。加えて、財政状況はワセナール合意以降、一貫して改善してきたわけではなく、ルベルス政権とコック政権で明確に違いがみられたことからも、財政を通じた改革

も重要な点であったと言える。そのため、この「オランダモデル」形成期の実態については、この両政権期に行われた改革がいかなるものであり、どのような違いがあったのかを明らかにする必要がある。以下では、両政権の制度改革についてみていく。

第2節　ルベルス政権の財政改革

　前節では1980年代からの経済動向について概観したが、「オランダモデル」と経済回復は単純なものではなかった。そのため、本節ではルベルス政権においてどのような制度改革が行われたのかを、みていく。

1　ルベルス政権の歳出削減策

　ワセナール合意を締結させた第1次ルベルス政権は、キリスト教民主アピール（CDA）を第一党とし、自由民主国民党（VVD）との連立による中道右派政権であった。すなわち、ワセナール合意以降の改革を「オランダ版第三の道」として理解するには、このルベルス政権を考慮しなければならない。財政赤字の縮小と景気回復を政策課題として、ワセナール合意では労働組合に賃上げの抑制を求めていたことから、政府の財政再建策は税および社会保障負担の増加は伴わずに行うことが方針であった。そのためルベルス政権は公共部門支出と社会保障支出の削減による増税なき財政再建策を志向した。

　同政権では、連立政権発足時の政策合意において、1982年に国民純所得（NNI）比で財政赤字を12.5%、1986年までに同7.4%まで削減することを取り決めていた。その実現に向けた財政運営においては、タイム・パス・アプローチと呼ばれる、毎年の中央政府予算において財政赤字の削減目標を設定する方法を採用した。[16] しかし、結果的には石油価格の低下と同じくして天然ガスの売却収入の減収により、財政状況の改善は十分なものとは言えなかった。[17] このタイム・パス・アプローチの導入は予算編成を厳格なものとしたが、予

---

(16) 第1次政権期の1983-86年間において、毎年1.5%ポイントの財政赤字の削減目標が設定され、第2次政権期（1986-90年）では1.0%ポイント、第3次政権（1990-94年）では0.5%ポイントの削減目標とした。島村（2017）。

(17) OECD（1985）.

算編成が単年度志向になり、また生まれた歳入余剰が削減目標ではなく追加
的な財政支出に使われるなどの問題点があった。[18]　図9－2をみてみると、ル
ベルス政権期の財政赤字は緩やかに減少傾向であったものの、赤字基調は改
善されなかった。

　ルベルス政権での歳出削減は、公的部門の縮小が中心となっていた。民営
化では、中央政府および地方自治体の公営企業の売却が挙げられる。[19]　図9－
3は、政府収入および政府支出の内訳推移（対GDP比）を示している。政府
支出をみると、公共部門の人件費および現金給付による総社会給付が1980年
代前半から89年まで低下しており、90年代からは鈍化している。しかし、コ
ック労働党と連立を組む第3次政権期ではこうした傾向がみられておらず、
むしろ「現金給付による総社会給付」と「現物給付による総社会給付」の押
し上げによる総社会給付の微増がみられる。これは第3次政権期のうち1990
－93年は、経済成長率も低下し失業率も上昇していることから、景気による
影響とみられる。この点は、ルベルス政権において第1・2次と第3次との
状況の違いに留意する必要がある。またコック政権期においては、現金給付
による総社会給付を中心に総社会給付費が1994年から2000年までに急激に削
減されたことを示している。

　ルベルス政権の具体的な歳出削減案は人件費の削減が主たる手段であった
が、加えて公共部門の縮小において分権化改革（*decentralisatie*）を始めてい
る。この改革は、中央政府を政策立案に集中させるため、プロヴィンス（県：
provincie）やヘメーンテ（市町村：*gemeente*）への執行業務とその権限の移譲
を目的とした。1984年に成立した財源配分法で特定補助金の項目数の削減
（包括化）および廃止が定められ、自治体数の削減が行われた。これにより、
地方自治体の歳入構造は特定補助金から一般補助金による財源保障へと移行
していった。[20]　この地方分権改革は中央政府が主導したものであり、後のコッ

(18)　Berndsen（2001, p.373）.

(19)　対象となった公営企業は、プロヴィンス銀行、ヘメーンテ銀行、水道・電力・公共
　　交通分野の公営企業である。第2次政権では、1989年に郵便・電信・電話事業（Pos-
　　terijen, Telegrafie en Telefonie: PTT）が民営化された。

(20)　特定補助金は地方財政収入の7割を占め、500以上に細分化され複雑になっていた。
　　それに伴い地方財政が硬直的になっていたことに対し、自治体側も不満が高まってい
　　た。島村（2013b）。

図9-3 政府収入および政府支出（性質別）の推移（対GDP比）

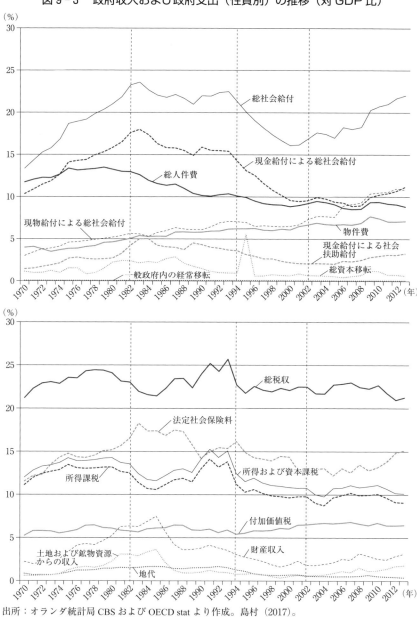

出所：オランダ統計局 CBS および OECD stat より作成。島村（2017）。

ク政権においてもこの分権改革は引き継がれていった。そして、この分権改革によって地方自治体に裁量性が付与されたことにより、コック政権が実施した職業訓練や職業教育といった積極的労働市場政策の中心的な事務を基礎自治体が担っていく素地を作ることになったのである。

2　第1次・第2次ルベルス政権下の社会保障改革

　以上のように、ワセナール合意からの2期8年は、中道右派のルベルス連立政権によって財政改革が行われ、保守政権による歳出削減が行われてきた。では公共部門の縮小のみが行われたのか。ここでは、増加する社会保障支出に対し失業保険等の給付要件を厳格化する一方で、増加する女性労働者を社会保険制度に組み込んでいったルベルス政権の社会保障改革についてみていく。

　増加を続ける失業者数に対し、ルベルス政権がとった対策は被用者保険の厳格化と給付額の削減である。1987年にまず失業保険、疾病保険、就労不能保険などの被用者保険の給付水準の引下げ（従前賃金の80%から70%に）、給付期間の短縮を行い、さらに最低賃金額を最低社会保障給付額に反映する制度の連動を一時的に中断した。[21]また制度の一本化を図り、保険ベースである失業保険と福祉ベースである失業手当を統合した。これにより失業保険の受給者数は増加を続けるものの、対GDP比で1974年の0.9%から1985年に3.5%まで上昇した給付総額が、1990年2.0%まで下がり1.5%ポイントの下げ幅となった。

　これら社会保険給付における厳格化の一方で、ルベルス政権では女性労働者を社会保険に組み込んでいくことが課題に挙がっていた。衰退する製造業からサービス産業へと産業構造の転換が進むとともに、労働市場の弾力化によってパートタイム労働の雇用が広がり、増大分の雇用者の多くは女性のパートタイム労働者であった。[22]そのため1987年の改革で、夫が主たる稼ぎ手で

---

(21) 1979年に制定された調整メカニズム法（Wet aanpassingsmechanismen: WAM）により、物価上昇への対応を目的として年金給付や失業給付、社会扶助給付などの社会保障給付額が最低賃金額に連動するようになった。しかし、1980年代の不況と大量失業により、社会保障給付が急増したことで、自動調整は一時中断された。その後、引上げを凍結する権限を政府に与えた新調整メカニズム法（Wet koppeling met afwijkingsmogelijkhed: WKA）が1992年に制定された。島村（2014b）。

ある女性に、26週を超える失業で失業保険の給付資格を付与し、給付対象を拡大させたのである。

3　中道左派の第3次ルベルス政権

　第3次ルベルス政権は、これまで連立を組んでいた自由民主国民党（VVD）が離脱し労働党（PvdA）との連立となったことから、中道左派政権として発足することになった。しばしば「第三の道」論においてオランダが例外的な位置づけとして論じられてきた理由の一つには、1992年アメリカのクリントンの大統領選挙や94年イギリスのブレアの労働党党首選出に先駆けて、すでにオランダ労働党が86年からすでに政策綱領の刷新に取り組み、旧労働党の政策と決別し、「第三の道」概念の登場以前から近しい改革志向を持っていた点にある。87年にヴィム・コックが労働党党首に選出され、89年の選挙でわずかに議席を減らしつつも、労働党は第3次ルベルス連立政権に参加することとなった。コックは財務大臣として連立政権に参加した当初は、厳格な歳出削減政策は一段落したとみていたが、実際には財政上の課題は残っていた。その結果、「楽観的な表現が並ぶ綱領があるにもかかわらず、オランダ労働党は中道右派政権とほんのわずかしか違わないような、限定的な政策を実施せざるを得ない状況に追い込まれ」、緊縮財政をより推進する立場に立たされたのである。[23]

　給付水準の引下げで緊縮財政を行ってきたルベルス政権であったが、当初の成果は十分と言えるものではなかった。給付費総額の増加を止めることにはなったものの、受給者数を減少させることはできず増加を続けたのである。図9-4の社会保障受給者数の推移をみてみると、就労不能保険の受給者数は、1970年に30万人だったものが、1982年に70万人を超え、第3次政権末期の1993年には90万人を超えていた。そのため、第3次ルベルス政権では、

---

(22) 1980年代に入り、サービス業の中ではまず医療・福祉サービスの発展に伴い女性のパートタイム労働が拡大し、次に金融・保険業に波及し、産業界全体に女性のパートタイム労働が積極的に受け入れられるようになった（前田 1998、94-95頁）。またフルタイムではなくパートタイム労働が選択されたことの背景には、1970年代までは性別役割分業に基づく家族が多く、女性の就業において保育所などの家族サービスが十分に供給されていなかったことが挙げられる。

(23) ベッカー／クーペルス（1998=2009）348頁。

図 9 - 4　就労不能保険と失業保険の受給者数および給付額推移

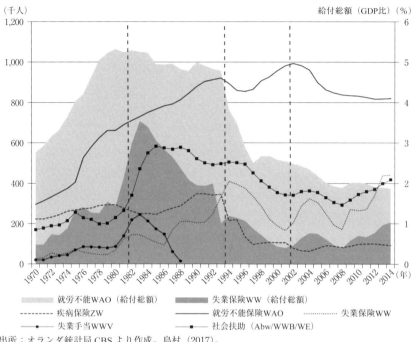

出所：オランダ統計局 CBS より作成。島村（2017）。

1992年に成立した就労不能者数抑制法により、就労不能保険受給者の増加に対して使用者に「罰金」を科すなど、企業努力による受給者数の抑制を促した。この就労不能保険の改革は、労働党にとっては労働組合の支持を著しく失い、数万人規模で労働党員を失う結果となった。[24] 第一党であったキリスト教民主アピール（CDA）も同様に、1994年の選挙で大きく議席を減らした。

　第 3 次ルベルス政権は大きな争点となっていた就労不能保険改革の一方で、女性労働者・パートタイム労働者に対する社会保険の適用拡大に伴い、適合的な制度の必要性が指摘されたことから、1990年に抜本的な税制改革を行っている。[25] この改革では、所得税の簡素化を目的に税率のフラット化、雇用主負担の軽減を目的とした社会保険料の労使負担分の見直し、およびパートタ

（24）ベッカー／クーペルス（1998=2009）349頁。

イム労働等の雇用形態の多様化への対応が図られた。1990年税制改革では、EC指定に基づき男女平等を重視した共働き世帯への控除の見直し、社会保険料と所得税の課税ベースを統合した。先に挙げた図9-3をみると、1990年改革で所得税収により総税収は増収となっており、図9-2においても財政収支の改善がみられる。第3次ルベルス政権ではそれ以前と異なり、歳出削減だけでなく税制改革による増税によっても財政再建が図られたのである。

　以上みてきたように、3期に渡るルベルス政権は、公共部門の縮小による歳出削減によって財政再建を図った。しかしながら、給付額の引下げや要件の厳格化によって失業率を大幅に引き下げたものの、実質的な失業者が就労不能保険によって吸収されていた実態があった。こうした被用者保険における改革は「産業別の労使が被用者保険の運営を一手に握り、労働力の退出を進める現行制度への批判」に応えるものではなく、ルベルス政権では問題の核心に着手するには至らなかったのである。また財政再建においても歳出削減中心の再建策では十分と言えるものではなく、第3次政権期で税制改革により増収としたものの、財政面における「成功」はコック政権に持ち越されることとなった。

　これらルベルス政権の評価においては、社会保障支出の削減や給付の厳格化などの改革を行いつつも、失業率の低下や財政収支の改善の指標においては著しい「成果」を享受することができなかった。しかし、労働党と連立し中道左派となった第3次政権においては、1990年税制改革や1992年就労不能者数抑制法を成立させ、抜本的な改革に着手している。さらにコック政権ではルベルス政権下の分権化改革や社会保障制度改革を基礎とし政策方針が引き継がれていかれることからも、ルベルス政権における財政改革の「オラン

---

(25) 1990年の税制改革は、1985年にオールト（C. J. Oort）を中心としたオールト委員会による改革案に基づき行われ、税制の簡素化、課税ベースの拡大、労働供給への影響を論点としていた。島村（2014a）。
(26) EC指令では、社会保障において男女平等の待遇を確保することを義務づけており、オランダにおいては配偶者の所得がDfl.4250以下の場合、同程度の所得の単身者よりも社会保険料負担が小さくなる格差が生じていた。女性の労働市場参入が促進されていた当時においては、共働き世帯も含めてこの格差は解消すべき問題であった。島村（2014a）。
(27) 水島（2012）56頁。

ダモデルの成功」への貢献は大きかったといえる。

第 3 節　コックの「第三の道」

本節では、ルベルス政権に次いで発足したコックを首相とする紫政権でいかなる改革が行われてきたのか、みていく。

1　コック政権の就労不能保険改革

1994年の選挙では、キリスト教民主アピール（CDA）が歴史的大敗を喫し、76年ぶりに下野することとなった。それにより第一党となった労働党（PvdA）を中心とし、躍進した自由民主国民党（VVD）と民主66党との連立による紫連立政権が発足することとなった。当初、コック労働党は就労不能保険改革への反発から労働組合や党員の支持を失い、野党に転落することが確実視されていた。実際に議席の4分の1を失う結果となったが、労働党以上にキリスト教民主アピールの選挙結果が惨憺たるものであったために、第一党となった。[(28)] 支持層からの反発を受けながらも、コック政権はルベルス政権からより一層の就労不能保険改革を推進する。就労不能保険の改革は、「オランダ版第四条項の削除」ともいえるほど、労働党にとっては「聖域」への改革を意味していた。[(29)]

ルベルス政権下での給付額の削減や受給要件の厳格化による改革では給付額の抑制を試みたが、就労不能保険の保険運営に労使の影響力が残り、受給者数の削減には至らなかったことから、コック政権では労使の影響力を排除することを目的としたのである。コック連立政権では、1993年に提出されたブールメイエル委員会の報告書（『社会保険関連法の執行機関の機能に関する議会調査報告』）に基づき、労使の影響力の排除、給付より再就労を優先する仕組みの導入を改革方針とした。[(30)] 1995年、1997年と二度にわたる社会保険組織

---

(28) キリスト教民主アピールの議席は、選挙戦術の失敗や党内の内紛などの影響から、1989年時に54議席あったものが、1994年の選挙では34議席まで減らし惨敗であった。同様に、労働党も1989年時の49議席から37議席とおよそ4分の1を失う結果であった。

(29) ベッカー／クーペルス（1998=2009）349頁。これはブレアがイギリス労働党の象徴とされてきた党綱領第四条（主要生産手段の国有化をめざす）を削除し、新たな労働党の性格を示したことに喩えたことを意味する。

法の改正で、19ほど存在していた産業保険組合が廃止され、被用者保険の運営を担う合同機関に吸収されるといった抜本的な改革が行われた。[31] これにより被用者保険の運営から労使の影響力を排し、政府ないしは公的な監視のもとで再編成されることになったのである。

また1997年に先行ペンバ法、1998年にペンバ法（Wet Pemba）と呼ばれる法律が施行され、これが受給額の大幅な抑制をもたらした。[32] このペンバ法は、就労不能保険が労使双方に有利に働く労働市場からの退出ルートであったことを受け、受給者に支払う給付額のうち最初の5年間分を政府が企業に対して負担を求め、従来被用者負担となっていた保険料を一部民間保険として使用者負担とするというものであった。これにより、就労不能保険に対する政府支出を大幅に抑えることになり、企業に対しても受給者抑制のインセンティブを働かせることになったのである。ただし、コック政権期の就労不能保険の受給者数は一時的な減少以降は増加傾向にあったことを鑑みると、受給者数の抑制という点に対する改革成果については検討の余地があると思われる（図9-4）。

2　コック政権の積極的労働市場政策

ルベルス政権では社会保障支出の増加に対し給付額の抑制という方法をとったが、社会保障受給者数を減少させるには至らなかった。そのため、コック政権は就労促進を軸にした社会保障改革を行っていくことになる。

第1次コック政権は、失業保険において失業給付の受給には求職活動や職

---

(30)　水島（2012、56-57頁）。1992年3月当時野党だった自由民主国民党（VVD）、民主66党、グリーン・レフトの三党が、社会保険の運営方法に関して調査を申し立てたことで調査委員会が設置され、労働党のブールメイエルを委員長として、被用者保険の現状と問題点について包括的な調査を行った。

(31)　同上（2012、57頁）。社会保険組織法（Organisatiewet Sociale Verzekeringen 1995、同1997）。

(32)　ペンバ法とは「就労不能保険における保険料差別化と市場機能化法（de Wet premiedifferentiatie en marktwerking bij arbeidsongeschiktheidsverzekeringen: Wet Pemba）」（1998年1月1日施行）の略称。これに先立ち、先行ペンバ法（Invoeringswet nieuwe en gewijzigde arbeidsongeschiktheidsregelingen: invoeringswet Pemba）が1997年4月24日に施行された。保険料額は企業及び全国平均によって決められ、受給率が高い企業には保険料の上昇が適用されるとした。

業訓練の参加を条件づけた。1996年には公的扶助の受給要件にも求職義務を課し、当局から斡旋される職に応じない場合には給付金を削減するなど、再就労へのインセンティブを付与した制度に変更した。これにより、図9－4をみてみると、1994-98年の第1次政権期には就労不能保険受給者数を除き、すべてにおいて低下している。この背景には、1990年代半ばから後半にかけて住宅価格の高騰によって景気が顕著に回復していったこともあり、これら就労促進政策を後押しする結果となった。

　さらに第2次コック政権では、社会保障と雇用政策のより一体的な運営を目的とした改革を行う。2002年に施行された雇用・所得執行組織構造法では、就労支援を行う職業紹介部門と公的扶助行政部門の一部を一体的に行う行政機関として、雇用・所得センター（Centra voor werk en inkomen）を設立した。[33]しかし、この積極的労働市場政策に対しては、労使が強固に反対の立場を表明している。労使は「改革により被用者保険の運営と就労促進事業が完全に労使の手を離れ、政府機関である被用者保険執行機構と雇用・所得センターに委ねられることに危機感を抱」き、「オランダ労働組合連盟のデ・ワール委員長は、被用者保険は『われわれの保険』であり、『われわれ労使の支出』に基づくにもかかわらず、政府がその役割を奪うことは『国家社会主義』にも比すべき暴挙であると強く批判」したのである。[34]こうした批判に対して政府は当初案を貫き、一部当該機関への参加を認められたことを以て労使側が妥協することとなった。

　加えて、こうした就労促進政策に伴い、再び税制において適合的な改革が行われている。コック政権では、実質純歳出にシーリングをかける財政運営により、1995-98年期において一般政府歳出の0.7％削減を目標として設定し、1999年には単年度財政黒字を達成した。厳格な財政運営と住宅価格の高騰による景気回復が後押しとなって財政収支が急速に改善する中で、1997年の「21世紀に向けた税制」レポートに基づき、2001年に抜本的な税制改革が行われた。この税制改革の論点は、資本所得課税のあり方と労働者に対する租

---

(33) 雇用・所得執行組織構造法（de inwerkingtreding van de wet structuur uitvoering werk en inkomen）。水島（2012、59頁）。同時に職業安定機構の就労支援部門は就労支援企業として民営化されている。

(34) 水島（2012、62頁）。

税負担引下げに焦点が当てられたことである。とりわけ、大きな変化として
は、所得控除から、勤労税額控除を含む「社会保険料減免型の給付付き税額
控除」が導入され、就労に対してディスインセンティブとなっていた所得控
除の改組が図られた。[35]加えて、この税額控除は配偶者（もしくはパートナー）
と合わせて控除可能なため、共働き・専業世帯に対して中立的な税額控除と
なり、女性労働者の労働市場参入へ積極的な促進が図られた。コック政権で
は労働市場への参入、就労促進的な政策方針に基づき、税制改革においても
政策方針に適合的な制度再編を行ったのである。

　以上にみられるように、1990年代の就労不能保険における改革は政労使三
者の政策協調というよりも、ルベルス政権で着手できなかった労使の影響力
の排除を、政治のイニシアティブによって行った改革であった。またコック
政権の社会保障の改革方針は、ルベルス政権期の厳格化を基礎としてより促
進させるものであり、その政策の行政事務を自治体が担うことを可能にした
のはルベルス政権期から続く分権化改革であった。

おわりに

　本章では、いわゆる「オランダモデル」の形成期における財政・社会保障
改革について検討してきた。最後に従来の政治学的な研究との違いを意識し
て、その概要をまとめたい。第1の論点が、「オランダモデル」と財政再建
の関係である。「オランダモデルの成果」は経済成長と財政再建、および失
業率の低下にあり、これをルベルス・コック両政権で実現したことにより一
つのモデルとして評価されることとなった。先行研究において、こうした経
済回復に政労使三者の協調政策が寄与したのかどうかについは、賛否が分か
れていた。財政・社会保障改革に関する本章の検証では、第1次、第2次ル
ベルス政権期には公的部門の縮小と失業保険における厳格化が図られたが、
第3次ルベルス政権からは就労不能保険改革に着手しており、給付抑制はル

---

(35) この社会保険料減免型の給付付き税額控除は、低所得者への再分配効果を持ちつつ
　　実際には現金給付をせず、負担すべき社会保険料から減免することによって社会保険
　　制度受給権を失わない制度であり、所得再分配効果が小さくない制度となっている。
　　詳しくは島村（2013a）を参照のこと。

ベルス政権から始まっていたと言える。コック政権ではさらに就労支援に重点を置いた福祉改革・歳出削減策がとられ、単年度の財政黒字の達成、累積債務残高の削減、失業率の低下が実現することとなったが、ルベルス政権との政策的連続性が見出される。

　第 2 に、「オランダモデル」の本質とされた政労使三者の政策協調と就労不能保険改革との関係である。企業業績の回復や雇用確保を目的とした賃金抑制を可能にした協調体制は、就労不能保険においては労使の影響下によりむしろ機能不全に陥っていた。そのため政府にとっては財政再建同様、就労不能保険を中心とする社会保障制度の改革が重要な課題であった。3 期務めたルベルス政権による改革では被用者保険を厳格化したものの、その運営面に対する改革が不十分であったためコック政権に持ち越されることとなった。そこで政策方針を引き継いだコック政権は、支持基盤である労働組合の大きな反発を受けながらも、協調体制ではなく強力な政治主導の改革を行い、運営面から労使の影響力を排除することに成功したのである。この点においては、コック政権の改革手法におけるルベルス政権との政策的非連続性が見出される。ただし、コック政権期に就労不能保険改革と併せてとられた積極的労働市場政策は、社会保障給付と職業訓練の事務を基礎自治体に移譲する形でなされたが、これを可能とした分権化改革はルベルス政権から行われたものであった。すなわち、コック政権の主軸となる政策はルベルス政権期の政策が、「土壌となり実を結んだもの」であったのである。

　以上を考えれば、社会民主主義政党であったコック政権を「オランダ版第三の道」と捉える向きもあるが、社会保障制度改革を志向した労働党政権の誕生をもってそのように認識するのは正確とは言えない。むしろ、キリスト教保守のルベルス政権からの連続性と非連続性の結果と言える。実際、ギデンズは、コックが「第三の道アプローチが『きわめて』好ましいものだと認め」つつも、「オランダの社会民主主義者たちはすでに独自に同様な理念や政策にたどり着いていたという感想」を持ったと述べている。[36] このコックの

---

(36)　Giddens（2000=2003, p.5）. これは1999年 4 月のワシントンで行われた第三の道に関する会議で発せられた発言内容であり、ビル・クリントン、トニー・ブレア、ゲアハルト・シュレーダー、コック、イタリアの首相であったマッシモ・ダレーマが出席していた。

認識は、第3次ルベルス政権に参加した際に必要に迫られたものであったと
言えるだろう。

参考文献

Becker, Uwe（2005）"An Example of Competitive Corporatism?: The Dutch Political Economy 1983-2004 in Critical Examination," *Journal of European Public Policy*, 12（6）, pp.1078-1102.

Berndsen, Ron J.（2001）"Postwar Fiscal Rules in the Netherlands: What Can We Learn for EMU," *Workshop on Fiscal Rules*, pp.367-380.

Cox, Robert H.（1993）*The Development of the Dutch Welfare State-From Workers' Insurance to Universal Entitlement*, University of Pittsburgh Press, London.

Cox, Robert H.（1998）"From Safety Net to Trampoline: Labor Market Activation in the Netherlands and Denmark," *Governance*, 11（4）, pp.397-414.

Cuperus, René（2001）"The New World and the Docial-democratic Response," in René Cuperus, Karl Duffek and Johannes Kandel eds., *Multiple Third Ways: European Social Democracy Facing the Twin Revolution of Globalisation and the Knowledge Society*, Friedrich-Ebert Stiftung, pp.151-170.

Cuperus, René, Karl Duffek and Johannes Kandel eds.（2001）*Multiple Third Ways: European Social Democracy Facing the Twin Revolution of Globalisation and the Knowledge Society*, Friedrich-Ebert Stiftung.

Delsen, Lei（2002）*Exit Polder Model?: Socioeconomic Changes in the Netherlands*, Praeger, United State.

Giddens, Anthony（1998=1999）*The Third Way: The Renewal of Social Democracy*, Polity Press.（佐和隆光訳『第三の道——効率と公正の新たな同盟』日本経済新聞社）
————（2000＝2003）*The Third Way and its Critics*, Polity Press.（今枝法之・千川剛史訳『第三の道とその批判』晃洋書房）

Green-Pedersen, Christoffer, Kees van Kersbergen and Anton Hemerijck（2001）"Neo-liberalism, the 'Third Way' or What?: Recent Social Democratic Welfare Policies in Denmark and the Netherlands," *Journal of European Public Policy*, 8（2）, pp.307-325.

Hemerijck, Anton and Jelle Visser（1999）"The Dutch Model: An Obvious Candidate for the 'Third Way'?" *European Journal of Sociology*, 40（1）, pp.103-121.

Hemerijck, Anton, Philip Manow and Kees van Kersbergen（2000）"Welfare Without Work?: Divergent Experiences of Reform in Germany and the Netherlands," in Stein Kuhnle ed. *Survival of the European Welfare State*, London and New York, Routledge.

Levy, Jonah D.（1999）"Vice into Virtue?: Progressive Politics and Welfare Reform in Continental Europe," *Politics & Society*, 27（2）, pp.239-273.

Merkel, Wolfgang（2001）"The Third Ways of Social Democracy," in René Cuperus, Karl Duffek and Johannes Kandel eds. *Multiple Third Ways: European Social Democracy Facing the Twin Revolution of Globalisation and the Knowledge Society*, Friedrich-Ebert Stiftung, pp.27-62.

Newman, Otto and Richard de Zoysa（2001）*The Promise of the Third Way*, Palgrave.

OECD（1985）*Economic Surveys: Netherland*, OECD Paris.

Rhodes, Martin（2001）"The Political Economy of Social Pacts: 'Competitive Corporatism' and European Welfare Reform," in Paul Piersoned ed. *The New Politics of the Welfare State*, Oxford University Press, pp.165-194.

Scharpf, Fritz W.（2001）"Employment and the Welfare State in the Open Economy," in René Cuperus, Karl Duffek and Johannes Kandel eds., *Multiple Third Ways: European Social Democracy Facing the Twin Revolution of Globalisation and the Knowledge Society*, Friedrich-Ebert Stiftung.

Vis, Barbara and Kees van Kersbergen（2007）"Why and How Do Political Actors Pursue Risky Reform?" *Journal of Theoretical Politics*, 19（2）, pp.153-172.

Visser, Jelle and Anton Hemerijck（1997）*A Dutch Miracle: Job Growth, Welfare Reform and Corporatism in the Netherlands*, Amsterdam University Press, Amsterdam.

秋富創（2014）「『オランダモデル』から見る第２次安倍内閣の雇用・労働規制改革——日本版『ワッセナー合意』の提案」『青山学院女子短期大学　紀要』第68巻、67-80頁。

大和田敢太（2009）「オランダの労働法制改革におけるフレキシキュリティ理念と平等原則」『日本労働研究雑誌』590号、25-34頁。

金子勝（1999）『セーフティーネットの政治経済学』ちくま新書。

―――（2015）『資本主義の克服――「共有論」で社会を変える』集英社新書。

金子勝・児玉龍彦（2004）『逆システム学――市場と生命のしくみを解き明かす』岩波新書。

菊池理夫（2004）『現代のコミュニタリアニズムと「第三の道」』風行社。

島村玲雄（2013a）「オランダにおける2001年税制改革――ボックス課税と給付付き税額控除の導入背景」日本財政学会編『「なぜ」財政再建ができないのか　財政研究第９巻』有斐閣、191-210頁。

―――（2013b）『オランダにおける「中央集権的」政府間財政関係の再検討――地方自治体における特別補助金を中心に』日本地方財政学会第21回大会報告論文。

―――（2014a）「オランダにおける所得税と社会保険料の統合の意義について――1990年改革を中心に」『「社会保障・税一体改革」後の日本財政　財政研究第10巻』有斐閣、163-180頁。

―――（2014b）「オランダの社会扶助――最低賃金制度を中心とした最低生活基準」山田篤裕・布川日佐史『貧困研究』編集委員会編『最低生活保障と社

会扶助基準──先進 8 ヶ国における決定方式と参照目標』明石書店、145-170頁。

─────（2017）「『オランダモデル』と財政改革」『貧困を考える──人生前半の社会保障と財政　財政研究第13巻』有斐閣、198-217頁。

『生活経済政策』編集部（2000）『ヨーロッパ社会民主主義「第 3 の道」論集』生活研ブックス 7 、76-81頁。

─────（2001）「新しい世界と社会民主主義の回答」『生活経済政策』編集部『ヨーロッパ社会民主主義「第 3 の道」論集（Ⅱ）』生活研ブックス 9 。

─────（2002）『ヨーロッパ社会民主主義「第 3 の道」論集（Ⅲ）──労働組合と中道左派政権』生活研ブックス12。

─────（2003）『ヨーロッパ社会民主主義「第 3 の道」論集（Ⅴ）』生活研ブックス17。

長坂寿久（2000）『オランダモデル──制度疲労なき成熟社会』日本経済新聞社。

ベッカー，フランス／ルネ・クーペルス（2009）「オランダの社会民主主義──ブレアとジョスパンのはざまで」田中浩・柴田寿子監訳『EU 時代の到来──ヨーロッパ・福祉社会・社会民主主義』未來社、343-359頁（René Cuperus and Johannes Kandel eds.（1998）*European Social Democracy, Transformation in Progress*, Amsterdam, Wiardi Beckman Stichting / Friedrich Ebert Stiftung）。

マイヤー，トーマス（2003）「モダン社会民主主義──グローバル化とリージョナル（地域）化」高木郁朗・住沢博紀・T.マイヤー『グローバル化と政治のイノベーション──「公正」の再構築をめざしての対話』ミネルヴァ書房、43-68頁。

前田信彦（1998）「オランダにおけるパートタイム労働の動向と家族生活の変化」『海外社会保障情報』124号、89-103頁。

水島治郎（2012）『反転する福祉国家──オランダモデルの光と影』岩波書店。

水島治郎編（2016）『保守の比較政治学──欧州・日本の保守政党とポピュリズム』岩波書店。

第10章

デンマークの所得税制と児童手当
——負担の公平性と課税方式の変化に着目して

倉地真太郎

はじめに[(1)]

　デンマークは、家族関係社会支出の規模が国際的に大きく、税制などの制度上高いレベルでジェンダー平等化が進んでいることから、他の北欧諸国と同じく「女性に好意的な国家（Women friendly state）」として知られている（Hernes 1987）。税制に関して言えば、デンマークでは扶養控除や配偶者控除が設けられていない。その代わりに、個人単位課税方式を採用したうえで、移転的基礎控除（詳しくは後述）と所得制限のない普遍主義的な児童手当を組み合わせている。それによって、結婚に中立的な課税方式を採りながら、児童扶養世帯に対しても配慮することができる。言い換えれば、税制上のジェンダー平等と充実した子育て支援を両立させていると言える。

　しかし、歴史的にみればデンマークで、このような特徴を持つ制度がすべて導入されたのは1980年代であった。特に税制に関しては他の北欧諸国と比べて進展が遅かったと言われる（Borchorst 2006; Ravn 2008）。確かに1960年代から女性の社会進出が急速に進んではいたが、不十分な児童手当や子育てサービスのために1980年代まで深刻な少子化に直面し、所得税負担は当時から世界で最も重いという状況だった。[(2)]　当然、子どものいない世帯にとって子ども関連支出を大幅に増やすために増税することを不公平だと感じることも無理はなかった。このような状況下で、デンマークはどのようにして重い租税

（1）　本章は、倉地（2017）を大幅加筆・修正したものである。
（2）　例えば1980年において約70％の納税者が58.2％の限界税率に直面していた（Sørensen 1988, p.46）。

負担を維持し、高いレベルでの制度的なジェンダー平等化を進め、児童手当の拡充を図ったのだろうか。

　本章では、制度上のジェンダー平等化と児童手当の拡充という 2 つの特徴を実現した1980年代の制度改革に至るまでに、どのような政治的・制度的文脈があったのかを明らかにしたい。とりわけ近年のようなデンマークの所得税と児童手当の特徴を構成する制度として、1970年の部分的な個人単位課税化、1983年の移転的基礎控除の導入、1987年の二元的所得税（Dual Income Taxation）、児童手当の拡充・普遍主義化という1970-1987年の制度改革を取り上げる。これらの制度改革は、税制上の結婚の中立化（個人単位課税）、税制上のジェンダー平等化（移転的基礎控除）、租税回避の阻止（二元的所得税）、子育て支援の拡充（児童手当）という一見するとそれぞれ異なる目的で導入されたわけだが、実は密接な関係にあることを本章で論じる。

　分析手法としては、1900年代初頭から1980年代に至るまでの所得税制（控除制度も含む）と児童手当の制度変遷を整理しながら、上であげた複数の制度改革の導入の背景や影響を、政府報告書、新聞資料、統計資料などを用いながら分析し、本章の問いを明らかにしたい。

　本章の構成は以下のとおりである。まず第 1 節では現代におけるデンマークの所得税制と児童手当の基本的構造を確認する。第 2 節では、1970年における所得税の近代化と夫婦合算課税方式から部分的な個人単位課税方式に至る制度的文脈を論じる。第 3 節では、1980年代の制度改革に着目し、特に1983年の移転的基礎控除の導入に注目する。第 4 節では、1987年税制改革の政治過程とその帰結を論じる。最後に本章の結論を述べる。

第 1 節　デンマークの所得税制と児童手当の基本的構造

1　デンマークの所得税制度の構造

　本節では、デンマーク税制の変遷を論じるうえで前提となる所得税制と社会保障制度の基本的構造を確認する。

　デンマーク財政は他の北欧諸国と同じように「高福祉高負担」として知られているが、その中でも所得税負担は OECD 諸国の中で最も重く（対 GDP 比、29.2％）、租税収入に占める割合も多く（所得税収に占める総税収比、62.6％）、

北欧諸国の中でも際立って重い。[3]

　デンマークの所得税は、国が累進部分、地方が比例部分を担うという負担構造になっている。この負担構造は、1970年の地方行政改革で基礎自治体のコムーネ（Kommune）と県のアムト（Amtskommune）が設置され、それぞれに国の所得税制の付加税として比例所得税率が導入された際に形成された。なお、病院サービスの責任と財源を担っていた県は2007年に廃止され、病院サービスは自主税源を持たない広域自治体のレギオン（Region）に吸収されたのだが、これとあわせて県所得税はコムーネ所得税に部分的に税源移譲された。

　デンマークの所得税制は地方所得税分の比重が大きい（総税収の20.1％（2013年）、平均税率24.91％（2017年））。そのため全体的に所得税制は比例的な負担構造になっており、ほとんどの納税者（約85％、2013年度）が比例税部分の地方所得税と各種拠出金のみを負担することになっている。[4]これは累進部分を担う国の所得税制の課税閾値(しきい)が非常に高い所得水準に設置されているためである。1987年税制改革以降、所得税の累進性緩和が繰り返し実施されてきた。累進性の緩和は、地方所得税率の引き上げ、国の所得税率の段階の部分的廃止と課税閾値の引き上げを組み合わせる形で行われた（最高限界税率73.1％（1986）→56.44％（2016）、閾値130,000DKK（1986）→467,300DKK（2016））。[5]

　このような、地方が比例、国が累進という所得税制の構造は1970年の源泉徴収制度導入時に形成された。しかし1970年代当時は累進度が大きい一方で多くの租税優遇措置が適用される制度構造であったため、名目的には極めて累進性が強いが、実質的には高所得者の負担が相対的に小さい租税構造になっていた。この問題を解消するために、1987年税制改革では、二元的所得税という労働所得には累進課税、資本所得は合算して比例課税を行う分離課税制度が導入された（図10‐1）。二元的所得税制は、累進的付加税（総所得ベース）の導入や所得間の統一税率の解消など、多くの修正がみられたものの、簡素な控除制度と高い比例税率で負担の公平性を確保しつつ多くの税収を集

（3）　OECD Revenue Statistics 2015より。

（4）　*Skatter og afgifter Oversigt 2015* より。

（5）　Centrale skattesatser i skattelovgivningen 2010-2017（http://www.skm.dk/skattetal/statistik/tidsserieoversigter/centrale-skattesatser-i-skattelovgivningen-2010-2017）.

図10－1　二元的所得税の概念図（1987年導入当時）

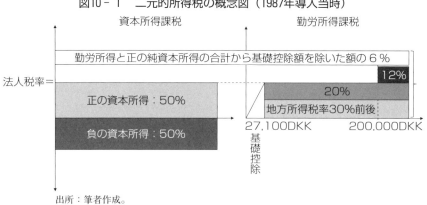

出所：筆者作成。

　めることができるという利点があった。こうしたデンマーク税制の特質は、まさに二元的所得税制導入時に形成され、2000年代以降も継承されていると言えるだろう（Ganghof 2005）。

　次にデンマークの所得税制に関する重要な特徴は、他の先進諸国と比較して課税ベースが広いことである。これはデンマークに限らず、北欧諸国に共通してみられる特徴であり、課税最低限が低く設置されているだけでなく、住宅手当と児童手当を除くほとんどの現金給付が課税所得扱いされている。そのためデンマークのほとんどの納税者は所得税、とりわけ高い税率の比例地方所得税を支払うことになっていて、財政からの受益を実感したうえで納税することができている（倉地・古市 2014）。

　最後にデンマークの所得税制で特筆すべき点は、移転的基礎控除によって結婚の実態に応じた負担の水平的公平性が確保されていることである。1970年以降、デンマークでは所得税制が夫婦合算課税から部分的な個人単位課税方式になり、1983年に移転的基礎控除が導入されてからは、パートナー間のフレキシブルな控除移転が可能となった。そのため、共働き世帯とそうでない世帯との世帯間の公平性を確保することができている。

　以上の点から、デンマーク社会では、多くの納税者が課税対象者であり、結婚の実態に関係なく、多くの世帯が同じような租税負担率に直面することから「同じように税金を支払う」という前提が共有されていると言えるだろう。

2　デンマークの児童手当の基本的構造

　以下ではデンマークの児童手当の基本的構造について概観しよう。まずデンマークの児童手当には、年齢や居住条件等を満たせば18歳未満のすべての児童に支給される所得制限のない「児童家族手当」[6]、特別な条件下（ひとり親、親が年金生活者、多子世帯などの状況で、費用が多くかかる場合）にある子どもに支給される「児童給付」制度がある。デンマークの児童手当の規模は、対 GDP 比で1.42％（2013）で、日本の児童手当の規模0.18％と比べて 8 倍近くあり、国際的にみても比較的大きい水準である。[7]

　「児童家族手当」と「児童給付」が導入されたのは1987年制度改革時であった。それ以前の「児童家族手当」には所得制限が設けられていて、給付水準も極めて小さかったが、1987年改革時に児童手当の規模は0.85％（1986）から1.37％（1988）まで急増した。改革の際、これらの児童手当の給付額は例外的に非課税扱いとなり、なおかつ児童扶養世帯に対する租税優遇措置は廃止された。もともと制度改革過程では、児童手当を子育て世帯の税還付（税額控除）として導入することが検討されていたが、最終的には手当制度に変換された経緯があったためである（Abrahamson and Wehner 2008, p.71）。また、社会扶助給付受給世帯でも同様に「児童家族手当」と「児童給付」を併給することができるようになった。

　以上のような負担と給付のバランス、とりわけ所得税制と児童手当の制度的な関係性はどのようにして形成されたのだろうか。次節では1970年の部分的な個人単位課税化に至る制度的・政治的文脈を考察する。

第 2 節　1970年代までの制度改革
──夫婦合算課税方式から部分的な個人単位課税方式へ

　デンマークでは、法的なジェンダー間の平等に関して1920年代成立の婚姻法改正が経済的市民としての平等や女性個人の権利をいち早く強調したことと対照的に、税制に関するジェンダー平等化に限っては比較的時間を要したとされる。

（6）支給額は年齢区分に応じて減少していく（0 - 2 歳、3 - 6 歳、7 -17歳）。
（7）OECD Family Database より。

　デンマークの所得税制が初めて導入されたのは1903年であった。このとき、所得税は夫婦合算課税方式であり、妻や児童は税法上、独立した存在として定められていなかった。同年に「扶養控除」、1912年には家庭外雇用で生じる世帯支出増加に伴う補填としての「妻控除（Hustrufradrag）」（1975年に廃止）、1922年には「配偶者控除（housewife bonus）」が導入された（Ravn and Bente 2010, p.52; Ravn 2000, p.116; Christensen 2003, p.4）。当時の所得税制は、二分二乗方式ではなく夫婦合算課税方式と配偶者控除・扶養控除の組み合わせを採用し、専業主婦に恩恵が集中する税制となっていたのである。

　夫婦合算課税方式が部分的な個人単位課税方式に改正されたのは、それからしばらく経った1970年のことであった。個人単位課税化に至るまでには多くの困難を乗り越える必要があった。個人単位課税化を初めて主張したのは、政府レベルではなく、「デンマークの女性社会（Dansk Kvindesamfund）」という民間団体である。「デンマークの女性社会」は20世紀初期から女性の権利向上のために個人単位課税方式の導入を主張し、粘り強く運動を展開していた。そして、その主張が政策形成レベルで検討され始めたのは1950年代のことであった。しかし、約85％の納税者が当時のシステム（夫婦合算方式、妻控除、そして配偶者控除の組み合わせ）において負担上のメリットを受けていたため、社会民主党でさえも夫婦合算課税の支持者に回り、個人単位課税方式の導入は困難を極めた（Ravn 2008, p.69）。

　しかし、1950年代後半に転機が訪れる。当時、国内では労働力不足が深刻化していた。この問題を解消するために、女性が家庭に留まるのではなく、地方政府の雇用するソーシャルワーカー等によって労働市場に参画していく必要性が検討され始めたのである。配偶者課税の政府委員会（1961年）は、夫婦合算課税方式こそが「結婚のペナルティ」であり、個人単位課税方式こそが結婚に対する中立性を確保することから、個人単位課税方式の導入、家族向け税制優遇措置の廃止、そして児童控除の引き上げ等を提案した（Ravn and Bente 2010, p.54）。改革案が実行された場合、当時一般的であった専業主婦世帯に対する租税負担は増加するが、それに対して家庭外雇用の既婚女性の世帯は負担が軽減される。個人単位課税方式は、結婚に対して中立という特徴があるが、一方で片稼ぎ世帯と共働き世帯が同じ所得を持つ場合に租税負担が同じにならないという点で世帯間の公平性を阻害する特徴を持つから

である。このような理由から社会民主党側は、個人単位課税方式案に対して、粘り強い抵抗をみせたのだが、交渉を経て1967年に法案がようやく可決されたのであった。

　もっとも、個人単位課税化といっても多くの控除制度が残存し、依然として妻や児童は世帯の一部という租税法の位置づけは変わりなかったし、適用される分離所得は既婚女性の稼得所得に限定されていた。言い換えれば、共働き夫婦の共同所得である自営業所得、あるいは資産所得に関しては、夫婦合算課税方式が継続扱いとなった。個人単位課税方式を資産所得に関して認めてしまうと配偶者間で分散させるという負担の公平性の問題が生じるからである。これにあわせて新しい配偶者控除制度が導入されて、分離所得に対しては基礎控除をそれぞれに適用するが、片稼ぎ世帯に対しては夫に対して2人分の基礎控除額を認めるようになった（Ravn 2000, p.116）。

　さらに同時期に所得税制の源泉徴収課税制度を導入したことで、申告所得税制時よりも課税所得が正確に捕捉できるようになった分、負担額が急増した。また、数々の租税局の不祥事や課税所得算定の誤りなどが明るみになり、納税者の政府に対する不満はピークに達した（Martin 2008）。このような背景から、1973年の国政選挙では、所得税廃止を掲げる反税政党・進歩党（Fremskridtspartiet）が突如第二政党にまで躍進し、以後デンマーク国政は少数与党政権を基本とした政策運営が求められるようになった。

　このように、1970年代初頭のデンマークの所得税制は総合所得課税方式を採用しながら、個人単位課税方式と夫婦合算課税方式を組み合わせる状況であり、複数の控除制度を適用する極めて複雑な制度になっていた。そして、納税者が当時の所得税制に向ける目は厳しく、いかにして所得税制を再編するかが喫緊の課題となっていたのである。

第3節　1980-1986年の制度改革──1983年移転的基礎控除の導入

　1973年12月の国政選挙後、政権は配偶者課税の委員会を立ち上げ、今後の配偶者課税のあり方について検討を開始する。検討の結果、1974年に発表された報告書では、夫婦合算課税の完全なる廃止は技術的に実現不可能であるため、個人単位課税方式を維持しつつ、例外として、使いきれなかった基礎

控除を配偶者に移転させて適用させる制度、いわゆる移転的基礎控除の導入が提案された（Folketingsudvalg 1974, p.28）。当時の控除制度は、分離所得に対して基礎控除を認めたうえで、片稼ぎ世帯に対しては夫に 2 人分の税額控除を認める制度であったため、配偶者が基礎控除適用上限未満で働く場合の共働き世帯にとって望ましくない制度となっていたのである。

　委員会の提案以後、政権は移転的基礎控除の導入を本格的に検討するようになる。これに対し、第二党の進歩党は所得税の大幅減税のために、基礎控除の大幅引き上げ（60,000DKK）（当時の 4 倍近くの基礎控除額に相当）を提案していた。しかし、進歩党の減税案は財源調達面で非現実的でいずれの政党からも賛同を得ることができず、議会内で孤立していった。とはいえ進歩党は控除制度を整理し、高所得者による租税回避を防止することには賛成であったため、上のような控除制度の再編については前向きであった。

　以上の経緯を経て、移転的基礎控除は1982年 5 月にようやく実施が決定する。図10 - 2 は、移転的基礎控除の概念図を示している。移転的基礎控除の導入によって、税制上においても夫婦間の平等を確保することができるようになった。そして、片稼ぎ世帯でも夫婦 2 人分の控除がフレキシブルに適用できるようになったので、配偶者がパートタイムの世帯等は租税負担が軽減され世帯間の公平性が改善した。[8] 1989年調査によれば20 - 49歳の女性のうち、専業主婦は 4 ％しかおらず（Andersen 1991）、ほとんどが共働き世帯を占めていたことから、移転的基礎控除制度は多くの共働き世帯に適用されることになった。

　しかし、依然として多くの納税者にとって当時の所得税制は理解することが困難であり、国際資本移動の活発化による租税回避の横行で資本所得課税は形骸化していた。当時の資本所得課税は所得の種類で税率が異なっており、多くの控除制度が残されていた。加えて労働所得課税と資本所得課税を総合的に課税する方式では、租税裁定を防止することが極めて困難であった。実際に1986年の資本所得税の純収入（控除額を差し引いた額）は、多大な控除適用の横行によって純資本所得のマイナス11％、つまり実質的に損益通算がマイナスになっており、資本所得税制が税収入を侵食していた。一方で、租

（8）ただし、資本所得の合算課税は1982年改革でも廃止されなかった。

図10-2　移転的基礎控除の概念図

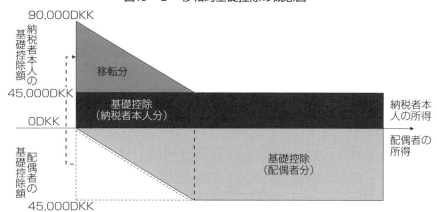

注1：移転的基礎控除の概念図を作成する際に、税制調査会第6回基礎問題小委員会（2014年10月
　　　30日）の会議資料「働き方の選択に対して中立的な税制」を中心とした所得税のあり方3」
　　　の43頁を参考にした（http://www.cao.go.jp/zei-cho/gijiroku/kiso/2014/__icsFiles/afieldfile/2014/10/
　　　30kiso 6 kai4.pdf）。
　2：控除額は2017年度の数値である。
出所：筆者作成。

税回避を用いない一部の投資家には極めて高い限界税率が適用されることに
なり、著しく水平的・垂直的公平性を欠いた税制になっていたのである
（Sørensen 1988, pp.18, 46）。

　これらの問題に対して、配偶者課税に関する政府委員会（1983年10月）は、
「結婚へのギフト」である二分二乗方式には行政的メリットがあるが、ジェ
ンダー平等からの後退だと一蹴したうえで、「資本所得が比例で課税され、
一方で労働所得が累進で課税される租税モデルが、配偶者課税がもたらす困
難さを一定程度克服する」と結論づけた。なぜなら「賃金と他の所得が常に
容易にパートナーの1人に割り当てられて、配偶者に対してより低い税率を
所得に適用することが不可能だ」からである（Folketingsudvalg 1985, p.57）。こ
の租税モデルは、二元的所得税のことを指していて、当時の政府委員会は
「分離個人・資本所得税（Separat Person og Kapitalindkomstbeskatning）」の名称で
導入を検討していた。この税制は、各所得の最低税率（50％）を比例税率で
統一するため、租税回避の余地を限りなく少なくすることができる。従来の
デンマークの所得税制は、名目上ではあるが総合所得課税方式を採用したう

えで、資本所得には種類ごとに累進的かつ複数の税率で課税し、同時に租税優遇措置を設けるという極めて複雑な構造を有していた。このような理由から、所得間の税率を統一するだけでなく、複雑な控除制度を簡素化・縮小させ、資本所得を合算して統一税率で課税することが、多くの租税回避を阻止する方法だと期待された。したがって、夫婦間で自由な基礎控除の移動が可能な移転的基礎控除制度は、このような二元的所得税制の持つ性格と極めて整合的な制度であったというわけである。

第4節　1987年税制改革──二元的所得税と児童手当の普遍主義化

1　二元的所得税の弱点と児童手当による補完

　これまでみてきたように、デンマークでは1980年代初頭までに税制上のジェンダー平等化を進めるために移転的基礎控除を導入していたものの、租税回避による所得税制の形骸化という問題が依然として残されていた。金融規制の緩和によって国際資本移動が活発化する中で、政権は所得税の公平性と収入性を改善させるという困難な課題に直面していたのである。1987年税制改革では、これらの問題を同時に解消することが目指された。

　結果からみれば1987年税制改革は、1903年所得税導入以降最も根本的な改革となり、控除と税率構造の簡素化を通じて税制上の抜け穴を埋めることに一応成功した（Matthiessen 1996, p.341）。また、総合所得課税を放棄する二元的所得税制は、比例資本所得税で経済のグローバル化に対応しながら、累進的な労働所得課税を維持することで豊富な税収を支えることができたとも評価されている（Ganghof 2005）。さらに本章の議論に沿って言えば、二元的所得税の導入は、所得税の個人単位課税方式の弱点を補完する機能を担っていたと考えられる。二元的所得税制においては、労働所得、資本所得、法人所得に対する最低税率がすべて統一される。これによって異なる所得間の所得移転による租税裁定を防ぐことができる。デンマークにおける個人単位課税方式は、資本所得課税と自営業所得に関して夫婦合算課税を維持することになっていたことから、税率がバラバラの状態では租税裁定が避けられなかった。この点において二元的所得税制は、個人単位課税方式の弱点を補完していると評価できるだろう。

　しかし、このようなメリットがあるにもかかわらず1987年税制改革の実施には、少数与党政権ゆえに幅広い政党間の合意が不可欠であり、統一的な政治的合意を結ぶことは容易ではなかった。その合意の鍵となったのが所得税制改革に合わせた児童手当の改革であった。なぜ児童手当改革であったのか。それは当時の政権が進めていた緊縮財政政策において児童手当がターゲットになっていたことが背景にある。保守国民党率いる中道右派政権は、石油ショックによる財政難を理由に、1984年度予算案で歳出削減政策の検討を開始していた。それは児童手当の歳出額を削減するために、世帯所得制限額を引き下げ、制限額を超える分だけ給付額を削減するという選別主義的政策を含むものであった。ところが、この提案は多方面、特に革新自由党から実質的な児童手当削減策だとして強い批判を浴びた。[9]もっとも政権側としては野党の意見を無視するわけにはいかなかった。フォイエル財務大臣によれば「現在のデンマーク政府は少数政権であり、少なくとも一つの野党と協力する必要があることから、社会民主党と革新自由党との合意を得なければ税制改革の半分も達成することはできな」かったからである（Nordiskaskattevetenskapliga forskningsrådets 1986）。

　一方、反税政党・進歩党の協力は必要ではなかった。実は進歩党党首のグリストロップが1983年に脱税で逮捕されてしまい、これ以降党の勢力が急速に失われていったからである。以上の状況から税制改革の合意には、与党の保守国民党、野党の社会民主党・革新自由党との三者合意が条件となったのである。

　そこで政権側は、児童手当と税制改革を同時に実施し、児童扶養世帯に児童控除拡大で実質的な減税を図る戦略に切り替えることにした。そして1984年度に控除額の引き上げに併せて、所得控除の代わりに児童小切手（Børnechecken）と呼ばれる税額控除（800DKK）が導入された。その狙いは、1984年1月国政選挙時の、「もし、（あなたが追加の：筆者注）税金を支払いたくなかったら、子どもを産み、（税金を節約して：筆者注）お金を貯めよう」という出生率の上昇を掲げたキャッチフレーズにも現れている（Nordiska skattevetenskapliga forskningsrådets 1985）。とはいえ、当時の児童手当・控除の増加

（9）"Hun siger stop," *Politiken*, 13 Oktober 1983.

幅は依然として基礎控除額の増加幅に比べて小さく、当時の政策は実質的な効果に乏しいものであった。

　児童扶養世帯に対する支援が不十分であったことは児童手当に限らない。1960年代以降、女性の社会進出が急速に進み、共働き世帯が急増していたわけだが、その半面、合計特殊出生率は1980年代中頃まで落ち込み続けていた。コムーネが運営する幼稚園の受け入れ児童数拡大も急務である一方で、コムーネの子育て政策財源は不足するなど、当時のデンマークは少なくとも子育て政策が充実しているとは言えなかったのである。[10]

　児童扶養世帯への支援充実の必要性が叫ばれる中、1984年12月に税制改革に向けた政党間協議が開始される。交渉過程では中道右派政権が二元的所得税制に加えて、児童手当の導入と児童小切手の維持、つまり手当と控除の組み合わせを提案した。この案は確かに児童手当拡充策であったが、所得制限があり、いずれにせよ選別主義的な制度であった。ところが、交渉の終盤になって革新自由党党首のバウンスゴーが「児童小切手（Børnechecken）」の額では不十分であることを理由に改革案を拒否し、その代わりに税制改革の合意条件として所得制限のない普遍主義的な「児童家族手当（Børnefamiliey-delse）」[11]の導入を要求した。この主張の背景には、二元的所得税制の比例部分（50％）が低・中所得者層にとって重い負担になってしまうことから垂直的公平性を欠いた税制になるという問題があった。[12]というのも、二元的所得税において所得間で税率を統一し、かつ以前と同程度の所得税収を維持しようとすれば、最低税率の比例部分を高めに設定することは回避できなかったからである。そのため低・中所得層に対する負担軽減策は、税率の変更ではなく、控除や給付などを通じて行う必要があったのである。

　さらに、児童小切手が社会扶助受給者に適用されないことや離婚した元夫婦うち児童を引き取っていない方に税務上の手続きの不備で児童小切手が支[13]

---

(10)　ほかにも、デンマークでは1960年に母子の健康保障目的で母親休暇が導入されてはいたが、短い期間しか保障されていなかった。

(11)　"Kontant støtte til børnefamilier," *Politiken*, 29 April 1985, p.1.

(12)　所得税の比例部分は地方所得税が多くを占めることから、税率引き下げは困難であった。

(13)　"Børnetilskud skal laves om,"*Politiken*, 28 Oktober 1983, p.2.

払われる等のトラブルがあった、ほかにも従来の税額控除型に対する所得分⁽¹⁴⁾配上の問題が指摘されていたことがある。

　以上の問題が追及された結果、政権側は革新自由党の要求を飲み、普遍主義的制度である児童家族手当の導入を決定した。普遍主義的な児童手当になったことで、所得階層にかかわらず同額の給付が行われ、給付額自体も以前の6倍以上と大幅増となった。また控除から手当化した経緯もあって、児童家族手当は非課税となり、社会扶助受給者にも併給可能になった。さらに児童家族手当とは別に、ひとり親世帯のための児童給付の導入も決定した。ひとり親世帯のための児童給付は児童家族手当と併給可能な制度であり、高齢者・障がい者がいる児童扶養世帯も給付対象となった。

　1987年税制改革では、このように児童扶養世帯にする優遇傾向が明らかであった。これに加えて幼稚園施設の運営財源負担を従来の国とコムーネの折半方式からコムーネの全額負担方式に改め、その財源を国の所得税から地方所得税へ税源移譲をする形で行ったことも特筆すべき点であろう。コムーネ⁽¹⁵⁾への税源移譲は、国の所得税における累進部分の削減によって行われたので、結果的に所得税負担の構造はより比例的構造になり、80%以上の納税者が比例部分のみを負担することになった。

　以上の議論を経て1985年6月に政党間で税制改革と児童手当改革の合意が交わされることになった。合意内容について、後に資本所得に対する累進的付加税（総所得（労働所得と正の純資本所得から基礎控除額を除いた額）が一定額（130,000DKK）を超える分には6%の付加税）が部分的に入るという修正があったものの、基本的に二元的所得税制（最低税率を平均50%（地方所得税率を含む）で統一、200,000DKK以上は約62%）と児童家族手当はそのまま導入されることになった。また、基礎控除額が低・中所得者層対策として大幅に引き上げられることになった。⁽¹⁶⁾

---

(14) "Enlig far blev snydt; Moderen fik børnecheck," *Politiken*, 7 August 1984, p.6.

(15) 1986年度のコムーネとアムトの合計平均地方所得税率は27.3%であったが、1987年には28.3%に引き上げられた。

(16) 税務省HPより（http://www.skm.dk/aktuelt/temaer/1987-skattereformen）。

2　税制改革の効果

　次に、1987年税制改革が所得分配に与えた影響をみよう。Jensen（2001）によれば、1987年税制改革は、低・中所得に可処分所得の増加（18歳以上の個人）が集中していて、特に第5分位1位の所得階層において基礎控除額の増加による恩恵が多かった。表10-1は、1987年税制改革とそれに付随する児童手当改革による世帯児童数及び所得階層別の可処分所得の変化を、財務省が税制改革実施前に試算したものである。この表によると低所得者層ほど総所得に占める変化率が高く、かつ児童数が多いほどその変化が大きいことが確認できる。とはいえ子どものいない世帯も税制改革によって可処分所得の増加がみられる（約55％の世帯が可処分所得増、3,000DKK以下）。つまり、この改革では、児童手当の拡充と（国の所得税における）基礎控除額の引き上げによって低所得者層の児童扶養世帯が最も恩恵を受けると同時に、幅広い所得階層の人々が恩恵を受ける改革であったということである。[17]

　1991年に実施された世論調査（*Den politiske troværdighed i Danmark, 1991*）の結果によると、「1987年税制改革で租税負担はどう変わったか」と質問したところ、高所得になるほど負担が「重くなった」「非常に重くなった」と回答する割合が大きくなる傾向がみられた。これまで複数の課税ベースによる累進税制を採用していた資本所得税を一本化して比例負担にすることは、一見すると負担が軽くなるように思われる。だが、実際のところ改革以前は資本所得控除の濫用により負担をほとんどしていない高所得層が多く、比例資本所得税に一本化したことでむしろ負担が重くなったことが十分考えられる。[18]

　では基礎控除額と児童手当額の平均世帯所得に占める割合はどのような関係にあったか。それを示したのが図10-3である。基礎控除額割合の推移をみると1974年以降増加傾向にある。これはインフレの影響で増大する所得税

---

(17)　なお、1987年税制改革は、法人税率引き上げも含めて実質的には1億DKKの増収となり、基礎控除の引き上げと児童手当の拡充の財源が控除再編と法人税率引き上げによる増収によって賄われた（Drejer 1989）。

(18)　税制改革過程では、資本所得税率の統一化と控除再編が高所得者の可処分所得にどのような影響を与えるかを巡って、各政党が独自にシミュレーションを算出する事態になった（倉地 2014a）。実際にはこれまでの租税回避措置の利用具合によって税制改革の影響は異なりうる。したがって高所得者の負担増減は一概には言えないことに注意されたい。

表10-1　1987年税制改革における結婚世帯可処分所得の平均の変化

総所得	平均的な変化			総所得に占める変化率（%）		
	児童なし	児童1人	児童2人	児童なし	児童1人	児童2人
～150,000 DKK	1,200	4,100	6,800	1.1	3.7	8.2
150,000～250,000DKK	3,300	5,500	7,600	1.7	2.6	3.7
250,000～350,000DKK	3,400	4,100	6,900	1.2	1.4	2.3
350,000～450,000DKK	4,300	3,400	7,200	1.1	0.9	1.9
450,000DKK～	11,100	6,900	12,600	1.5	1.2	2.0

注：総所得とは、賃金、年金、利子、配当所得、帰属家賃などを含む所得である。
出所：Finantsministeriet（1987, p.45）より。

図10-3　基礎控除額と児童手当額の推移

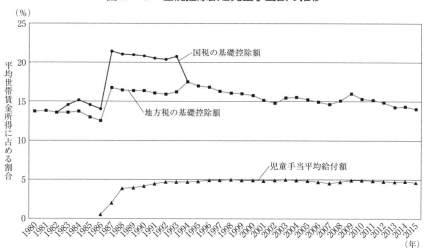

注1：1986-1989年度の間は、児童手当給付額の年齢区分はなかった。
　2：児童手当給付額は1987年、1988年と段階的に引き上げられた。
出所：Centrale skattesatser i skattelovgivningen 2010-2017（http://www.skm.dk/skattetal/statistik/tidsserieo versigter/centrale-skattesatser-i-skattelovgivningen-2010-2017）より作成。

負担を軽減する目的で基礎控除額が引き上げられたからである。デンマークでは児童手当と住宅手当以外のすべての現金給付が課税所得扱いであり、1987年から社会扶助給付でさえも課税所得扱いとなっている。社会扶助給付の水準は課税後所得が最低生活水準を下回らないように考慮されている（倉地 2014b）。つまりデンマークでは所得税の課税最低限（基礎控除額）が最低

生活水準の観点から設定されているというわけではない。そのため、課税最低限は低い水準に設定され、なおかつ物価水準と連動している。児童手当の給付水準も同様に物価水準と連動している。

　続いて両者の伸び幅を確認する。1983年から1993年に限っては地方所得税に適用される基礎控除額が国の所得税よりも幾分低く設定されていて、地方所得税の課税ベースは広く設定されていた。1987年税制改革では国の所得税の基礎控除額が児童手当導入時に大幅増となっている。つまり1987年制度改革で確かに児童手当額は急増し、児童扶養世帯に対する支援が充実したわけだが、その前後の文脈をみると児童扶養世帯以外にも実質的な負担軽減策が行われていたのである。その意味でデンマークではさまざまな世帯間の公平性を図りながら、児童手当が拡充されていったことがわかるだろう。

　このように1903年以降の配偶者課税と児童手当・控除制度の変遷は、ジェンダー平等化や子育て支援政策の充実化を図るだけでなく、分配上の世帯間の公平性を追求していく文脈で捉える必要がある。特に児童手当の拡充は税制内での公平性の追求の結果、それでも取りこぼされてしまう児童扶養世帯に対する措置であったとみることができる。

おわりに

　本章では、デンマークにおける税制のジェンダー平等化と児童控除・手当制度の歴史的発展を分析した。

　まず本論で紹介した制度改革の流れを簡単に整理しよう。まず税制上のジェンダー平等化は、ときには社会民主党の抵抗もありながら、長い過程を経て進んだということである。1970年から部分的な個人単位課税化が施行されたが、この課税方式は専業主婦世帯の負担を引き上げ、反税政党の台頭をもたらす一因となった。そして、重い租税負担を逃れるために、多くの納税者が個人単位課税化に伴う所得・控除移転を巧みに使うことによって租税回避を試み、その結果、所得税制は高い税率に反して形骸化していくことになる。

　続く1980年代は、いかにして税制上のジェンダー平等化を進めつつ、抜け穴の少ない税制を構築していくかが課題となった。そこで政府は1983年に移転的基礎控除を導入し、少なくとも所得税制上でのジェンダー平等化を進め

ることができた。⁽¹⁹⁾しかし、当時の所得税制は全体でみて配偶者間の所得移転による税制上の抜け穴の拡大を容認する制度構造になっていた。そのため、世帯間の負担の公平性をより改善するためには、所得移転による租税回避の影響が最も少ない比例税率化が望ましいと考えられたのである。とはいえ完全なフラットタックスでは税収が集まらない。だからこそ、租税回避の余地を少なくし、かつ税収を多く集めることができる二元的所得税が提案された。しかしこの制度には弱点があった。それは所得間で統一する最低税率を高く設定する必要があったために、低・中所得者層の負担が相対的に重くなってしまい、垂直的公平性を損なうというものである。そこで考えられたのが、資本所得に対する付加税と児童手当の普遍化であった。もっとも1987年税制改革は、法人税率引き上げ分を財源にして基礎控除を大幅に引き上げた影響もあるため、児童扶養世帯に限らず、低・中所得者層全般にわたって広く便益が行き渡る改革でもあった。

　以上の制度的文脈を踏まえて、最後に本章の結論を二点に分けて述べたい。

　第一に、課税方式の歴史的変遷についてである。多くの先進諸国において、夫婦合算課税方式から個人単位課税化（あるいは二分二乗方式）への移行は、女性の社会進出による家族形態の変化によって、一般的なトレンドであった。デンマークの事例も基本的にその潮流の中に位置づけられる。

　個人単位課税方式は、結婚に対して「課税の中立性」を確保するが、資産所得や自営業所得の扱いについては例外としなければならず、また共働き世帯が最もプラスの影響を受けることから、異なる結婚の状態によって軋轢が生じる。もっとも結婚が消費面から経済力に与える影響を踏まえた望ましい条件としてあげられる「オルドマン＝テンプルの三原則」⁽²⁰⁾に基づくと、個人単位課税方式、二分二乗方式、そして夫婦合算課税方式はいずれも三原則

---

(19) ただし、同性パートナーシップ制度（同性婚）が導入されるのは1989年であり、移転的基礎控除導入の時点では正確に言えば税制上のジェンダー平等化ではなく、あくまで男女間カップルの平等化が進んだということであった。

(20) オルドマン＝テンプルの三原則とは、①結婚前の独身者所得と夫婦2人世帯所得の合計が同じ場合には、前者に重く課税すること、②結婚前の2人世帯所得と結婚後のそれが等しい場合には、後者を重く課税すること、③共働き世帯、共稼ぎ世帯（自営業世帯等）、片稼ぎ世帯の所得が同じ場合には、片稼ぎ夫婦の課税を重くすること、である（神野 1995）。

を同時に満たすことはできない。言い換えれば、一つの課税方式、例えば個人単位課税方式がさまざまな結婚の実態を把握することが不可能であると理解することもできる（神野 1995）。

とはいえ、移転的基礎控除は、こうした個人単位課税方式のデメリット（結婚状態における世帯間の公平性が確保されない問題や夫婦間の租税回避の横行）を完全ではないが部分的に緩和するための制度であったと言える。また二元的所得税制は、資本所得課税を個人単位課税化できないことによって生じる租税回避措置を防ぐ役割があったと評価することができるだろう。

第二に、児童手当制度の改革についてである。もっとも児童手当給付額の拡充そのものは、デンマーク独自のものというわけではない。第二次世界大戦以降、先進諸国は社会保障制度を順調に発展させてきたが、1970年代以降からは福祉国家の画一性が批判されるようになり、政策形成過程において、労使階級の対立だけでなく、ジェンダー平等、移民の権利、環境などの新しい対立が浮上し、さまざまなアクターが参加するようになってきた（田中 2017）。1980年代は、このような背景から児童手当の拡充は北欧諸国に限らず、フランスなどの欧州諸国でもみられた現象であった。

しかし、当時世界で初めて二元的所得税を導入する状況の中で、児童手当の拡充と普遍主義化が、所得税制の垂直的公平性の問題を解消するために実施された側面も重要である。第一の点と関連して言えば、それはさまざまな結婚の実態を踏まえながら税制内のみで改善していくことが難しくなり、その代わりに児童手当、すなわち税以外で公平性の改善が図られたということでもある。このようにデンマークで採用されている課税方式と普遍主義的な児童手当制度の組み合わせは、相補的に影響を及ぼしながら漸進的に形成されていったと言えるだろう。

参考文献

Abrahamson, Peter and Cecilie Wehner (2008) "Current Issues of Family Policy in Denmark," in Ilona Ostner and Christoph Schmitt eds., *Family Policies in the Context of Family Change*, Wiesbaden: VS Verlag. pp.57–74.

Andersen, Bjarne Hjorth (1991) *Børnefamiliernes dagligdag*, Danish National Institute of Social Research, (Report 91–6).

Borchorst, Anette（2006）*Daddy Leave and Gender Equality: The Danish Case in a Scandinavian Perspective*, Aalborg: Institut for Historie, Internationale Studier og Samfundsforhold, Aalborg Universitet.

Christensen, Mølgaard, H.（2003）*Skatteberegningsreglerne gennem 100 år*, Skatteministeriet.

Drejer, Jens（1989）"Dansk National Repport," *Skattereformer*: rapporter och inlägg vid NSF: s seminariumi Hønefoss ioktober, Nordiska skattevetenskapliga forskningsrådets.

Finantsministeriet（1987）*Government Finances in Denmark January* 1986, Småtryk nr. 48, p.45

Folketingsudvalg（1974）*Betænkning fra Udvalget til Forbedring af Kildeskatten om Ægtefællers Beskatning*, NR. 703.

─────（1985）*Beskatning af ægtefæller Betænkning afgivet af det af ministeren for skatter og afgifter nedsatte udvalg*, Betænkning nr. 1041.

Ganghof, Steffen（2005）"High Taxes in Hard Times How Denmark Built and Maintained a Huge Income Tax," *MPIfG Discussion Paper 05/5*.

Hernes, Helga M.（1987）*Welfare State and Woman Power*, Essays in state feminism, Norwegian University Press.

Jensen, Arne Hauge（2001）"Summary of Danish Tax Policy 1986-2002," *Finansministeriet Working paper no. 2/2001*.

Martin, Isaac（2008）*The Permanent Tax Revolt: How the Property Tax Transformed American Politics*, Stanford University Press.

Matthiessen, Lars（1996）"Den danske skattedebat—En torso," *National økonomisk tidsskrift*, 1996（Special Issue）, pp.341-350.

Nordiskaskattevetenskapliga forskningsrådets（1985）*Den skattemässiga behandlingen av kursvinster och kursförluster på fordringar och skulder*, Nordisk Ministerråd.

─────（1986）*Den skattemässiga behandlingen av kursvinster och kursförluster på fordringar och skulder*.

Ravn, Anna-Birte（2000）"Gender, Taxation, and the Welfare State in Denmark 1903-63," in Kari Melby, Anu Pylkkänen, Bente Rosenbeck and Chrstina C. Wetterberg eds., *The Nordic Model of Marriage and the Welfare State*, Nord Series and Nordic Council of Ministers.

─────（2008）"Married Women's Right to Pay Taxes: Debates on Gender, Economic Citizenship and Tax Law Reform in Denmark, 1945-83," in Kari Melby, Anna-Birte Ravn and Christina C. Wetterberg eds., *Gender Equality and Welfare Politics in Scandinavia: The limits of political ambition?*, pp.63-83.

Ravn, Anna-Birte and Rosenbeck Bente（2010）"Competing Meanings of Gender Equality: Family, Marriage and Tax Law in 20th Century Denmark," in Janet Fink and Åsa Lundqvist eds., *Changing Relations of Welfare*, Ashgate.

Sørensen, Peter, B.（1988）"Reforms of Danish Capital Income Taxation In The 1980s," *Finnish Economic Papers*, Volume 1, Number 1-Spring 1988.

————（1993）"Recent Tax Reform Experiments in Scandinavia," *Global Change and Transformation*, Handelshøjskolens Forlag.

倉地真太郎（2014a）「北欧諸国における租税政策の相互関係——デンマークとスウェーデンにおける二元的所得税の導入を事例として」『「社会保障・税一体改革」後の日本財政』財政研究10巻、有斐閣。

————（2014b）「デンマークの社会扶助——現金援助金の給付水準決定方式と給付基準の変遷」山田篤裕・布川日佐史・『貧困研究』編集委員会編『最低生活保障と社会扶助基準——先進8ヶ国における決定方式と参照目標』明石書店、171-194頁。

————（2017）「デンマークにおける児童手当と移転的基礎控除——税制上のジェンダー平等化過程に着目して」『生活経済政策』2017年4月号（No.243）24-28頁。

倉地真太郎・古市将人（2014）「北欧諸国の財政運営——デンマークとスウェーデンを中心に」小西砂千夫編『日本財政の現代史Ⅲ』有斐閣、265-285頁。

神野直彦（1995）「結婚にかかわる税金」吉川弘之ほか『結婚（東京大学公開講座）』東京大学出版会、187-210頁。

田中拓道（2017）『福祉政治史——格差に抗するデモクラシー』勁草書房。

〈その他の資料〉
OECD Family Database
OECD Revenue Statistics
Politiken
Skatter og afgifter Oversigt

第11章

アメリカにおける産業構造の変化と法人税向け租税支出の変遷
——2000年代以降を中心に

はじめに

　アメリカの租税支出は、他国と比較しても極めて大きい。その量的推移に関する研究は、これまで主に社会保障、教育、住宅など個人向けのものが中心であった。法人税の租税支出規模は、一部の時期を除いて、個人向けと比較して小さかったためであるが、同時にそれがなぜ小さいまま温存されたのか、その内部での各種制度がどのように量的に変遷したのかについて、関心が低いままであった。1990年代における法人向け租税支出の停滞の要因について、それが産業構造の変遷と加速度減価償却制度（Modified Accelerated Cost Recovery System）の制度的陳腐化にあったとの分析はすでに示している（吉弘 2006）。しかし、2000年代に入り加速度減価償却制度は再び政策的に利用されるようになってきている。

　本章では、こうした変遷の背景にある政治的意図、また、法人向け租税支出が1990年代と2000年代以降で実態の経済からいかなる影響を受けて変化したのかを明らかにしていく。その手段として、租税支出の量的変動を主に上位5つの項目を参考に確認し、加速度減価償却制度に重点を置いてみていく。また、2000年代にブッシュ政権、オバマ政権でこの制度がどのように活用されたのかを議会における委員会と公聴会資料等を中心に読み解いていく。法人税向け租税支出が、産業構造や企業行動、経済構造とどのように結びつき、そのネガポジとして発現するのかを明らかにするのが、本章の目的である。

第1節　租税支出の概要

　租税支出とは、税制上の優遇措置を、直接支出に代替して支出される政府歳出として定義し、予算形成過程において管理することを目的に Stanley Surrey により1960年代に確立された議論である（Mozumi 2017）。1974年財政法（The Budget Act（Section 3(3) of Public Law 93-344）では、これを「（租税支出とは）連邦所得税法において許された、（特別な）非課税所得、基礎控除、調整前所得からの所得控除、（特別な）税額控除、優遇税率、租税負担の繰り延べ措置、のことである」と定義している。また、連邦所得税と法人税に関しては、議会に対してリストの提出が義務化されている[1]。

　現在、アメリカにおいて租税支出のリストを提出している機関は、アメリカ財務省と両院租税委員会（Joint Committee on Taxation）の2つである。両組織では、リストや租税支出を計算するための根拠方法が時期に従って若干異なりをみせる。

　財務省は、1968年以来、租税支出のリストを提出している。これは、連邦予算書内の Analytical Perspectives として収録されており，他の歳出歳入予算とは別に記述されることで独自リストとしての役割を果たしている。租税支出は、その算出方法として「歳入ベース法（revenue base）」が最も古いものとなる。これは、歳入見込みから同制度の影響を単純推計し減算する方法である。1980年代に入り、財務省はこれに加え「歳出ベース法（expenditure base)」を加えて計算している。これは、直接支出に代替した場合の租税支出の影響額を推計している。算出の際、現行の制度が租税支出かどうかを判定するために必要とされるベースラインとして、理論的な包括所得税を採用するか、所得控除の範囲（例えば基礎控除や扶養控除といったもの）を現行法に近いものにするかによって、租税支出として見積もられる制度が変更される。財務省は参照課税ベースをたびたび変更しており、後述する両院租税委員会よりも現行制度に近い、狭い課税ベースを採用する傾向にあるとされる。2000年代には所得ベースでなく支出税ベースを採用した場合の租税支出の規模を推計しており、アメリカにおける現行制度および包括的な税制改革を意

（1）以下、アメリカ租税支出の詳細については、Altshuler and Dietz（2011）の記述によっている。

識した形で報告書が提出されているといえよう。

　両院租税委員会は1972年から Estimates of Federal Tax Expenditures の名で、租税支出のリストを提出している。財務省の報告書よりも項目や算出法に変化がないため、時系列での分析を行う場合はこちらの統計を使うのが望ましいとされる（Altshuler and Dietz 2011, p.461f）。

　アメリカの租税支出の規模は、先進諸国中最大であり、対 GDP 比で 2 ％を超える規模が供されている（谷・吉弘 2011）。著名な著作である Howard (1997)（*The Hidden Welfare State* ／隠れた福祉国家）では、租税支出が活発に利用されることについて、アメリカが直接支出だけなく、租税により間接的に再分配を行う構造を持った福祉国家であり、勤労所得税額控除や住宅ローン利子控除がその主たる手段であった、とのべている。

　このため、租税支出の中心は1986年税制改革以降、個人所得税に対するものが大きな割合を示している（Toder 1999; Rogers and Toder 2011）。一方、法人税に関する租税支出の規模は1986年改革以降、1990年代に入って大きく伸びることがなかった。ただし、2000年代に入ってからは微増する時期を経験している。表11－1は法人税の租税支出について上位5つをピックアップしリスト化したものである。1990年代から2000年代にかけて、法人向け租税支出の構成には、次のような傾向がみられる。90年代はほぼすべての時期でトップ1位に加速度減価償却制度が挙がっている。2000年代に入ると外国所得税額控除や企業の海外所得の課税繰り延べなどが急速にその地位を上昇させている。ただし、2000年代も少なくとも2013年までは加速度減価償却制度は依然、極めて大きな役割を法人向け租税支出の中で発揮している。続いて、加速度減価償却制度の概要および、その変遷などについて増減の理由を読み解いていく。

表11－1　法人向け租税支出の上位 5 位の推移

(10億ドル)

順位	1991年	1992年	1993年	1994年	1995年
1位	減価償却制度における優遇措置 (depreciation on equipment in excess of alternative depreciation system) 12.4	減価償却制度における優遇措置 (depreciation on equipment in excess of alternative depreciation system) 14.1	減価償却制度における優遇措置 (depreciation on equipment in excess of alternative depreciation system) 14.6	減価償却制度における優遇措置 (depreciation on equipment in excess of alternative depreciation system) 15.2	減価償却制度における優遇措置 (depreciation on equipment in excess of alternative depreciation system) 19.9
2位	法人所得の最初の 7 万 5 千ドルまでの軽減税率措置 (reduce rates on first $75000 of corporate taxable income) 5.5	年金及び生命保険に対する支出の所得不算入 (exclusion of investment income on life insurance and annuity contracts) 5.5	土地建物に関する減価償却制度における優遇措置 (depreciation on buildings other than rental housing in excess of alternative depreciation system) 7.8	土地建物に関する減価償却制度における優遇措置 (depreciation on buildings other than rental housing in excess of alternative depreciation system) 5.1	法人所得の最初の 1 千ドルまでの軽減税率措置 (reduce rates on first $10000000 of corporate taxable income) 3.9
3位	財産所得に対する法人税の控除 (exclusion and tax credit for corporations with possessions source income) 2.4	土地建物に関する減価償却制度における優遇措置 (depreciation on buildings other than rental housing in excess of alternative depreciation system) 2.4	在庫品売上に対する非課税措置 (inventory property sales source rule exception) 5.1	在庫品売上に対する非課税措置 (inventory property sales source rule exception) 3.9	土地建物に関する減価償却制度における優遇措置 (depreciation on buildings other than rental housing in excess of alternative depreciation system) 3.7
4位	在庫品売上に対する非課税措置 (inventory property sales source rule exception) 2.9	法人所得の最初の 7 万 5 千ドルまでの軽減税率措置 (reduce rates on first $75000 of corporate taxable income) 2.9	財産性所得に対する法人税の控除 (tax credit for corporations with possessions source income) 3	財産性所得に対する法人税の控除 (tax credit for corporations with possessions source income) 3.9	プエルトリコ在資産からの所得に関する税額控除 (tax credit for section 936 income) 3.5
5位	銀行等の合併に関する特別措置 (merger rules for banks and thrift institutions) 2.5	財産性所得に対する法人税の控除 (exclusion and tax credit for corporations with possessions source income) 2.5	法人所得の最初の 7 万 5 千ドルまでの軽減税率措置 (reduce rates on first $75000 of corporate taxable income) 2.9	地方債に関する利子非課税措置 (exclusion of interest on public purpose state and local government debt) 3.5	地方債に関する利子非課税措置 (exclusion of interest on public purpose state and local government debt) 3.2

順位	1996年	1997年	1998年	1999年	2000年
1位	減価償却制度における優遇措置 22.5	減価償却制度における優遇措置 22.8	減価償却制度における優遇措置 25.3	減価償却制度における優遇措置 23.7	減価償却制度における優遇措置 24.9
2位	法人所得の最初の 1 千ドルまでの軽減税率措置 4.1	地方債に関する利子非課税措置 4.1	年金及び生命保険に対する生命保険の所得不算入 4.3	年金及び生命保険に対する生命保険の所得不算入 22.6	地方債に関する利子非課税措置 5.1
3位	地方債に関する利子非課税措置 4.4	法人所得の最初の 1 千ドルまでの軽減税率措置 3.6	法人所得の最初の 1 千ドルまでの軽減税率措置 4.2	法人所得の最初の 1 千ドルまでの軽減税率措置 4.4	法人所得の最初の 1 千ドルまでの軽減税率措置 4.3
4位	土地建物に関する減価償却制度における優遇措置 3.7	プエルトリコ在資産からの所得に関する税額控除 3.2	プエルトリコ在資産からの所得に関する税額控除 3.4	地方債に関する利子非課税措置 4.2	在庫品売上に対する非課税措置 4
5位	プエルトリコ在資産からの所得に関する税額控除 3.4	プエルトリコ在資産からの所得に関する税額控除 3.4	資産に対する災害保険に対する支払いに伴う控除 (deduction for unpaid property loss reserves for property and casualty insurance companies) 3.2	在庫品売上に対する非課税措置 3.9	プエルトリコ在資産からの所得に関する税額控除 3.8

順位	2001年	2002年	2003年	2004年	2005年
1位	減価償却制度における優遇措置 27.7	減価償却制度における優遇措置 28	減価償却制度における優遇措置 39.3	減価償却制度における優遇措置 52.9	減価償却制度における優遇措置 18.8
2位	地方債に関する利子非課税措置 6.6	特定研究支出に対する非課税措置（tax credit for qualified research expenditures） 6.1	地方債に関する利子非課税措置 6.6	地方債に関する利子非課税措置 7.1	地方債に関する利子非課税措置 7.4
3位	在庫品売上に対する非課税措置 4.5	在庫品売上に対する非課税措置 5	在庫品売上に対する非課税措置 5.1	在庫品売上に対する非課税措置 5.4	在庫品売上に対する非課税措置 5.9
4位	治外法権所得の非課税措置（exclusion of extraterritorial income） 4.4	治外法権所得の非課税措置 4.8	治外法権所得の非課税措置 5.1	治外法権所得の非課税措置 5.2	特定研究支出に対する税額控除 4.8
5位	法人所得の最初の1千万ドルまでの軽減税率措置 4.3	在庫品売上に対する非課税措置 4.8	治外法権所得の非課税措置 4.8	海外子会社の所得に対する課税の繰り延べ（deferral of active income of controlled foreign corporations） 4.8	高額研究費の税額控除（expensing of research and experimental expenditures） 4

順位	2006年	2007年	2008年	2009年	2010年
1位	地方債に関する利子非課税措置 7.3	地方債に関する利子非課税措置 7.8	減価償却制度における優遇措置 32.6	減価償却制度における優遇措置 32.6	減価償却制度における優遇措置 24.1
2位	在庫品売上に対する非課税措置 6.2	在庫品売上に対する非課税措置 6.4	海外子会社の所得に対する課税の繰り延べ 11.2	債務返済のための事業負債による所得の統合（inclusion of income arising from business indebtedness discharged by reacquisition of a debt instrument） 9.6	地方債に関する利子非課税措置 21.1
3位	海外子会社の所得に対する課税の繰り延べ 5.7	海外子会社の所得に対する課税の繰り延べ 5.8	地方債に関する利子非課税措置 10.5	海外子会社の所得に対する課税の繰り延べ 7.4	海外子会社の所得に対する課税の繰り延べ 12.5
4位	研究費の増加に対する税額控除 4.3	研究費の増加に対する税額控除 5	在庫品売上に対する非課税措置 8	低所得者向け住宅に対する税額控除（credit for low-income housing） 6.8	地方債に関する利子非課税措置 7.5
5位	国内生産に伴って生じた所得に対する所得控除（deduction for income attributable to domestic production activities） 3.9	国内生産に伴って生じた所得に対する所得控除 3.9	国内生産に伴って生じた所得に対する所得控除 7.4	地方債に関する利子非課税措置 5.5	国内生産に伴って生じた所得に対する所得控除 7

順位	2011年	2012年
1位	減価償却制度における優遇措置 52.3	海外子会社の所得に対する課税の繰り延べ 36.8
2位	海外子会社の所得に対する課税の繰り延べ 15.3	減価償却制度における優遇措置 22.3
3位	国内生産に伴って生じた所得控除 8.9	国内生産に伴って生じた所得控除 9.6
4位	地方債に関する利子非課税措置 8.5	地方債に関する利子非課税措置 9
5位	債務返済のための事業負債によって生じた所得の統合 6.9	研究費の増加に対する税額控除 6
		非取扱業者による機器の販売収益の繰り延べ措置 6

出所：Joint Committee on Taxation, various years より作成。

第2節　法人税における加速度減価償却制度

　法人税の課税ベースを算出するうえで、控除可能な必要経費として投資資産の減価償却が存在する。減価償却は、通常、投資資産の耐用年数によって単純償却されるよう計算されることが多い。例えば、日本では100万円の資産が耐用年数8年とされるとき、各年度において必要経費として計上できるのは12万5,000円ずつということとなる。これは、所得課税として設計されている以上、単年度の付加価値を発生させた資本の量は、耐用年数に応じて分割して経費計上するという考え方に依拠しているといえる。

　これに対し、消費ベースでの法人税を検討する場合には、投資額はすべてその時点の必要経費として即時償却される。投資を活発化させようとする場合、このような消費ベースでの法人税が検討される所以ともいえる。

　アメリカにおいては、償却制度で他国と比較しても独特の制度が導入されている。それが、加速度減価償却制度である。加速度減価償却制度は、1981年にレーガン政権下の減税政策に採用された制度である。これは、逐次年次に同額や同率の減価償却を組むのでなく、早い年次に資産償却を大規模に実施できる、事実上の控除の先食いを可能とする制度である。

　さらに、2001年以降には最大で初年時に50％のボーナス償却を行うことを可能とするなど、利潤の大幅な圧縮を可能とする制度となっている。償却の短期化も同時に行われており、経済償却では10年資産となっているものを、7年や5年に短期化する特別措置も実施されている。

　この政策の目的はシンプルであり、投資の初期に多額の控除を発生させることや、経済償却期間よりも償却終了期間を短縮することで企業の投資サイクルを短くし新規投資の活性化を図るところにある。1981年時点の同制度の目的は、当時のアメリカ経済の課題であったインフレ対策としてであった（宮島 1986, p.247）。所得税ベースでみた場合、インフレが進むと額面における控除額は購入時よりも相対的に安く見積もられることとなる。これを調整するには、インフレの進行する時期に償却額を積み増す形をとる。加速度減価償却制度の導入時のアメリカ経済は、高いインフレに苦しめられていたため、これらの政策目標が目指された点もあった。ただし、1981年に導入された加速度減価償却制度は、その後1986年の税制改革の時点で、当初の制度よ

りも緩やかな形に調整された（渋谷 1992、139頁）。

　1986年改革が課税ベースの拡張を狙ったものであったことを考えると、他の投資活性化策である投資税額控除が廃止される中、加速度減価償却制度の残存は残された課題といえた（Pechman 1987, p.188）。しかし、投資活性化策があるはずの加速度減価償却制度は、その後1990年代の景気回復期においてはそれほどのプレゼンスを発揮したわけではなかった。

　図11－1は、加速度減価償却制度について、その額の推移をプロットしたものである。対 GDP 比でみたときの規模は1986年改革以降加速度減価償却制度が大きく伸びなかったことを表している。投資活性化策として残存したはずの加速度減価償却制度はなぜ、その効果を果たせなかったのか。特に1990年代は初頭こそ景気停滞時期であったが、中盤以降から活発な景気回復を実現することで投資が活性化していた。

　景気回復と同時に、投資が増加する中で加速度減価償却制度がある種の機能不全に陥ったのは、アメリカ経済の産業構造の転換にその原因がある。加速度減価償却制度は、性質上、投資規模が大きく寿命の長い資産が短期化される際に租税支出額が積み増される。一方、それほど長くない寿命を短期化するか、あるいは資産そのものの経済的減価償却期間が実際の投資スケジュールと非整合になるものについては、その効果をあまり発揮しない。こうし

図11－1　加速度償却制度の実額と対 GDP 比の推移

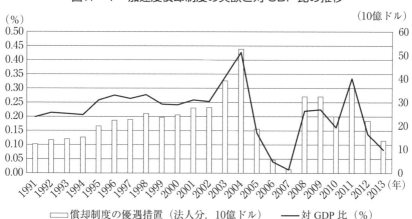

償却制度の優遇措置（法人分，10億ドル）　　対 GDP 比（%）

出所：Joint Committee on Taxation, various years より作成。

た性質を持ち、かつ、1990年代以降から急速に企業によって導入された投資財として「コンピュータ関連機器」が挙げられる（吉弘 2006）。1980年代の最大規模の投資が、石油掘削機械等であったことと比較すると、産業構造の転換から投資財の性質が大きく変動したことは特徴的である。以上の変化が、投資額の増加が生じ、アメリカ経済全体が好調を取り戻した1990年代に、残存した投資活性化政策である加速度減価償却制度が思ったほど増加しなかった理由である。[2]

　2001年以降、ブッシュ政権に入ると加速度償却制度は一連の減税政策の一部として組み込まれていく。2001年雇用促進税制改革において、初年次償却に30％のボーナス償却を追加することが決まった。また、続く2005年減税において初年次ボーナスが50％に引き上げられることとなった。こうした減税政策に伴い、加速度減価償却制度の額は急激に膨れ上がることとなる。その後は、後述するボーナス償却制度の期限切れや復活を背景に増減が繰り返されている。オバマ政権下での2011年には100％のボーナス償却が行われており、そのため、11年以降もその規模は再び膨張する。

　2000年代以降、事業に関連しての減価償却制度では、先に挙げたボーナス償却と、小規模事業者を対象とした即時償却制度（Section 179）の拡張が、政策面で議論となった。即時償却制度の規模は、上限額の設定から加速度減価償却制度やボーナス償却と比較して大きくないが、投資促進策として活発に議論されている。また、加速度償却制度とセットで拡張が議論されてきた。以下、両制度の概要を述べるとともに、その税制上のインパクト、投資への効果について先行研究を中心にまとめを行う。

第3節　償却制度の拡張過程について

1　ボーナス償却制度

　ボーナス償却制度は、9.11テロ後の景気浮揚を目的に、ブッシュ政権下で

（2）Simonson（2005）は、ボーナス償却制度に関する議会公聴会で、建築業界の意見を代表するため登壇しているが、その中でも他業種と共通した償却制度の課題として加速度償却制度がコンピュータやソフトウェアの実態的な陳腐化に追いついていないという問題を指摘している。

成立した「雇用創出労働者支援法（The Job Creation and Worker Assistance Act of 2002）（2002年３月成立）」によって設立された制度である。同制度は、2001年９月11日以降に購入され、2004年12月31日までに設置供用開始となった新規設備投資に対して、初年次に30％の追加償却を認めるものである。加速度減価償却と併用して適用されるため、初年次の実質的な償却割合は30％を上回る。同法下での30％追加償却は、１年間限りの延長が加速度減価償却において10年以上の適格資産および、輸送機械について認められている。

　さらに、「2003年雇用と成長のための減税法（Jobs and Growth Tax Relief Act of 2003）（2003年５月成立）」により、2003年５月５日以降に購入され、2005年１月１日までに設置供用された新規投資に対しては、初年次に50％の追加償却が認められるようになった。その後、2005年１月２日から2007年の12月30日までのほぼ３年間、ボーナス償却制度は一時的に失効した状態となった。

　「2008年景気刺激法（Economic Stimulus Act of 2008）」では再び50％ボーナス償却が復活し、2007年12月31日からの新規購入で、2009年１月１日までの設置供用設備投資に対しても適用が行われた。以上は、ブッシュ政権下の実施政策であったが、続くオバマ政権下でもボーナス償却は引き継がれていく。

　オバマ政権成立後に立法化された「2009年アメリカの回復と再投資に関する法（The American Recovery and Reinvestment Act of 2009）」において、50％初年次追加償却が引き継がれ、また、2008年に導入された開発投資と代替ミニマムの税額控除について非使用分の還付可能化についても延長が行われた。「2010年失業保障および再認証と雇用創出のための減税法（Tax Relief, Unemployment Compensation Reauthorization, and Job Creation Act of 2010）」においては、一部資産については初年次100％償却が、また、大多数については50％償却の延長が2013年末の設置供用開始まで認められることとなった。また、50％償却については、その後も2013年１月２日に成立した「2012年アメリカ納税者救済法（The American Taxpayer Relief Act of 2012）」によって2014年１月１日までの延長（固定資産の購入と設置の期限）が決まり、その後2014年１月２日に再び失効を迎えた。

　しかし、2014年12月に成立した「2014年増税防止法（Tax Increases Preven-

（３）以下、ボーナス償却制度と Section 179の制度変遷の記述については、Guenther（2013）および Kitchen and Knittel（2016）らの整理によっている。

tion Act of 2014）」によって再び2014年12月31日から 1 年間の延長がなされた。現在では、「2015年増税からのアメリカ人保護法（The Protecting Americans from Tax Hikes Act of 2015）」により2015年から2017年までは初年次50％のボーナス償却が維持され、2018年には40％に、2019年には30％に段階的に引き下げが行われる予定である。

　以上を整理すると、2001年 9 月11日から始まったボーナス償却は、2003年 5 月に50％に引き上げられた後、2005年 1 月 1 日で一度失効する。また、2005年 1 月 2 日から2007年12月30日までの購入に関しては、ボーナス償却は適用されず、再びこれが始まるのが2007年12月31日以降である。また、2010年 9 月 8 日から2011年12月31日までの購入に関しては、100％償却が認められた。2014年に引き延ばしが一時停滞するが、14年末に成立した法案により再び 1 年の延長が認められた。2015年法により、2020年までの購入固定資産については、引き続きボーナス償却が認められる状況となっている。

　以上で説明した制度変更は、図11 - 1 の推移と重なっている。50％償却が認められた2003年に一時的に上昇した後、2005年から制度が失効していた06、07年に規模が急減、50％償却が再び認められた2008年から増加する。また、2011年には100％償却が認められたため、規模が急増している。その効果および、延長などについていかなる政策議論があったかについては、後段において詳述していくこととする。続いて、小規模事業主向け即時償却制度である Section 179の拡大過程をみていこう。

2　Section 179の拡大

　連邦歳入法の Section 179（以下179条）による償却制度では、一定額の購入資産について初年次即時償却を可能としている。また、投資総額には上限が設定されており、これを超えた額は他の償却制度を選択することとなる。現在、179条における即時償却の額は50万ドルであり、総額上限は200万ドルとなっている。同制度の目的は、税制の簡素化、中小企業による投資促進等である。適格資産は連邦歳入法1245条（ a ）（ 3 ）によって定義されており、建物等は基本的に含まない。また、既製品の PC ソフトは同条に含まれないが、即時償却が可能となっている。

　179条は1958年に先に挙げた 2 つの目的から導入された。導入当初は2,000

ドルが購入資産の上限とされていた。これを拡大したのが、レーガン政権である。レーガンは1981年経済回復税制改革において、即時償却可能な額を5,000ドルとし、さらに、これを段階的に引き上げ1986年には1万ドルとした。

　財政再建期には、上限額の引き上げが延期されることとなったが、クリントン政権下のOBRA93で増額が再開された。OBRA93は財政再建法であり、主に個人所得税や法人税の名目税率の引き上げが組み込まれたものであったが、同時に各種の租税支出の拡張も行われた。179条もこうしたパッケージの一部であり、さらに、経済的な発展の遅れた地域により多くの特例を組み込んだ Empowerment Zone 政策にも活用されるようになる。

　クリントン政権におけるこうした政策傾向を、続く共和党ブッシュ政権も引き継いでいく。179条の即時償却額は上昇し、また、その政策的な活用は9.11後のニューヨークや、ハリケーン・カトリーナ被災地域における投資の活性化に活用されるようになる。また、50万ドルという上限額は2013年までの時限立法であったが、2015年の「増税からのアメリカ人保護法」により恒久化している。

　ただし、179条による租税支出の規模は、加速度償却制度と比較すると小さく2015年の段階では、法人48億ドル、個人78億ドルとなっている。Gravelle（2012）はその規模が企業の償却全体の2％と極めて限定的なものであることも指摘している。

　ただし、政策的な思想をいえば、レーガン期に導入された同制度の拡張が、クリントン、ブッシュ、オバマと共和党、民主党問わず受け入れられていることは興味深い。加速度減価償却制度も含め、償却制度の変更による投資の活性化については政治的対立が弱いと理解することができよう。

3　減価償却制度変更に関する経済効果

　ここで、Kitchen and Knittel（2016）および Gravelle（2012）の資料をもとに、加速度減価償却制度やボーナス償却制度によって、毎年度の償却額がどのように変遷するのか、また、それによる資本コスト、限界実効税率、資本ごとの限界実効税率の変化を確認。

　表11-2は、通常の加速度減価償却制度と50％初年次償却が認められた場

表11- 2　資産の償却率の比較

(%)

	1年	2年	3年	4年	5年	6年	7年	8年	9年	10年	11年
修正加速度償却制度による償却率											
3年	33.33	44.45	14.81	7.41							
5年	20	32	19.2	11.52	11.52	5.76					
7年	14.29	24.49	17.49	12.49	8.93	8.92	8.93	4.46			
10年	10	18	14.4	11.52	9.22	7.37	6.55	6.55	6.56	6.55	3.28
15年	5	9.5	8.55	7.7	6.93	6.23	5.9	5.9	5.91	5.9	5.91
20年	3.75	7.22	6.68	6.18	5.71	5.29	4.89	4.52	4.46	4.46	4.46
初年次50％償却を加えた修正加速度償却制度による償却率											
3年	66.67	22.23	7.41	3.71							
5年	60	16	9.6	5.76	5.76	2.88					
7年	57.15	12.25	8.75	6.25	4.47	4.46	4.47	2.23			
10年	55	9	7.2	5.76	4.61	3.69	3.28	3.28	3.28	3.28	1.64
15年	52.5	4.75	4.28	3.85	3.47	3.12	2.95	2.95	2.96	2.95	2.96
20年	51.88	3.61	3.34	3.09	2.86	2.64	2.44	2.26	2.23	2.23	2.23

出所：Kitchen and Knittel（2016）p.6より抜粋。

合の償却期間ごとの影響に関する表記である。例えば、3年間の償却期間の資産に関しては、通常の加速度減価償却制度では初年時に33.33％、次の年に44.45％、3年目に14.81％、最後の年に7.41％の償却が認められる。資産の償却期間の半分ですでに全体の7割以上を償却可能であり、この時点で極めて「加速度的」償却が認められていることがわかる。50％の追加での初年次ボーナスが認められる場合をみると、これがさらに大きくなる。同じく3年間の寿命資産についての償却制度をみると、初年次については66.67％の償却が認められる。これは、初年次ボーナス償却の50％に、残りの50％の33.33％である16.67％が加えられている形となる。次年には22.23％（残り50％の44.45％相当）の償却が認められるため、期間半分で88.9％、ほぼ9割の減価償却が認められることとなる。

　さらに、償却期間の圧縮効果は償却期間の長いもので大きいことは、表からも明らかなとおりである。例えば、期間15年資産では、通常2年間で資産全体の14.5％しか償却できないところをボーナス償却が認められていれば、

表11－3　所得控除の現在価値（割引率５％想定）

(％)

試算償却期間	加速度償却制度	50%ボーナス償却プラス	差分
３年	95.59	97.7	2.11
５年	91.8	95.9	4.1
７年	88.4	94.2	5.8
10年	83.7	91.9	8.2
15年	73.3	86.7	13.4
20年	66.7	83.3	16.6

出所：Kitchen and Knittel（2016）p.8より一部抜粋。

　初期２年間の償却は６割に上ることとなる。償却期間の長い資産は、多くが大規模な設備投資であると予想されることから、ボーナス償却制度による圧縮は初期投資コストを大幅に引き下げる効果があることが予測される。実際、表11－3に示すとおり、減価償却による所得控除の現在価値をみると、加速度減価償却制度と50％ボーナス償却を比較した場合の差分は20年資産で最大となっている。

　Gravelle（2014b）は、このような手厚い減価償却制度の影響により国際的にみて高い名目税率を持つアメリカの法人税が、実効税率ではほぼOECD平均と近似するとしている。具体的には、2010年に39.2％であるアメリカの法定税率は、OECDの平均名目税率29.6％と比較すると10％ポイント程度高い値となっている。一方、資本投資に対する限界実効税率（2010年）で比較するとアメリカは23.6％、OECD平均は21.2％とその差は大きく縮まるとしている。また、Gravelle（2012）は、資本投資に対する国際的な課税の潮流としては、課税ベースの拡大を図る国が多い中（例えばドイツやイギリスなど）、アメリカのようにその縮少を行う例は少ないとして批判的にとらえている。さらに、加速度減価償却制度が基本的に製造業に有利なシステムであり、特定産業に恩恵が集中する点で課税の中立性を侵害するものとしている。また、ボーナス償却制度による変動的な投資への影響は、企業の通常の投資行動を攪乱し、ビジネスサイクルに影響を与えることで市場に混乱を生じさせるともしている。

　ボーナス償却制度は統計をみる限り、実施後に急激に租税支出の加速度減

価償却制度額を上昇させるが上昇それ自体は 2 、 3 年で急減するサイクルを繰り返しており、投資促進として機能しているのかについては議論が存在する。再び Gravelle（2012）によれば、ボーナス償却制度が開始された2002年以降、2011年の拡張まで、同制度による目にみえた景気効果は乏しく、加えて多くの企業はボーナス償却制度自体を利用しなかったとしている。また、従来から加速度減価償却制度の利用の25％は製造業に偏っており、さらに製造業の中でも装置産業、一般製造機械産業、特別製造機械産業、製鉄・金属加工機械の 4 部門でその 4 分の 3 を占めており一部の産業が同制度の恩恵を受けているとして租税の中立性の観点から疑問を呈している。また、179条についても2001年から03年の間で、中小企業の半分程度しか即時償却を利用しなかったとしている。また、そもそも179条による償却資産は企業の償却全体の 2 ％に満たないとして、その規模からも投資効果を期待することは難しいと指摘している。その理由は、償却制度の多くを利用する製造業種が中小企業に少ないためとしている。

　また、Kitchen and Knittel（2016）が整理している他の論者の主張に関していえば、Alan Auerbach は加速度減価償却制度や179条等は投資の先食い措置であり、中期的には企業の収益に影響を持たないとしつつ、短期的には投資促進の効果が理論的には考えられるとしている。租税学者の Gere Steuerle は、これらの投資促進策が、そもそも設備投資を行うための余剰資金がなくては行えず、根本的には機能しないとしている。また、即時償却による税制の簡素化といった利点についても、州税との兼ね合いから複雑化するため、これも弱いと主張している。同様に、Kevin Hassett and Glenn Hubbard や Mihir Desai and Austan Goolsbee、Darrel Cohen and Jason Cummins も加速度減価償却制度の投資効果は限定的か極めて低いとの結論を出している。

　これに対し、Auerbach and Hassett は実証研究を通じて、加速度減価償却制度が投資に対して有意な効果を持ったとしており、Ryan Huston も同様の結論を導いている。Christoper House and Matthew Shapiro も加速度減価償却制度のボーナス償却において、効果の高い長期間償却資産と適格資産において投資が伸びたことを確認しており、同制度が効果を持ったと結論づけている。

　先行研究では、加速度減価償却制度および、ボーナス償却制度や179条によって実際に企業投資が伸びたかは論者間で開きがある。また、これらの評

価が実際の政策形成過程でどのように摂取されているのかも、政策評価を考えるうえで重要である。引き続いて、設備投資の増減および、いくつかの経済関連統計を用いて、ボーナス償却制度の効果について独自に検討を加えていこう。また、ボーナス償却制度の導入および、延長を巡って行われた政策論議および投票結果等をもとに加速度減価償却制度がアメリカの租税政策上、現状でどのような位置づけにあるのかを明らかにしておこう。

第4節　償却制度を巡る経済効果と政治過程

1　経済効果

　加速度減価償却制度や、ボーナス償却、179条などにより企業による投資行動や、あるいは期待されるように雇用に対してプラスの効果が出たのかどうかについて、投資に関しては一定の効果があったとする説と、その効果がほとんどなかったとする説とで隔たりがあるとしたのは先に示したとおりである。ここでは、BEA（Bureau of Economic Analsis）の統計データおよび、BLS（Bureau of Labor Statistics）の雇用者統計を用いて、償却制度の変遷と経済的効果の関係を整理しておく。

　図11－2はBEAにより制作された企業の課税前純利潤の変化率と、純利潤の税制による圧縮効果である。課税前純利潤の対前年比は、ほぼ景気変動と同意義であるといえる。これをみると、2003年から07年前までは対前年比はやや下がりながらもプラスとなっており、景気の拡大期であることがわかる。2008年、09年はリーマンショックによる停滞を経験しており、利潤の成長率は大きく落ち込みマイナスに転じている。2010年の反転以降、再び緩やかに回復するも15年にかけてその成長も落ち込んでいくことがみて取れる。また、リーマンショック以後の回復は、基本的にそれ以前の成長率よりも低いことが特徴となっている。

　棒グラフは、この企業利潤について、これをどの程度税制が圧縮しているかを表したものである。制度上、純利潤を圧縮することは課税ベースを圧縮することであり、ここではマイナス幅が大きいほど企業にとって税負担が軽くなっていることを示している。

　図11－2における、法人税の負担圧縮効果は、図11－1の加速度減価償却

図11-2　法人の課税前利潤変化率と税制による利潤圧縮額の推移

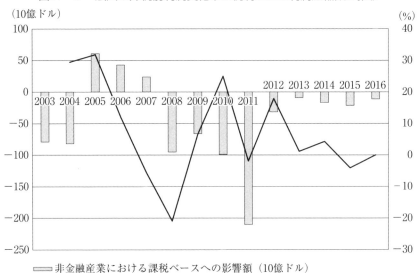

(10億ドル)　　　　　　　　　　　　　　　　　　　　　(%)

□□□　非金融産業における課税ベースへの影響額（10億ドル）
──　全産業の課税前利潤の対前年比

出所：U.S. Department of Commerce Homepages（https://www.bea.gov/）, Bureau of Economic Analysis,
National Income and Accounts, Table of Net effects of the Tax Acts of 2002, 2003, 2008, 2009, 2010
（and Extensions）on Selected Measures of Corporate Profits より作成。

　の増減とほぼパラレルである。例えば、2003年、2004年と、2008年から2010
年まではボーナス償却制度の拡大や延長実施時期と重なっており、これに影
響を受け、法人税の負担圧縮が生じている。2011年はとりわけ減税の影響が
大きく、これは、初年次100％のボーナス償却の実施時期となっている。一
方、ボーナス償却制度が失効した2005年から2007年には法人税負担は上昇し
ている。また、ボーナス償却制度の延長審議が難航した2014年には、制度に
よる減税の影響額は小さい。
　ただし、こうしたボーナス償却が実際の固定資産の投資の動向に影響を与
えているのかどうかは注意が必要である。図11-3は、取得原価ベースでみ
た純固定資産ストックの対前年比増減率である。減価償却制度の特例は、
Gravelle らの指摘に従えば製造業において特に恩恵を与えることから、製造
業について法人、非法人を取り出してその推移をみている。この推移をみれ
ば明らかなとおり、増減は景気動向とほぼパラレルであり、図11-1や図11

図11 - 3　取得原価ベース純固定資産ストックの対前年増減率

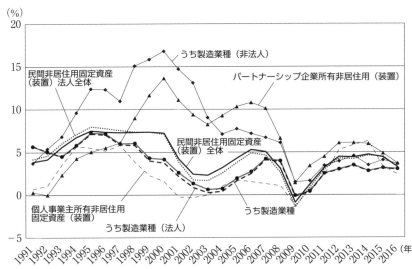

出所：U.S. Department of Commerce Homepages（https://www.bea.gov/），Bureau of Economic Analysis, Historical-Cost Net Stock of Private Nonresidential Fixed Assets by Industry Group and Legal Form of Organization, yearend estimates, より作成。

－ 2 に記される税制上の優遇措置との関連性は低い。例えば、2011年は過去20年間に渡り、最大の減税が計上されているが、設備投資の増減に大きな影響はみられない。この点からいって、実際の固定資産の増減と、税制上の優遇措置は相互に強く関連しているとはいい難い。以上の点からも、一連の償却制度が、企業の投資行動に与える影響を限定的とする Gravelle や CRS の見解はある程度的を射たものと考えられる。

　続いて、償却制度が雇用の増加に対して与えた影響について検討しておく（図11 - 4）。雇用総数の推移と製造業の推移をみるとこれもまた、景気変動とほぼパラレルとなっている。製造業は2006年の段階から雇用が減少を始めており、2010年の景気の反転からやや回復するも、2016年の段階でも実数では景気後退期以前まで回復していない。そもそも、製造業の雇用数は、1995年の段階から2005年の時点で400万人減少しており、雇用総数全体に占める割合に関しても大きく下がっている。この雇用減を埋めているのは、鉱業、業務サービス、教育産業による雇用増となっている。このうち、時価会計ベ

図11－4　産業別雇用数

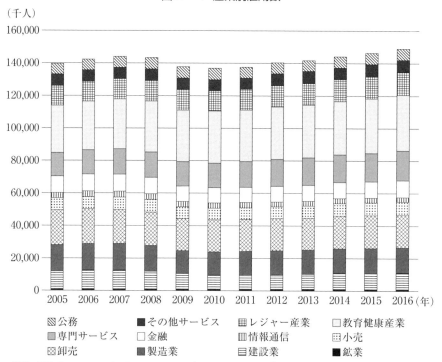

（千人）

出所：U.S. Department of Labor Homepages（https://www.bls.gov），Bureau of Labor Statistics, Household Data, Annual Averages, Table14 Employed persons in nonagricultural industries by age, sex, race and Hispanic or Latino ethnicity, various years より作成。

ースでの純設備投資でみると、製造業が20.9％を占める一方、教育産業は0.9％、鉱業とビジネスサービスはそれぞれ 3 ％と雇用を増やしている産業ではそもそも設備投資を増やしているわけではない。

　以上みたように、政策主体が期待するような雇用増の効果は、設備投資の増加策によってもたらされた可能性は極めて低いことが明らかといえよう。

2　ボーナス償却制度を巡る政治過程

　Guenther（2013, p.8）でも指摘されるように、少なくとも第112議会（2011-13）までは加速度減価償却制度に対して両党的な支持が存在したとされる。ただし、第113議会においては財政赤字の削減問題の中で、両党でボーナス

償却制度や179条を巡り対立が深まりつつあったともいわれる[4]。

　こうした指摘が現実の政策議論の中でも当てはまるのかについて、ここで、ボーナス償却制度を巡るいくつかの政策形成プロセスをみることで、民主党、共和党のボーナス償却制度および加速度減価償却制度の評価を確認していこう。ただ、基本的な立場として共和党議員においては、2000年代以降の議論の中で両制度を批判的に扱う議員はいない。また、民主党議員も時限的な措置としてボーナス償却が取り扱われている法案については、その効果を肯定的に評価するコメントは珍しくない[5]。以上の点をみても、ボーナス償却制度が両党的支持を得ていると判断できるが、2014年の時点で、初年次50％ボーナス償却を恒久化する法案を巡る審議は両党で対立的な議論が起きている。この点をやや詳しくみていこう。

　先にもみたように、2014年1月2日に初年次ボーナス償却の50％措置が失効したことを受けて、この延長が同年中に議論されることとなった。時限的な引き延ばしとして、2014年5月23日に下院歳入委員会（Committee on Ways and Means）において、4人の民主党議員（R. Neal, L. Sanchez, E. Blumenauer, P. Welch）により2014年ボーナス償却延長法（Bonus Depreciation Extension Act of 2014, H.R.4743）が提出され下院において参照された。すなわち、当初から2014年の段階で民主党側もボーナス償却制度の時限的な延長については支持していたことがわかる。ただし、同法案の本格的な審議は、2014年7月に行われた To amend the Internal Revenue Code of 1986 to modify and make permanent bonus depreciation（H.R.4718）による初年次ボーナス償却の恒久化を巡る議論においてとなろう。

　議論を整理するために、先に同法の顛末を述べよう。同法案では、時限的

（4）Guenther（2013）のレポートは2013年2月1日付で出されたものであり、後述するボーナス償却を巡る議論において、結果的に両党派の妥協や協力関係が維持されたことについては含まれていないため、上記のような評価となっている。

（5）例えば、2010年12月16日の Tax Relief, Unemployment Insurance Reauthorization, and Job Creation Act of 2010の審議の場で、ノースカロライナ選出の Price 民主党議員は、ボーナス償却制度を含めた減税措置により小規模事業主やビジネスオーナーの経営の持続性や発展が目指せると評価している。また、ハリケーン・カトリーナ被害に対する救済法である Gulf Opportunity Zone Act of 2005における減税措置の一部としてボーナス償却が扱われた際もルイジアナ州の Jefferson 民主党議員も、ボーナス償却制度が事業者の復興を助けると好意的評価を行っている。

措置として繰り返されてきたボーナス償却制度を、恒久化することが目指された。法案の起草者はPat Tiberi 共和党議員で共同提案者は26名、うち25名が共和党議員、１名のみ民主党議員となっている。なお、共同提案者である民主党議員は、ミシガン州選出の Gary Peters であった。同法は５月22日に提出され、最終的に７月11日に258対160で下院を通過したが、上院において議論がまとまらず最終的に廃案となった。この議論が、12月に再燃し、次年度１年間の延長となる2014年増税防止法につながっていく。

　話を恒久化法の審議に移そう。ここでは、下院歳入委員会委員長を務めていた Daiv Camp 共和党議員の発言をもとに、同法案の狙いと共和党側の代表的スタンスを確認しておく。まず、Camp は2014年にボーナス償却が失効したことにより、アメリカ経済に大きなマイナスの影響がもたらされたと全米製造業協会（The National Association of Manufactures）による調査や発言をもとに主張している。それによれば、2014年に入り、事業主の３分の１がボーナス償却の失効により、投資を控えているとの見解が紹介されている。また、同法案が過去12年間のうち、繰り返し延長されてきたとして両党的支持があること、そのため、同制度を恒久化することが正しい選択であると主張している。[6]

　これに対して、民主党の Chris Van Hollen 議員は、共和党による提案について、次の３点から批判を行っている。[7] １点目は、ボーナス償却がそもそも時限的措置であるという点である。この政策が、いずれも景気後退期の刺激策として実施されてきた点を強調し、恒久化は制度の持つインセンティブを消失させるとしている。また、時限的措置自体に、その効果がほとんどなかったと主張する CRS の見解を紹介している。

　２点目は、共和党が５カ月前に下院に提出した法人税改革においてボーナス償却の廃止を挙げていたにもかかわらず、一転して制度の恒久化を主張しているという首尾一貫性のなさへの批判である。最後に、雇用や労働者の条件の引き上げのためには、より効果的な対策が多数あるとして、その審議を

（6）Congressional Record, Proceedings and Debates of the 113th Congress, second session, vol.160, no.108, H6112.

（7）Congressional Record, Proceedings and Debates of the 113th Congress, second session, vol.160, no.108, H6113.

進めるべきであるとの主張である。

　1点目の時限的措置としてのボーナス償却の制度的意義については、同じく民主党の Ron Kind 議員も発言を行っている。また、Sander Levin 議員（民主党）も、CRS のリポートを引きつつ、ボーナス償却制度の実際の景気浮揚効果について疑問符を投げかけている。ただし、Levin は2014年12月3日の時限的措置としての延長の議論の際には、ボーナス償却が事業主にプラスの効果をもたらすはずだと発言しており、一貫した主張をしているとはいい難い。その点で、民主党の批判はいわば批判のための批判となっている。これまで同制度に対して比較的寛容であり、両党的合意を行ってきた手前、その批判にはさまざまな矛盾がつきまとうのは無理からぬことともいえよう。

　それは、法案修正議論において、恒久化の2年間への延長法案への代替という提案における投票行動でも現れている。制度の存在理由への問題提起を行っておきながら、同修正案に対して、Van Holen も Kind、Levin も賛成票を投じている。結局、この修正案は賛成191、反対229で否決されることとなった。最終的に法案は下院の審議にかけられ、賛成258、反対160、棄権7で通過することとなった。この賛成票には34の民主党票が投じられる結果となっており、民主党内のボーナス償却制度への積極的な評価が透けてみえる形となっている。

　そもそも、中小企業やビジネスオーナーは民主党にとっても無視しえない重要な対象であることを考えると、効果が薄いとしてもそれらに直接の恩恵を与える償却制度による減税措置は一定の支持を持つものと考えられる。

　以上、2014年の下院審議を中心に、償却制度への両党的支持の性質を読み取ってきた。最後に、本章において明らかになった点をまとめるとともに、アメリカ法人税制度における償却制度の位置づけについて考察を加えておこう。

おわりに

　本章では、アメリカの連邦法人税の租税支出において、長らく最大の規模を誇ってきた加速度減価償却制度および、その時限的な拡張政策であるボーナス償却制度の利用について、制度変更とその効果、政策過程における議論

を追ってきた。最後に、その流れをまとめるとともに、法人税における償却
制度の位置づけについて考察する。

　1990年代に景気拡大の中で、固定資産の内容の変化などから法人税におけ
る償却制度の規模の変動は小さかった。しかし、2000年代に入り、景気後退
期の刺激策として初年次のボーナス償却が実施される中、その規模は年ごと
に大きく変動することとなった。ただし、その効果に関する議論では専門家
の間でも、一定程度の投資促進効果を持ったとするものから、全く効果がな
かったとするものまで幅が広い。そこで、本章でも独自に関連統計を整理す
ることで、この点について検討した。第1に、ボーナス償却が延びる年にお
いても、企業の固定資産の新規設備投資額に大きな変動は確認されない。こ
のことから、制度変更が与えた影響は顕著ではないと評価した。また、一般
に期待される製造業を中心とした雇用増加効果も、雇用統計を確認したとこ
ろほとんど確認できず、ボーナス償却が延びた時期の雇用増加は設備投資に
関連のない教育産業や専門サービス業が中心であったことを明らかにした。

　その一方で、同政策はその政策効果以前に、アメリカ議会の中で成立・合
意に至りやすい両党同意が存在する政策であることを議会の政策過程を中心
に描いた。すなわち、ボーナス償却制度や加速度減価償却制度は、その効果
いかんよりも、二極化が激しいアメリカ政治の中で、両党が党派対立を超え
て成立させやすい、いわば結節点の政策として存在したといえよう。これは、
共和党にとってみれば減税政策は支持しやすく、民主党にとっても雇用や中
小事業主への配慮という点で反対する理由のない政策であるということが強
く作用していると考えられる。以上から、2000年代において、政策効果上は
積極的理由の見出しにくいボーナス償却制度が長らく温存され両党の支持を
得てきたといえるだろう。

　最後に、この政策の法人税上の位置づけについて述べておこう。アメリカ
連邦法人税において、表11-1でも示したとおり、償却制度の相対的位置づ
けは制度的な積極活用がなされた2000年代に入り、むしろ漸進的に低下して
きている。代わりにその位置を伸ばしているのが、海外子会社の課税繰り延
べ措置などを中心としたグローバル企業に対する租税特別措置である。
Toder（2016）も指摘するように、アメリカの法人による直接投資が有形固定
資産でなく、無形の知的資本に移り、企業活動がアメリカ国内で完結しなく

なる中で、法人税における見直し議論は伝統的な「広い課税ベース、低い名目税率」というプランでは成り立たなくなる可能性が高いとされる。

　アメリカの法人税は、その意味で全世界課税方式からテリトリアル課税への変更や、海外子会社利益を国内法人の利益としてどのように扱うかなどの面の論点のほうがより大きくなってきている。最初に語ったように、国内経済にとどまる租税政策は、ある意味でその時代的役割を終えつつある。一方、実際のツールとしての政策は、政党間の対立の高まりを背景に妥協点を見出しやすい償却制度が活発に利用されるような、ある種のねじれが生じているのだ。

　1990年代には国内投資の性質が重厚長大から軽薄短小分野へ移る中で、好景気にもかかわらず償却制度の規模が伸びなかった。そして、2000年代に入り、国内における経済活動からグローバルな経済活動にアメリカの大規模なシェアを持つ企業の経済活動が変化する中で、利用される租税支出の性質は大きく変化してきている。こうした現象は、結局、税制上のインセンティブが法人に与える影響の限界を我々に提示しているといえよう。税制とそれに付随する税収、租税支出は、それが企業の経済活動を形成するのでなく、企業の経済活動によって租税支出の利用を形成する力のほうが強いということを示しているといえよう。

参考文献

Altshuler, Rosanne and Robert D. Dietz（2011）"Reconsidering Tax Expenditure Esitmation," *National Tax Jounral*, Vol.64, No.2（part 2）, pp.459-490.

Baneman, Daniel, Joseph Rosenberg, Eric Toder and Roberton Williams（2014）"Curbing Tax Expenditures," John W. Diamond and George R. Zodrow eds., *Pathway to Fiscal Reform in the United States*, MIT Press.

Gravelle, Jane G.（2011）"Reducing Depreciation Allowances to Finance a Lower Corporate Tax Rate," *National Tax Journal*, 64（4）, pp.1039-1054.

──────（2012）"Tax Incentives for Capital Investment and Manufacturing Committee on Senate Finance Capitol Hill Hearing Testimony." Committee on Senate Finance Capitol Hill Hearing Testimony.

──────（2014a）"Rising Revenue from Reforming the Corporate Tax Base," John W. Diamond and George R. Zodrow eds., *Pathway to Fiscal Reform in the United States*,

MIT Press.

――――（2014b）"International Corporate Tax Rate Comparisons and Policy Implications," CRT Report, no.R41743.

Guenther, Gary（2013）"Section 179 and Bonus Depreciation Expensing Allowances: Current Law, Legislative Proposals in the 113th Congress, and Economic Effects," CRS Report, Congressional Resarch Service.

Howard, Christopher（1997）*The Hidden Welfare State*, Princeton: Princeton University Press.

Joint Committee on Taxation, *Estimates of Federal Tax Expenditures*, various years.

Kitchen, John and Matthew Knittel（2016）"Business Use of Section 179 Expensing and Bonus Depreciation, 2002-2014," Office of Tax Analysis Working Paper 110.

Mozumi, Seiichiro（2017）"Tax Policy for Great Society Programs: Tax Expenditure and the Failure of Comprehensive Tax Reform in the United States in 1969," Keio-IES Discussion Paper Series.

Pechman, Joseph（1987）*Federal Tax Policy*, The Brookings Institution.

Rogers, Allison and Eric Toder（2011）"Trend in Tax Expenditures, 1985-2016," Tax Policy Center Report.

Simonson, Kenneth D.（2005）"Statement of Kenneth D. Simonson Chief Economist, Associated General Contractors of America Committee on Senate Finance Subcommittee on Long-Term Growth, Debt and Deficit Reduction," Committee on Senate Finance Capitol Hill Hearing Testimony.

Toder, Eric（1999）"The Changing Composition of Tax Expenditures: 1980-99," in *Proceedings of the Ninety-First Annual Conference on Taxation*, Washington, D.C.: National Tax Association, pp.411-418.

――――（2016）*Approaches to Business Tax Reform*, Statement of Committee on Finance, United States Senate.

渋谷博史（1992）『レーガン財政の研究』東京大学出版会。

谷達彦、吉弘憲介（2011）「アメリカ型福祉国家――「小さな政府」を支えるメカニズム」井手英策・菊地登志子・半田正樹編著『交響する社会「自律と調和」の政治経済学』ナカニシヤ出版。

宮島洋（1986）『租税論の展開と日本の税制』日本評論社。

吉弘憲介（2006）「1990年代のアメリカ法人税の特徴――租税支出と企業投資行動を中心に」『証券経済研究』54号、105-124頁。

〈参考サイト〉

U.S. Congress, Congressional Record（https://www.congress.gov/）.

U.S. Department of Commerce, Bureau of Economic Analysis（https://www.bea.gov/）.

U.S. Department of Labor, Bureau of Labor Statistics（https://www.bls.gov）.

第12章

金融自由化、金融革新と金融不安定性
——「制度の経済学」によるミンスキー理論の深化の可能性

横川太郎

はじめに[(1)]

　近年、ポスト・ケインズ派と制度学派、とりわけアメリカ制度学派の融合を試みる動きが活発化している。その背景として、2007年アメリカのサブプライム・ローン問題に端を発する世界的な金融危機の存在があげられる。今次の金融危機では、その発生のメカニズムを説明するために、多くの経済学者やエコノミストがポスト・ケインズ派のハイマン・ミンスキーの金融不安定性仮説（Financial Instability Hypothesis: 以下 FIH）に注目し、「ミンスキー・モーメント」や「ミンスキー・メルトダウン」といった言葉が人口に膾炙することになった。FIH は、資本主義経済にとって景気循環は生来的に避けられないものであり、安定的な経済成長の持続こそが不安定化を育む苗床となることを示す理論である。これは金融危機の直前に流布していた「大いなる安定」（Great Moderation）論[(2)]とは鋭い対照をなしている。また、ミンスキーの金融理論には、短期の資本主義の循環的運動を論じる FIH に加え、その累

（1）本章は東京経済大学長期国外研究員（2016年度、テーマ「ハイマン・ミンスキーの『資本主義の金融的発展段階』に基づいた資本主義システムの長期理論の構築」）の研究成果の一部である。

（2）「大いなる安定」論とは、①主要中央銀行の優れた金融政策によるインフレと景気変動の抑制、②グローバリゼーションによるショックの分散、③情報技術の発達によるリスク評価の向上とコミュニケーションの即時性の実現、④企業利潤の増大とレバレッジの低下による高株価の実現、⑤証券化によるリスク管理と分散、⑥デリバティブによるリスクヘッジ、そして中央銀行による金融システムへの脅威に対する断固たる対応の意志と能力、その意欲により世界は脆弱性とはほど遠くなり、より安定するようになったとする議論である（Wray 2007, pp.15-16）。

積で生じる資本主義の長期的な構造変化を論じる「資本主義の金融的発展段階」（The Stage of Capitalist Financial Development）の議論があり、彼は支配的な金融の目的と供給者に基づいて1980年代以降のアメリカが資金運用者資本主義（Money Manager Capitalism）の段階にあるとする。[3] 戦後アメリカ経済は、大恐慌以前のような深刻な景気後退とデフレーションを経験しなかったことから、負債デフレによる資産の目減りや流動性選好の高まりに直面することは極めて稀で、それが年金基金やミューチュアルファンド、保険会社などの資金運用者の順調な成長を可能にした。さらに1970年代の高インフレがディスインターミディエーションを引き起こし、個人資産のミューチュアルファンドや MMMF（Money Market Mutual Funds）への移転を促した。その結果、大規模な資金運用ファンドが大手企業の発行済み株式や社債の多くを保有して大きな影響力を持つようになった。資金運用者は、短期のポートフォリオの収益最大化を目的として積極的に基金を運用しており、短期的な利率あるいは資産価格の変動によって行動する（Minsky 1990, pp.65-71; 1993, pp.107-113）。そのため、長期的な企業の成長による株価や配当の増大にはあまり関心を持たず、むしろ短期的な収益機会を求めて新たな投資対象とそのための規制緩和を求める。現代資本主義の金融的不安定性は、こうした資金運用者による短期利益最大化とそのもとでの規制緩和によって増大しているというのである。

　前述のポスト・ケインズ派とアメリカ制度学派の融合を目指す「ポスト・ケインズ派制度主義」（Post-Keynesian Institutionalism: PKI）は、このミンスキーの FIH と資本主義の金融的発展段階論を制度派経済学の見地から発展させようとするものである。ミンスキーが、「貨幣的経済理論は制度経済学（institutional economics）であることを避けられない」（Minsky 1982, 邦訳398頁）と述べているように、彼の議論には制度論的側面が存在しており、制度派経済学の成果を取り入れることは現代資本主義経済の構造的不安定性を解明するうえで有用だと考えられる。[4] ただ、こうした PKI 形成の動きは、現状ではその必要性と可能性を示した段階に留まっている。実際、近年の PKI 形成

（3）ミンスキーは、資本主義経済はこれまでに商業資本主義（Commercial Capitalism）、金融資本主義（Finance Capitalism）、経営者資本主義（Managerial Capitalism）の段階を経てきたとする。

の中心的人物であるチャールズ・ウェイレンがその本質的要素を論じているが、いずれもミンスキーの議論に留まっており、アメリカ制度学派の成果を取り入れて従来の枠組みから踏み出した側面を見出すのが困難なのが現状である。[5]

　そのため、本章では金子（1997）を中心とした「制度の経済学」の議論からミンスキー理論、とりわけその核心にある FIH の制度論的側面の深化を試みる。それを通じて、戦後の資本主義の内生的不安定化を抑制する制度的仕組みの有効性が低下する中で、1980年代以降の金融自由化とそれに対応した規制体系の構築が深刻な金融危機に結びつく原因を明らかにする。第1節では FIH の「金融的ダイナミクス」を見たうえで、その制度論的側面である「抑止的システム」と「制度的ダイナミクス」について論じる。第2節では1980年代以降のアメリカにおける金融自由化の進展と金融危機の深刻化について論じる。第3節では貨幣機能代替手段の階層構造を機能させる「信認」の仕組みを「制度の経済学」の視角から論じ、金融自由化のもとでの金融革新が金融不安定性をより高める理由を明らかにする。最後に、本章をまとめたうえで現在我々が直面している課題について若干言及する。

第1節　ミンスキーの金融不安定性仮説──金融的ダイナミクスと制度進化

　金融不安定性仮説（FIH）は、外部金融での投資の資金調達が恒常化した「複雑な金融・貨幣制度をもつ経済」（Minsky 1986, 邦訳211頁）を前提として、投資と金融の相互作用から景気循環の過程を説明しようとする理論である。

（4）資本主義経済の金融的発展段階論も Commons（1934, chap. X）の資本主義の3つの発展段階である商人資本主義（Merchant Capitalism）、雇用者資本主義（Employer Capitalism）、銀行家資本主義（Banker Capitalism）を戦後まで発展・拡大させたものと考えられる（Whalen 2001, p.818）。

（5）Whalen（2013）は、PKI の本質を①不確実な現実世界で期待に基づき行動する社会的な生き物である人間を研究する制度主義的基礎に依拠している、②恒常的な変化を資本主義の不可避の真実として認識している、③物々交換経済ではなく、ミンスキーのウォール・ストリート・パラダイムを分析の出発点とする、④景気循環の内生性が現代の資本主義の基本的特徴である、⑤効率的市場仮説に代わり FIH に基づいて分析を行う、⑥シュムペーター＝ミンスキー型の資本主義の発展論をもとに構築されている、⑦経済生活における政府の不可避で創造的な役割を高く評価するとする。

この理論には2つの側面が存在している。第1に市場経済が内生的に不安定化する、すなわち「安定性が不安定性を生み出す」（stability is destabilizing）過程を明らかにする側面があげられる。そして、第2にのちにミンスキーが「抑止的システム」（thwarting system）と呼んだ制度と政策介入による不安定化の抑制と、その存在自体が金融革新などのイノベーションや制度変化を促して有効性の低下や新たな不安定性の原因に結びつき改革を不可避とする制度と市場の相互作用による制度進化を論じる側面があげられる。Nasica（2000）および鍋島（2003）は、このFIHの第1の側面を「金融的ダイナミクス」、第2の側面を「制度的ダイナミクス」と呼んでいる。

1　FIHの金融的ダイナミクス――資本主義経済の内生的不安定化[(6)]

　通常、企業が投資によって工場などの特定の資本資産を取得するのは、それを稼働させることで商品を生産し、その販売から利潤を得るためである。しかし、FIHが分析対象とする精巧で複雑な金融制度を持つ現代資本主義では、「資本資産は、物的な意味で生産的であるゆえに価値をもつのではなく、利潤をもたらすがゆえに価値をもつ」（Minsky 1986, 邦訳252頁）。そのため、資金の貸し手と借り手の双方がウォール・ストリートの銀行家の観点から投資を評価する。その場合、期待費用と期待収入、すなわち将来の利潤に対する現在の期待と期待利潤が現在価値に変換される方法が投資の決定に重要な役割を果たすことになる。ゆえに、FIHでは物的な生産力あるいはマーケティングでの需要予測に基づき投資財の需要曲線と供給曲線の交点で決定される投資量は技術的なものに過ぎなくなる。現代の投資には、多くの場合で外部金融での資金調達が必要なことから「資金調達条件が資本資産価格、有効投資需要、および投資用の産出物の供給価格に影響を及ぼす」（同209頁）からである。その際、重要な役割を果たすのが、「不確実性」（uncertainty）の存在である。現代の巨額の固定資本を必要とする投資は、投資の意思決定から完了までにかなりの懐妊期間を要する。そのため、投資が想定どおりに実行できるのかという技術的な問題、時間をかけて生産した生産物を販売する際の市場の景気動向に直面するのみならず、資本資産からの利潤フローが毎

（6）FIHで頻繁に言及される金融契約の3形態（ヘッジ金融、投機的金融、ポンツィ金融）を含む金融的ダイナミクスについては横川（2015）などを参照。

期の債務契約の履行に必要な額を上回るかという問題が生じる。

　こうした現時点で将来を扱うことから生じる不確実性の問題は、資金の貸し手と借り手による彼らの不確実性の評価、すなわち期待に基づいた「安全性のゆとり幅」（margins of safety）を貸借に際して要求させ、それが投資財の需要価格と供給価格に影響を及ぼすのである。すなわち、「資金の借り手と貸し手の双方が危険から身を守りたいと考えており、借り手による保護要求は資本資産の需要価格を引き下げ、貸し手による保護要求は、投資用の産出物の供給価格を引き上げる」（同232頁）[7]のである。「安全性のゆとり幅」は、貸し手と借り手の期待に基づいてその時々で適切だと考えられる水準に決定されることから、期待の変化にあわせて変動し、それが投資の拡大と縮小を促すことになる。

　金融危機直後の時期には、危機での手痛い損失から資金の貸し手と借り手の双方が投資に対し用心深くなり、「安全性のゆとり幅」を大きくとるだけでなく、流動性選好の高まりから保険として貨幣を保有しようとする。しかし、順調な債務履行、さらには未払いの負債の利子を容易に支払うことができる状態が続けば、借り手は負債比率を拡大させてさらなる投資を行う意欲を高める。投資判断を行う時点での資金の貸し手と借り手が直面する不確実性について、ミンスキーは「過去、特に、最近の過去を反映し、また、経験がいかにして期待に変換されるかを反映」し、「経済的な成功が続くと、企業と銀行業者が要求する安全性のゆとり幅が減少する傾向があり、かくして、投資の増加をともなう傾向をもつであろう」（同230頁）と指摘する。その結果、経済的な成功が続くと、「実業家や銀行業者は、以前より多くの負債による金融を受け入れる傾向をもつ」（同218頁）ことになり投資が拡大する。

　このとき、重要な役割を果たすのが金融革新である。金融革新は貨幣機能代替手段を創り出し、それが追加的な投資需要を生み出すことで資本資産価格が上昇して投資の実現利潤が予想利潤を上回ることから投資の拡大を促す。金融革新によって追加的に創り出される貨幣機能代替手段は、利回りや満期、

（7）資金の貸し手は、投資財の供給価格に直接影響を与えないが、リスクや不確実性が高まるにつれて、より高い確定利子率、満期になるまでの期日の短縮、配当・借入れ・資産の売却の制限、一定水準以上に純資産価値を維持することなどの追加的な契約条項を課すことで投資のコストを高める。

その他の条件において、借り手と借り手のいずれか、あるいは双方に従来の金融手段より有利な資金調達の条件をもたらすことで利益を生む。そのため、「静穏な経済拡張の時期には、利潤を追求する金融諸機関は、『新しい』形態の貨幣、有価証券における貨幣の代替物、およびさまざまなタイプの経済活動のための金融技術を発明したり、再発明したりする」（同218頁）のである。

　投資ブームの発生は、保険として貨幣保有の動機を低下させる。資本資産の保有からもたらされる粗利潤（準地代）が増加してそれを支払いに充てることが可能になるため、流動性の保険として貨幣を保有することで得られる効能が低下するからである。そのため、所得と金融取引契約1単位当たりに必要とされる現金残高が減少するとともに、保有貨幣が非貨幣資産に投資されて資本資産の価格がさらに上昇する。その結果、「過去から受け継がれた資本資産の価値が引きあげられるのみならず、受容可能な自己資本に対する負債の比率の上昇ももたらされる」（同225頁）のである。しかし、資金の借り手が外部金融での資金調達を拡大させていけば、借り手の流動性比率は低下しリスクは増大する。負債比率の増大は、一定の流動性でより多くの資本資産保有のための金融契約を支えることを意味している。そのため、資本資産からもたらされる粗利潤が期待を下回ったり、金利上昇による利払い増加で粗利潤が減少したりすれば、債務履行が急激に難しくなる。一方、部分的に完成された投資や満期を迎える前の流動性の低い金融資産は、ほとんど無価値か大幅に価値を損なった価格でしか売却できないことから、その投資家は高金利でも資金を調達し続けようと非弾力的な資金需要を作り出す。ゆえに、短期金利の上昇が生ずれば、それは極めて急激なものとなり、投資の期待利潤の現在価値が投資費用を下回ってそれ以上投資を継続しても利益が望めなくなるとともに、債務履行の困難から資本資産の売却による債務履行が必要となる。

　その結果、投資ブームを作り出し支えていた金融構造が急激な逆回転をし始め、資本資産の売却と価格低下のスパイラルが金融市場全体に波及して深刻な流動性逼迫が発生する。投資計画の背後にはその資金調達のための債務契約が存在するため、債務履行が難しくなった経済主体は、保有する資本資産を売却することで債務を履行しようとする。しかし、資本資産の売却は市場の厚みに依存するものの、売りが増加すればいずれ価格の低下を引き起こ

す。そのため、同様の資本資産を保有し売却を見合わせていた経済主体も粗利潤の減少と債務履行の困難に直面して資産を売却し、それがさらなる価格低下と利潤減少というスパイラルを引き起こす。また、債務履行が難しくなった経済主体は、当該の資本資産だけでなく保有する流動性が高い資産をも売却して債務を履行しようとする。しかし、そのことが価格低下を他の金融資産に波及させ、新たな貨幣機能代替手段からの逃避を含む巨大な流動性需要を作り出す。そして、雪崩を打つような資本資産価格の暴落、すなわち金融恐慌が発生するのである（同第8章）。

　しかし、現代資本主義経済で金融危機が金融恐慌、さらには経済恐慌へと発展することは滅多にない。なぜなら、景気循環の振幅が発散的になることを抑制する制度や公的当局による介入の仕組みが存在しているからである。

2　FIHの制度論的側面──抑止的システムと制度的ダイナミクス

　FIHの金融的ダイナミクスに基づけば、精巧な金融システムを有する資本主義経済では、深刻な経済恐慌に発展しかねない不安定性がショックや政策の誤りなどの外生的な要因ではなく、経済の正常な働きの結果として内生的に生じる。それにもかかわらず、現実の経済で不安定性が頻繁に顕在化していないのはなぜか。それは、実際に観察される経済的な過程の結果が市場メカニズム単体ではなく、不安定性を生む内生的な経済的過程を抑制・制御する制度、慣行および政策介入をも踏まえたものだからである（Ferri and Minsky 1992, p.80）。ゆえに、資本主義の循環的変動を明らかにする理論には、「経済の制度的構造が進化発展することから生じる効果を理解する必要」と「これを経済理論に統合することによって制度的構造の理解を深める必要」（Minsky 1982, 邦訳ix頁）があり、FIHの分析枠組みにも経済の不安定化傾向を抑制する制度的仕組みとその制度進化に関する視角が組み込まれている。

　ミンスキーは資本主義経済の内生的不安定化を抑制する制度や公的当局による介入を後に「抑止的システム」と名づけている（Ferri and Minsky 1992）。ミンスキーの議論に基づくと、戦後アメリカには抑止的システムとして、①当初における「頑健な金融構造」、②中央銀行による「最後の貸し手」、③財政赤字を伴う「大きな政府」が存在していた（Minsky 1990, pp.68-69; 1993, pp.109-111）。

　戦後アメリカの金融システムは、ニューディール型銀行システムと呼ばれ[8]
ていたように、1929年大恐慌後のニューディール改革と第 2 次世界大戦中の
戦時金融を通じて成立した。その特徴は、①商業銀行業務と投資銀行業務の
兼営を禁止する業務規制、②少数銀行による市場の独占を阻止する州際業務
規制、③銀行間の過度の競争を防止する金利規制といった各種規制、④連邦
準備制度理事会（FRB）の設置を含む連邦準備制度の機構改革・権限強化、
連邦預金保険公社（FDIC）の設立を含む監督機能とセーフティネットの大幅
な拡充に加え、⑤戦時金融を通じた個人消費・民間投資の制限と膨大な政府
負債の累積という初期条件の上に、大恐慌の記憶から各経済主体が「安全性
のゆとり幅」を大きく取るという金融不安定性が生じにくいまさに「頑健な
金融構造」を有していた点にある。

　戦後、政府による個人消費・民間投資の制限が解除されて民間投資が活発
化する中で、順調な経済発展が各経済主体の「安全性のゆとり幅」を低下さ
せ、「頑健な金融構造」が次第に脆弱化した結果、1966年以降金融危機が再
び発生するようになった。しかし、金融危機が発生すると FRB あるいはそ
の後ろ盾を受けた金融機関が最後の貸し手として危機に陥った金融機関や金
融市場の再金融に応じて救済を行い、また金融機関の破綻に際しても FRB
が FDIC と共同で介入してその波及を防ぐことで金融危機の恐慌への発展を
阻止した。さらに、財政赤字を伴う大きな政府は、景気後退時に民間投資が
減少して企業の利潤が減少するときに、政府支出を維持・拡大させて企業の
税引き後利潤を下支えすることで債務履行を可能にして破産を阻止した。こ
うした FRB による最後の貸し手としての介入と財政赤字を伴う大きな政府
による企業利潤の下支えは、景気後退を比較的短期間のうちに終わらせ、早
期の回復を可能にしたのである（Minsky 1982, 邦訳 8 -14頁；1986, 邦訳24-39,
179-182頁）。

　しかし、抑止的システムの有効性は時とともに変化し、その成功は一時的
なものとなる。政策介入や制度による行動の制約は不安定性を抑制するが、
経済主体は自らの行動に対する政策と制度の影響を学習し、自身の行動をそ

（ 8 ）ニューディール型銀行システムは、1933年銀行法（グラス・スティーガル法）、1935
　　年銀行法、1927年マクファーデン法、1933年証券法、1934年証券取引所法などの法律
　　により構成されていた。

れに適合させようとする。利潤を追求する経済主体には、学習を通じて規制を回避したり、それを利用したりすることで利益を得ようとする誘因が存在しており、それが金融革新を含むイノベーションや制度変化を惹起する。ゆえに、当初不安定性を抑制する役割を担っていた制度や政策介入も、次第に有効性が低下し、不安定性を高める要因になる可能性がある。そうなれば、不安定性の高まりを抑制する適切な制度的仕組みを新たに構築する制度改革が必要となる（Ferri and Minsky 1992, pp.83-84；鍋島 2003、123-129頁）。

　実際、FRB による最後の貸し手としての介入は、金融危機が恐慌に発展するのを阻止する半面、「『問題含みの資産』を連邦準備の負債に変換」（Minsky 1982, 邦訳11頁）し、金融革新で生まれた新たな金融手段に「暗黙の裏書き」を与えることを意味しており、また財政赤字を伴う大きな政府も企業利潤を維持して債務履行を可能にする半面、脆弱な金融構造の持続を容認することになる。そのため、不安定性を抑制する制度的仕組みを学習した経済主体にとっては、金融脆弱性が高まるときでも危険な金融取引を追求し続けることが合理的な行動となる。なぜなら、「政府の赤字支出と最後の貸し手としての介入を通じて、危険な金融取引に伴う潜在的な費用が、かなりの程度社会化される」（Dymski and Pollin 1994, 邦訳187頁）からである。その結果、抑止的システムとしての中央銀行による最後の貸し手と財政赤字を伴う大きな政府の有効性が次第に低下する一方、政策介入の費用は増大していくことになる。脆弱な金融システムを救済し、不況を回避するために介入が必要とされるが、介入政策そのものが脆弱性の増幅を促し、将来の政策介入での負担を増大させる「ミンスキーの逆説」が生じるのである（同185-189, 201-201頁）。

　1970年代における新古典派総合型の総需要管理政策の行き詰まりやスタグフレーション状況の一因は、戦後アメリカ経済の経済的安定性を支えてきた抑止的システムの有効性低下にある。この状況に対応するには、市場経済が円滑に機能するための適切な介入の仕組みと制度的構造の再構築が必要となる。しかし、1980年代以降のアメリカで採用されたのは、景気循環の原因を内生的ではなく予期せぬ政策的介入や無作為な外生的ショックに求める経済理論であり、そのもとで自由放任主義型の政策が展開されることになったのである。

第2節　金融自由化の進展と金融危機の深刻化

1　ニューディール型銀行システムの行き詰まりと規制緩和の進展

　1980年代以降、アメリカでは金融自由化が進展した。1981年に誕生したレーガン政権は、戦後の新古典派総合型の需要管理政策の行き詰まりに対し、マネタリズムとサプライサイド経済学の理論を反映した経済政策を実施した。減税と歳出削減、規制緩和を通じた小さな政府の実現と市場での競争促進により経済を活性化しようとしたのである。こうした規制緩和の流れの中で、ニューディール銀行システムの厳格な金融規制も次第に緩和されていった。

　1970年代におけるディスインターミディエーションの激化は、預金金利上限規制の見直しを不可避なものとした。1970年の大口定期預金の金利自由化の開始を嚆矢に、1983年10月には定期性預金金利が自由化され、事実上の金利自由化が実現した。また、アメリカでは長らく州を越える支店設置はおろか認可された州内での支店設置も規制される単店銀行制度が採用されていた。しかし、1978年にメイン州で自州の銀行持株会社に支店設置（銀行買収）を認める州には、その州認可の銀行持株会社による自州での銀行買収を認める互恵的な支店設置自由化が開始され、1994年のリーグル・ニール州際銀行支店設置効率化法で全米的な支店網の形成が可能になった。さらに、1980年代後半から1990年代末にかけて業務規制の緩和が進展した。アメリカの商業銀行は、証券市場との競争激化による調達金利上昇と企業競争力の低下による収益性低下に直面しており、それを投資銀行業務に再進出して非金利収入を得ることで回復しようとしたのである。グラス・スティーガル法は、第16条で公債などの適格証券以外の銀行本体の自己勘定での引受けとディーリングを禁じており、第20条で投資銀行業務に「主として従事する」金融機関と系列関係を持つことを禁じていた。そこで、FRBは「主として従事する」の判断を再解釈し、銀行持株会社の所有する非銀行子会社に許容される業務の緩和を進めた。1987年4月に総収入の5％以内でMBS、CP、特定財源地方債の引受けとディーリングを認めたことを嚆矢に緩和が進み、最終的に1999年のグラム・リーチ・ブライリー法で商業銀行の投資銀行業務参入が全面的に認められた（樋口 2003、48-61頁；林 2000、39-46頁）。

　ただ、規制緩和が進展する中で、アメリカの預金金融機関は市場性の短期

負債で資金調達を拡大し、貸出の増大で収益性の低下を補おうとも試み、1980年代末に深刻な銀行危機に陥った。とりわけ小口・長期の貯蓄性預金を集めて住宅モーゲージ貸出を行う貯蓄貸付組合（S&L）は、1970年代の高インフレの影響が深刻で1980年以降大幅な業務規制緩和が行われた[9]。しかし、健全性規制が不十分なまま多くのS&Lがジャンクボンドや商業用不動産などのハイリスク投資を行い、1980年代末に第二次S&L危機を引き起こした。S&Lの破綻が激増し、1988年に連邦貯蓄貸付保険公社（FSLIC）が750億ドルの債務超過となって破綻・機能停止したことで、金融規制とセーフティネットの再編が不可避となった。そのため、1989年金融機関改革・救済及び執行法（FIRREA）でFSLICを廃止してFDICへ統合する一方、S&Lの破綻処理のために暫定的に整理信託公社（RTC）が設置された。商業銀行もまた1980年代末に不良債権問題が深刻化して銀行破綻が増加しており金融規制の再編が喫緊の課題となっていた（井村 2002、90-101頁；樋口 2003、51-58頁）。

2　金融システムの転換とサブプライム金融危機

　1991年に連邦預金保険公社改善法（FDICIA）が制定され、商業銀行は自己資本比率を10%以上に維持しなければならなくなった。新たな規制体系によりアメリカの商業銀行は、貸出債権を満期まで保有して調達金利との利鞘を得る金利収入中心のビジネスモデルから手数料などの非金利収入中心のビジネスモデルへ転換することとなった。その結果、OTD（Originate-to-Distribute）モデルが形成され、銀行の自己資本比率に影響を与えないオフバランスでの取引を実現する金融商品や金融手段が数多く生み出された。その中でアメリカの商業銀行とりわけマネーセンターバンク[10]は、実質的に投資銀行やヘッジファンドと同様の投資を行う金融機関へと変貌していった[11]。アメリカの商業銀行全体の純金利収入と非金利収入に占める非金利収入は、1992年の33%（656億ドル）から2006年の43%（2,174億ドル）に拡大し、さらにマネーセン

（9）S&Lは、1982年のガーン・セント・ジャーメイン法により、総資産の40%まで商業用モーゲージ、30%まで消費者ローンと社債、それぞれ10%まで商工業貸付と商工業リースに投資可能になった。

（10）ここでのマネーセンターバンクは、J.P. モルガン・チェース、バンク・オブ・アメリカ、シティバンクの3行を指す。

ターバンクでは1992年の41%（103億ドル）から2006年の50%（678億ドル）になった。[12]

OTDモデルは一見うまく機能していた。2001年のITバブル崩壊時には、FRBがフェデラル・ファンド・レートの機動的な利下げを行い、わずか8カ月で景気後退が終わり再び成長軌道に乗ったことで、政策担当者や金融自由化と金融革新を唱導した経済学者は自信を深めた。2000年代初頭には、1980年代以降マクロ経済の浮動性が低下して安定的な経済成長が実現し、「不況はすでに過去のものになった」とする「大いなる安定」論さえ登場した。しかし、こうした金融自由化と金融革新の先に待っていたのが、1929年の大恐慌に匹敵する戦後最大の金融危機と過去に類を見ないFRBの「最後の貸し手」機能の大幅な拡張、そして米国政府による前例のない規模での公的資金投入だったのである。

サブプライム金融危機において短期と長期双方にまたがる広範な民間金融市場の麻痺に直面したFRBは、①金融機関への融資の大幅な拡張と②信用市場への直接的な流動性供給を行い「最後の貸し手」機能を大幅に拡張せざるを得なくなった。

第1に、従来FRBの流動性供給はプライマリー・ディーラーを通じた公開市場操作か、預金金融機関による連邦準備銀行の割引窓口へのアクセスによって行われていた。しかし、金融危機で短期金融市場が機能不全に陥り、アメリカ国内外の金融機関が深刻な流動性不足に陥った。そのため、2007年8月に預金金融機関に各地区の連邦準備銀行が資金を供給するターム物入札ファシリティ（TAF）が導入された。また、リーマンショック後には各国のドル流動性不足問題に対処するため、各国中央銀行との間で結んだスワップ契約に基づいてドル資金供給を行った。一方、非預金金融機関である投資銀行には、2008年3月のベア・スターンズ問題の際にプライマリー・ディーラー向けに適格担保証券や投資適格債権を担保に財務省証券を貸し出し、レポ

---

(11)　具体的には、① CDO（Collateralized Debt Obligation）を含む貸出債権の証券化および再証券化、② ABCP（Asset-Backed Commercial Paper）導管体や SIV（Structured Investment Vehicle）などのオフバランス事業体の設立と運営、③ CDS（Credit Default Swap）を含むデリバティブ取引や証券化商品への自己勘定投資などの投資銀行業務を通じて非金利収入を獲得するようになった。より詳しくは横川（2016）を参照。

(12)　FDIC, Statistics on Depository Institutions より。

市場で資金調達を容易にするターム物証券貸出ファシリティ（TSLF）を導入した。しかし、それでも不十分でプライマリー・ディーラー流動性ファシリティ（PDCF）を導入して割引窓口への直接アクセスを開放せざるを得なくなった。

　第2に、特定の金融資産や金融市場の問題に対する FRB の最後の貸し手としての介入は、従来直接資金供給ではなく、その後ろ盾を得た預金金融機関が信用供与を行う形でなされてきた。しかし、リーマンショック後の深刻な短期金融市場の麻痺では、自己資本不足と深刻な信用リスク懸念から銀行がその役割を担うことを忌避した。そのため、FRB が信用リスクを負う形で短期金融資産の買い取りやそれを担保とした融資を行わざるを得なくなった。FRB は各種の流動性ファシリティの形で CP、ABCP、預金証書、銀行手形、ABS などの金融資産を、MMMF や銀行、保険会社、年金基金、投資会社などが運営するファンドから買い取り、機能麻痺した短期金融市場での資金供給を代替せざるを得なくなったのである（小立 2009、8-16、21-23頁）。[13]

　その結果、サブプライム金融危機前の2007年7月末に約9,000億ドルだった FRB のバランスシートは、流動性ファシリティの利用がピークを迎えた2009年10月には約2兆2,300億ドルと約2.5倍に拡大した。その後、最後の貸し手としての短期の流動性ファシリティの利用は減少したが、長期の金融緩和政策である量的緩和政策（QE1〜QE3；2008年11月〜2014年10月）により、財務省証券と MBS の保有が大幅に増加し、2015年2月には保有資産が4兆5,570億ドルまで拡大、2017年7月末でも4兆5,220億ドルと危機前の5倍の水準にある。[14]

　また、米国政府に関しても2008年10月に成立した2008年緊急経済安定化法で、7,000億ドル規模の不良資産救済プログラム（TARP）が創設され、そのもとで金融機関707行に2,049億ドルの公的資金注入、さらに集中投資プログ

---

(13) FRB はこの目的のために、ABCP・MMMF 流動性ファシリティ（AMLF）、短期金融市場投資家流動性ファシリティ（MMIFF）、CP ファンディング・ファシリティ（CPFF）、ターム物 ABS 融資ファシリティ（TALF）という4つの流動性ファシリティを導入した。

(14) FRB, Federal Reserve statistical release, H.4.1より。

ラム（TIP）でシティグループとバンク・オブ・アメリカに400億ドル、資産
保証プログラム（AGP）でシティグループに50億ドルの支援が行われた。保
険会社である AIG に対しても計698億ドルの支援の実施が不可避となった
（みずほ総合研究所 2010、4‐8頁）。

第3節　生産要素の市場化の限界と市場的領域・非市場的領域

　1980年代以降の自由放任主義型の政策の採用とそのもとでの金融自由化の
進展、それに合わせた金融制度改革の実施は、過去類を見ない規模での政策
介入を必要とする金融危機に繋がった。結果的に、資本主義の内生的不安定
化を抑制する制度を解体する一方で、金融危機時には従来どおりの中央銀行
による「最後の貸し手」と財政赤字を伴う「大きな政府」による安定化の政
策介入を維持したことで「ミンスキーの逆説」をより悪化させたことは明ら
かである。フェッリとミンスキーは、内生的な動学により不安定性が生じる
世界では経済環境に慣行・制約・介入を導入することで安定性の外観を達
成・維持できるという「反自由放任の定理」を主張している。そして、経済
の内生的不安定化に繋がる要因を理解し反映した政策介入と制度を持つ社会
体制の方がより「適切」であり、それを含む社会では個の決定は許容可能な
結果に繋がるとしている（Ferri and Minsky 1992, pp.87-90）。ただ、「適切な」
制度による抑制を欠く場合に、金融システムの脆弱性が極めて高まるメカニ
ズムについては依然不明のままであり、こうした問題を明らかにするために
は資本主義経済の不安定性を抑制する制度の役割について、その起源まで立
ち返って検討する必要がある。そこで本節では金子（1997）の「制度の経済
学」の議論に注目する。

　ミンスキーが資本主義経済の生来的不安定性の原因を「不確実性」に求め
るのに対し、金子（1997）は貨幣・土地・労働力という「本源的生産要素の
市場化の限界」と人間の「合理的」認識能力の限界による「限定合理性」
（bounded rationality）の存在にそれを求めた。そのうえで「市場的領域」は、
制度やルール、さらには市場外に排出されるものをすくい取るセーフティネ
ットを含む「非市場的領域」が組み合わさることではじめて機能すると論じ
た。ポランニーが『大転換』の中で商品擬制と評したように、土地・労働・

資本（およびその基礎にある貨幣）は、「そもそも完全に商品化できないものを、人為的に所有権を設定したり契約関係や社会的制度化によって、部分的にも市場経済的に処理」（同1頁）することで、市場メカニズムでの処理を可能にしている。そのため、市場化の限界を補完し、市場メカニズムが機能するための制度が必要となるのである（同1-32頁）。

1　貨幣の市場化の限界と金融革新による「貨幣」供給の増大

　資本とその基礎にある貨幣は、本源的生産要素の1つであり市場化の限界が存在している。これは市場経済が機能するために共通の貨幣が必要なだけでなく、貨幣市場（短期金融市場）とそれに密接に接続している資本市場（長期金融市場）の構造的な安定にも影響する。根本的な問題として狭義の貨幣は弾力的に供給できるものではない。金本位制下の商品貨幣は言うに及ばず、商品貨幣を廃し国家の信用力によって保証された中央銀行券あるいはそれに準じる準備預金に基づく現代の管理通貨制度でも、無制限な貨幣の供給による貨幣価値の大幅な減価（＝インフレ）を避け、その信認を維持する必要からその供給には一定の限界が画されており、金融危機への対応などを除けば弾力的に供給できない。すなわち、「中・長期的には、中央銀行の準備預金供給は、中央銀行券の貨幣（＝現金）としての性格を維持させるために、貨幣需要に対して抑制的態度をとらざるをえない」（野下 1996、124頁）のである。しかし、資本主義経済が絶えず産出量を拡大させていくには弾力的な貨幣供給が必要となる。この問題を解決するために、商業銀行を中心とする金融機関は、金融革新により現金保有を節約し、その流通速度を高める金融手段や貨幣機能代替手段を発展させてきた。その多くは、民間の金融機関が発行する負債（債務証書）であり、その発行体ごとに信用力が異なることから、その現金への転換能力（債務支払能力）の違いに基づいて、貨幣機能代替手段の階層的供給構造が形成される。しかし、金融革新により供給量に一定の限界が画された「狭義」貨幣の保有を代替する金融手段を作り出し、「狭義」貨幣の流通速度を高めることで限界を乗り越えることは、経済全体の流動性を薄く引き延ばし、深刻な流動性逼迫を惹起する可能性を高めることになる（同 117-126頁; Minsky 1982, 第7章）。

　ここで特に重要なのは、これらの貨幣機能代替手段が「狭義」の貨幣供給

の限界を乗り越え、資源をより効率的に活用しようとする私的経済主体間の暗黙の共同行為によって成り立っていることにある。それゆえ、貨幣機能代替手段やその他の金融資産は、独立ではなく相互に階層関係を作り出さざるを得ず、さらにその機能はその発行主体が将来支払いを行うであろうと保有者が「信認（期待）」することによって維持される。そのため、貨幣機能代替手段やその他の金融資産の発行主体の支払能力が疑問視されたり傷ついたりして人々の信認が解体すると、貨幣機能代替手段としての機能が喪失し現金への転換が必要となり、場合によっては階層構造全体に混乱が広がるのである（野下 1996、135-137頁）。

　これらの貨幣機能代替手段の階層構造を機能させる「信認」の仕組みは、その発行体の持つ信用力だけによって規定されるものではない。なぜなら、貨幣機能代替手段の階層的供給構造という市場的領域は、制度やルール、それに接続されたセーフティネットという非市場的領域に支えられることではじめて機能するからである。

2　貨幣市場における「信認」と金融自由化、金融革新

　貨幣市場の円滑な機能には、ミンスキーの言う抑止的システムによる内生的な不安定化の抑制にとどまらず、人々の「信認（期待）」を確保して自己決定を可能にする非市場的領域が必要であり、それが存在することではじめて各経済主体は自身の「安全性のゆとり幅」に基づいて投資の意思決定が可能になる。それには人々の自己決定を可能にする社会的公共性を満たした規範やコードの形成が不可欠となる。金融システムの場合には、少なくとも①中央銀行を頂点とした最終的な権力的強制力の担保、②制度化やルール化により市場で取引される金融手段や金融商品を政府・中央銀行の金融政策手段が有効な範囲内にコントロールされることと、それでも不可避的に生じる金融危機に対し、③市場の崩壊を食い止めるセーフティネットという非市場的領域の形成を通じて、それを満たすことが必要となる（金子 1997、25-32頁）。こうした点を踏まえると、金融システムの再構築では、金融革新による無制限の金融手段や金融商品の拡延を抑制し、金融機関の証券市場での活動と金融革新の拡大に対応する規制が求められていた。しかし、証券市場で活動する金融機関への大がかりな規制は導入されず、むしろ2000年代に入ると2000

年の商品先物近代化法により CDS を含む店頭デリバティブ取引が商品取引所法の適用除外となり、2004年には証券取引委員会（SEC）が CSE（Consolidated Supervised Entities）プログラムを導入して大手投資銀行をネットキャピタル・ルールの適用外としたことで大幅なレバレッジの拡大が可能になるなど、さらなる規制緩和が進展した（小立 2008、129-131頁）。

　その結果、人々は収斂すべきルールを喪失して自己決定が困難になっただけでなく、野放図な金融革新により政府・中央銀行による金融市場のコントローラビリティが大きく低下することとなった。特に深刻だったのは、こうした事態が、金融市場において①他人の「期待」に依拠した行動と②貨幣機能代替手段の階層的供給構造における大規模な「信用の構造化」を進展させ、金融システムの不安定性を大きく高めたことだった。

　第1に、1980年代以降の金融自由化の進展により金融機関の行動を規制してきた多くの金融規制が撤廃された。その結果、近年の金融市場では、その参加者が「群衆行動」（herd behavior）のような他人の「期待」に依拠した行動を取るようになった（Rajan 2005, pp.337-339）。そのため、特定の金融資産に投資を集中するなどして資産価格がファンダメンタルから乖離しやすくなり、資産価格の上昇局面では過大な価格上昇が引き起こされて「市場心理を予測する」投資家たちに利益をもたらす一方、下降局面では過大な価格下落が引き起こされて経済全体を深刻な金融危機に陥れる。また他人の期待に依拠する市場、特により早く資金の回収に動けば回収可能性が高まるセーフティネットのない民間の金融商品に特徴的なこととして、貨幣機能代替手段への「信認」が不安定化すると投資家が一斉に資金を引き上げる「取り付け」の可能性が高まることがあげられる。実際、サブプライム金融危機では、短期金融市場に参加するプロの投資家により「取り付け」が引き起こされた（Gorton and Metrick 2010 pp.279-280）。つまり、金融自由化によって既存の規範やコードが破壊された結果、「収斂すべきルールを見失った人々は、常に他人の『期待』のありかを伺いながら行動せざるを得なくな」（金子 1997、29頁）り、そのもとで「市場心理を予測する」投資家たちによる「人々の期待」のありかを利用した投機が活発化し、その劇的な崩壊がサブプライム金融危機での短期金融市場の全面的な機能停止に繋がったのである。

　第2に、新たな貨幣機能代替手段は、多くの場合、預金通貨のような顧客

と銀行という人格的に結びついた非匿名でローカルな関係から、より広範で多数の参加者が存在する地域的、全国的あるいは世界的な市場を成立させることで現金を節約し貨幣の流通速度を高めてゆく。こうした市場では、取引相手を特定できても具体的な知識に基づいて投資判断を行うのは費用と時間がかかり現実的でなくなる。そのため、取引相手の人格的な信頼という具体的な知識に代わる何らかの信頼の源泉（保証）、すなわち過去からの債務履行の実績や任意時点に市場や発行元に売却して現金に転換可能であるという意味での流動性などが必要になる。また、市場での取引には同じ金融手段同士あるいは他の金融商品との間で比較・代替が可能でなければならない。その結果、利子率や債務不履行率などの定量的な情報、あるいはそれらの定量的な情報に基づく信用格付といった比較可能な情報によって投資判断が行われるようになる一方、借り手や発行体に関する定性的な情報が失われていくことになる。

　つまり、貨幣機能代替手段の「信認」の次元が、「上位のレベルに転換されていくにしたがって、ますます生活世界の基盤から離れ、信頼の対象に関する具体的知識が希薄化し、行為体系・メカニズムとその成果という信頼の形式にのみ依存する」（竹田 1996、55頁）ようになるという意味で「信用の構造化」が生じているのである。その結果、貨幣機能代替手段に対する信認は、債務不履行率の定量的な情報あるいはそれらをもとにした信用格付と、市場でのより上位の貨幣機能代替手段あるいは現金への転換が可能か否かのみによって決まるようになる。実際、サブプライム金融危機では、住宅価格の下落ではなく証券化商品の格下げをきっかけにその信認が崩壊し、2007年8月以降の短期金融市場の機能不全に繋がった（関 2007、19-20頁）。そのため、「信用の構造化」が進んだ市場では、現金への転換可能性の喪失やその可能性が示されるだけで「信認」が一気に崩壊し、流動性危機が引き起こされるのである。

おわりに

　本章では、「制度の経済学」の観点からミンスキー理論の制度論的側面の深化を試みた。ミンスキーの金融不安定性仮説（FIH）には、資本主義経済

の内生的不安定化を論じる「金融的ダイナミクス」と、「抑止的システム」による不安定化の抑制という二側面が存在していた。ただ、「抑止的システム」による安定化は永続的なものではなく一時的なものとなる。なぜなら、利潤追求を行う市場の参加者たちは、抑止的システムを構成する制度や政策介入の仕組みを学習し、それを回避したり利用したりすることで利益をあげようとするからである。こうした金融革新の発生あるいは経済主体による規制を利用した行動の普及は、金融不安定性を高めるだけでなく抑止的システムの有効性を低下させる。そのため、資本主義の内生的不安定性の高まりを抑制する「適切な」制度的仕組みを再構築する必要が生じる。サブプライム金融危機は、1980年代以降に採用された自由放任型の金融自由化と規制緩和、それに対応した健全性規制という制度的仕組みが、金融不安定性の拡大を抑制するうえで「適切な」ものではなかったことを明らかにした。フェッリとミンスキーは、反自由放任主義を掲げる一方、存続する制度的構造は試行錯誤を通じて決まるものであり、「適切な」制度的仕組みが特定の経済理論に基礎を置く政治体制によって形成されたり、担われたりするものではないとしている（Ferri and Minsky 1992, pp.89-90）。そういった意味では、1980年代以降の制度的仕組みの再構築は試行錯誤の一部だったことになるが、サブプライム金融危機はその代償としては大きすぎるものだった。

　金子（1997）を中心とする「制度の経済学」の議論に基づけば、金融市場をめぐる規制や政策などの制度的仕組みは不安定化傾向を抑制するだけでなく、人々の「信認（期待）」を形成・維持することを通じて個の決定を可能にするうえで不可欠の役割を果たす。制度は市場化の限界を補完し、市場メカニズムを機能させるうえで不可欠なものであり、金融システムとりわけ貨幣機能代替手段の階層的供給構造という市場的領域は、人々の自己決定を可能にする社会的公共性を満たした規範やコードを含む制度やルール、それに接続されたセーフティネットという非市場的領域によって支えられて機能している。そのため、1980年代末のアメリカでのニューディール型銀行システムの行き詰まりに主に金融自由化で対応しようとしたことは、人々に収斂すべきルールを喪失させ、「他人」の期待へ依拠することに繋がった。加えて、野放図な金融革新を許したことでより大規模な「信用の構造化」が進展し、貨幣機能代替手段への信認が極めて揺るぎやすい不安定で脆弱な金融構造の

形成に繋がったのである。

　サブプライム金融危機では、セーフティネットの大幅な拡張により危機が恐慌に発展するのは辛うじて食い止められた。しかし、金融システムの安定には人々の自己決定を可能にする社会的公共性を満たした規範やコードを含む制度やルールの再構築が必要なのは明らかである。とりわけ事態の解決を困難にしているのは、現時点でも「ミンスキーの逆説」が有効であり、それが1つの限界に達しつつあることにある。中央銀行による「最後の貸し手」を含む金融セーフティネットは、市場の拡大に伴ってその対象を拡張し続けてきた。金融革新に伴う貨幣機能代替手段の拡大は、従来想定されていない新規の金融手段あるいは従来の金融手段の新たな利用法の導入、地理的な市場の拡大あるいは業態を超えた新たな市場参加者などを伴うことから、既存の市場構造や参加者を対象に構築されたセーフティネットでの対応を困難にする。「市場の拡大に伴ってコミュニティの閉鎖性が崩れるため、セーフティネットに穴が開いてしま」い、「既存の狭いコミュニティを範囲としたセーフティネットが上手く機能しなくなる」（金子 2010、127頁）のである。そのため、セーフティネットもまた金融市場の拡大に合わせて、ローカルな地元のコミュニティから地域的、全国的なものへと張り直されてきた。

　問題は、金融自由化の必然的結果とも言える金融グローバル化の進展が、国境を越えた金融投資を活発にさせて金融市場間のリンケージを高めることから、グローバルな金融不安定性への対処が重要な課題になっていることにある。現実問題として、「権力性と公共性を兼ね備えた単一の世界政府も世界中央銀行も存在しない」（同132頁）だけでなく、それを代位する覇権国システムもアメリカの優位性が低下しつつあり、その基軸通貨ドルを各国の政府・中央銀行が支えているのが現状である。サブプライム金融危機でも世界的なドル供給不足に、FRBとスワップ契約を結んだ各国中央銀行が協調してドル流動性を供給することで対処している。今後、G20などによるグローバルな金融セーフティネットの再構築が機能して「信認」を維持できるのかは非常に不透明であり、これからの推移を注視する必要があると考えられる。

参考文献

Commons, John R.（[1934] 1990）*Institutional Economics*, Vol.2, New Jersey: Transaction Publishers.

Dymski, Gary and Robert Pollin（1994）"The Costs and Benefits of Financial Instability," in Gray Dymski and Robert Pollin eds., *New Perspectives in Monetary and Macroeconomics*, Ann Arbor: The University of Michigan Press.（「金融不安定性の費用と便益」藤井宏史・高屋定美・植田宏文訳『現代マクロ金融論』晃洋書房、2004年）

Ferri, Piero and Hyman P. Minsky（1992）"Market Processes and Thwarting Systems," *Structural Change and Economic Dynamics*, Vol.3, No.1, pp.79-91.

Gorton, Gary and Andrew Metrick（2010）"Regulating the Shadow Banking System," *Brookings Papers on Economic Activity*, Vol.41, Issue 2, pp.261-312.

Minsky, Hyman P.（1982）*Can "it" Happen Again?*, N.Y.: M.E.Sharp.（岩佐代市訳『投資と金融』日本経済評論社、2003年）

────（1986）*Stabilizing an Unstable Economy*, New Haven: Yale University Press.（吉野紀・浅田統一郎・内田和男訳『金融不安定性の経済学──歴史・理論・政策』多賀出版、1989年）

────（1990）"Schumpeter: Finance and Evolution," in Arnold Heertje and Mark Perlman eds., *Evolving Technology and Market Structure*, Ann Arbor: The University of Michigan Press.

────（1993）"Schumpeter and Finance," in Salvatore Biasco, Alessandro Roncaglia and Michele Salvati eds., *Market and Institutions in Economic Development*, Hampshire: Mcmillan Press.

Nasica, Eric（2000）*Finance Investment and Economic Fluctuations*, Cheltenham: Edward Elgar.

Rajan, Raghuram（2005）"Has Financial Development Made the World Riskier?," Proceedings - Economic Policy Symposium - Jackson Hole, Federal Reserve Bank of Kansas City, pp.313-369.

Whalen, Charles J.（2001）"Integrating Schumpeter and Keynes," *Journal of Economic Issue*, Vol.34, No.4, pp.805-823.

────（2013）"Post-Keynesian Institutionalism after the Great Recession," *European Journal of Economics and Economics Policies: Intervention*, Vol.10, No.1, pp.12-27.

Wray, L. Randall（2007）"Lessons from the Subprime Meltdown," The Levy Economics Institute of Bard College, Working Paper, No.522, December 2007.

井村進哉（2002）『現代アメリカの住宅金融システム』東京大学出版会。

小立敬（2008）「ゴールドマン・サックス、モルガン・スタンレーの銀行持株会社化と監督規制のあり方」『資本市場クォータリー』野村資本市場研究所、2008年秋号、120-133頁。

─────（2009）「金融危機における米国 FRB の金融政策」『資本市場クォータリー』野村資本市場研究所、2009年春号、6 -27頁。

金子勝（1997）『市場と制度の政治経済学』東京大学出版会。

─────（2010）『新・反グローバリズム』岩波現代文庫。

関雄太（2007）「サブプライム問題から ABCP 問題へ」『資産市場クォータリー』野村資本市場研究所、2007年秋号、18-25頁。

竹田茂夫（1996）「市場経済と中央銀行制度」金子勝編『現代資本主義とセイフティ・ネット』法政大学出版局、33-69頁。

鍋島直樹（2003）「金融不安性と制度的動学」『富大経済論集』富山大学経済学部、49巻 1 号、115-140頁。

野下保利（1996）「内生的貨幣供給の現代的展開」金子勝編『現代資本主義とセイフティ・ネット』法政大学出版局、106-148頁。

林宏美（2000）「米国の金融制度改革法の論議」『知的資産創造』野村総合研究所、第 8 巻 3 号、36-47頁。

樋口修（2003）「米国における金融・資本市場改革の展開」『レファレンス』国立国会図書館調査及び立法考査局調査企画課。

みずほ総合研究所（2010）「米国の金融危機対応の成果と課題」『みずほ米州インサイト』みずほ総合研究所。

横川太郎（2015）「サブプライム金融危機とミンスキー・クライシス」『季刊 経済理論』経済理論学会、第52巻 3 号、19-31頁。

─────（2016）「アメリカのファンド資本主義化と金融危機」柴田徳太郎編『世界経済危機とその後の世界』日本経済評論社、109-151頁。

第13章

ブレトン＝ウッズ体制期における
英米の通貨管理と財政
——国際金融制度の政治経済学

土橋康人

はじめに

　本章は、近年における国際関係論の進展を踏まえたうえで、英米のブレト
ン＝ウッズ体制期における通貨管理政策を媒介項とし、国際的な金融市場と
国内財政政策および社会的な側面の連関を描出することを目的とするもので
ある。これら三要素の諸関係は、金融危機を契機として急速に表面化したと
言える。

　2008年のリーマンショック以降、各中央銀行によって漸次的に拡張された
大規模金融緩和は、市場に大量の流動性を供給することで、実質賃金の上昇
率を遥かに凌駕する資産価格の上昇を促し、富の不均等な分配を助長させた[1]。
また、低金利を背景とした消費者金融や住宅抵当貸付の再拡大により、民間
の債務比率はリーマンショック以前の水準にまで回帰し、今や何らかの外的
誘因により破裂する可能性のある「時限爆弾」と呼ばれるほどにまで膨れ上
がっている。これら一連の金融緩和政策による富の歪んだ分配や債務比率の
上昇は、各国で推進される緊縮財政策と相俟って社会構造にも影響を与え始
めた。イギリスでは低所得者層による票が EU 離脱の一つの原動力となり、
アメリカではトランプ政権下で、対外的に保護主義を推し進める経済ナショ
ナリズムと、対内的に自由市場を標榜する新自由主義の奇妙な共存関係が表
出したのである。今まさに、グローバルな金融危機が国民国家の財政金融政

（1）Bank of England, The Distributional Effects of Asset Purchases, 2012.（http://www.
　　bankofengland.co.uk/publications/Documents/news/2012/nr073.pdf　2017年10月 8 日最終ア
　　クセス）

策のみならず社会の変容と相互に密接に絡み合う事態が可視化されたと言えよう。

　それでは、国際市場と主権を持つ国民国家の財政金融政策および社会の関係性はどのように理解されるべきであろうか。この複雑な相互連関現象を考察するにあたり、ブレトン＝ウッズ体制後期（1958〜1971年）の金融協調が適切な素材となる。その根拠は、1958年以降ドルの信用が揺らぎ、通貨投機をはじめとする金融市場の不安定性が現出し、それを調整する目的で各国の財政金融政策が修正される中で、社会の変容が加速されたことにある。つまり、異なる音階を持つ主権国家による財政金融政策は国際金融市場という舞台上で奇妙な調和を奏で、社会に変調をもたらしていたのである。してみれば、国際市場と財政金融政策および社会の連関という要素をあまねく抱合しながら動態的に紡ぎ出されたブレトン＝ウッズ体制下の歴史に焦点を当て、国際市場と国内経済政策の関連を再検討する意義が見出される。だが、国際市場と国民国家あるいは国家間の財政金融政策の複雑な連関を検討するためには、アプリオリに導出する個人の合理性を敷衍した理論的前提に縛られる経済学を超え、かつ個別の歴史事象に囚われることなく、学際的な議論を行う必要性に直面する。そこで、経済学や政治学および歴史研究の進展と相補的に変遷してきた国際関係理論から経済政策の分析に有用な枠組みを抽出したうえで、歴史との対照を試みる。

　本章の構成は以下のとおりである。まず次節において、国際政治経済の分析に関連する代表的な国際関係理論の進展を概観し、その諸理論の批判的考察を行う。第 2 節と第 3 節では、国家という単位を超えた金融協調や財政政策の調整が成熟するブレトン＝ウッズ体制期を事例に取り、歴史的な財政金融政策の分析を行う。最後に、理論と歴史を対比させながら、国家間の財政金融政策の連関について考察を行う。

第 1 節　財政金融政策を分析する視座としての国際関係論

　本節では、代表的な国際関係論である覇権安定論およびリアリズムから、構造的リアリズムと自由主義的国際秩序論へと続く理論の進展を俯瞰し、国際経済と国内経済の連関に関する分析に有用な議論を抽出する。

1　覇権安定論とリアリズムアプローチ

　はじめに、国際関係を分析するうえで基軸通貨を裏付ける経済力と国際的に開かれた市場、そして軍事力によって担保される覇権国に着目するものから取り上げよう。この覇権国は、基軸通貨という「共同消費財（collective goods)」を提供しながら対外的に開かれた市場を構築することが求められるため、国際的な自由主義政策と国内経済調整との間での対立が顕在化する場合がある。金子（1997）では、この視点をさらに進め、ニクソンショックなどに見られる相克を一つの起因とした覇権国の盛衰が他の国民国家の制度構造を非線形的かつ不可逆的に変化させていく歴史を描出した。[2]この金子による覇権および国際市場と国内市場の相克を主要因に据えたグローバルヒストリーは、リアリズムの基礎を形成したキンドルバーガー（C. P. Kindleberger）による「覇権安定論（Hegemonic Stability Theory)」とラギー（J. G. Ruggie）の「埋め込まれた自由主義論（embedded liberalism)」を批判的に受け継いだものと考えることができる。以下に、これら両理論の概要を示そう。

　まずラギーは、ポランニー（K. Polanyi）が提示したユートピアとしての自己調整市場によって形成された金本位制と自由主義国家および権力バランスが国際的な安定期をもたらしたという分析を受容する。そして、「社会的な目的」を包摂した国家による国際的マルチラテラリズムあるいは自由市場への志向と、「ケインジアン」政策に代表される国内経済安定化政策が混ぜ合わされることで、第二次世界大戦後の経済体制は桃源郷としてではなく、国家の正当性が確保された「埋め込まれた自由主義」へと昇華したと論じる。[3]

　一方でリアリズムは、1648年に始まるヴェストファーレン体制下において、国民国家は自らの国益の最大化を目指す合理的主体であるため、国家間で不断に衝突を繰り返すものと見なす。ここから、国際市場における「絶対的」な中央権威が不在であり、国民国家の利害が衝突する「無秩序（anarchy)」[4]な戦後国際社会のもとで、いかにして国民国家間の対立が調和され、安定的な国際関係が保たれるのかについての研究が進められてきた。[5]その中でもキ

（2）金子（1997）171-180頁。1971年8月15日にアメリカ財務省が金窓口を閉鎖し、金兌換が停止された。このいわゆるニクソンショックを対内的な経済調整と国際的な自由主義政策の対立という観点から分析したものとしては Gowa（1983）が挙げられる。

（3）Ruggie（1998）pp.62-76.

ンドルバーガーは、イギリスからアメリカへと国際経済権威が移行した権力の空位期間（interregnum）において両大戦が勃発したことを踏まえ、国民国家の政治および軍事的な力を補強する経済的側面を重視し、「共同消費財」である基軸通貨と自由市場を提供する覇権国の存在が国際政治関係に安定をもたらすとした。いわゆる覇権安定論の原型である。他方で、ギルピン（R. Gilpin）などに見られるように、金ドル本位制のもとでの基軸通貨ドルの存在に加え、原子力兵器を基礎としたアメリカのヘゲモニーが国家間での階層（Hierarchy）を構成することによって国際関係が均衡するという、軍事的な側面を強調する理論も提唱された。だが、1971年のニクソンショックによって基軸通貨としてのドルの信用が失墜すると、リアリズムや覇権安定論には必ずしもそぐわない様相を看過しえなくなった。それは、全面的にではないにせよ、アメリカ経済の相対的な衰退に伴い、絶対的な経済的覇権が弱体化するパラダイムの転換が生じる中で、なぜ国際秩序が保たれているのかという問題に直面したことを意味する。また、歴史研究の進捗に伴い、強権的なアメリカという側面の修正も迫られた。例えばルンデスタッド（G. Lundestad）は、マーシャルプランや米英金融協定に代表される経済と軍事援助が西ヨーロッパの過激主義への傾倒を封じ込めるという需要を汲んだものであったとし、その点でアメリカは覇権国としての権力を積極的に行使したのではなく、「招かれた帝国（invited empire）」であったとの見解を示している。さらに、ブレトン＝ウッズ体制期に多様な国際金融協調スキームやEEC 等の経済共同体が生み出された結果、コヘイン（R. O. Keohane）が主張するように、国家間の利害の衝突と並行して、国民国家間の協調や協力という側面を強調する議論もなされてきた。

（4）Bull（2012）chap.1. ブルは普遍的あるいは最も重要な目的を追求する人間行動様式を「秩序」とする。この定義を敷衍し、国家主権や戦争の回避、国家体制の保持などを目的とする国家の国際的な行動様式である「国際秩序（international order）」が、無秩序状態を回避するものとする。

（5）Krasner（2009）p.2.

（6）Kindleberger（1973）chap.14.

（7）Lundestad（2003）p.55.

（8）Keohane（1984）pp.46, 51-64.

2　構造的リアリズムと自由主義的国際秩序

　かかる状況のもとで、ネオリアリズム（neorealism）または構造的リアリズム（structural realism）と呼ばれる国際関係理論の枠組みが精微化されてくる。これは、冷戦体制崩壊後の先進国という観点から見れば、国益最大化を追求する国家がもたらす無秩序な国際社会という前提を維持するも、国民国家は物理的な対外的脅威に対して「生存」を図るため、一定の安全保障体制に能動的に組み込まれるという議論として理解できる[9]。制度経済学やゲーム理論からすれば、自己利益の最大化を図る各国家はナッシュ均衡として安全保障体制に組み込まれ、その制度参加からもたらされる便益が対外的な脅威に自国のみで対処するための取引コストを上回る限り（逓増的収益プロセス）、その制度が持続するものと換言することができる[10]。クラズナー（S. D. Krasner）は、この中で各国家の統治構造はヴェストファーレン型統治（Westphalian sovereignty）、国内統治（domestic sovereignty）、相互依存型統治（interdependence sovereignty）国際法に基づく統治（international legal sovereignty）に分類され、これらの統治類型は「共変的」なものと見なした[11]。

（9）一方で Waltz（1979）chap.5ではシステム理論が提唱され、国際政治構造が国家間の相互関係および作用を決定する主要因として据えられる。この国際政治構造は、システムに秩序をもたらす原理（principle）、構成組織の機能の仕様（specification of functions）、構成組織の能力の分配（distribution of capabilities）によって定義される。

（10）制度経済学と政治学の関係は以下のようにまとめることができる。North（1990）は、制度に人間行動を規定するルールという定義を与え、この制度は市場における取引費用の相対的な変動によって変成するとした。そこでは、情報の非対称性に基づくエージェンシーコストなどの取引費用が制度のメンバーシップからもたらされる逓増的利益（increasing returns）を下回る限り制度は持続し、この人間行動を規定する自己強化的（self-enforcing）制度が経路依存性を作り出すとする。一方で、取引費用が制度参加によってもたらされる利益を相対的に上回ると、アクター間での新たな取引と妥協点が生み出され、制度は変成していくとされる。

　ノースの議論を政治学に持ち込んだ Pierson（2000）は、この逓増的収益プロセスは、政治の領域における集団行動や制度の密度、制度を強化する政治権力、制度の複雑さと不透明さにより強化されるとする。ほかにもグライフは、社会関係の中に存在する制度概念を取り込みつつ、期待や信念、内在化された規範を含む動機（motivation）が理論内にて外的に扱われていることを批判し、この動機が制度的行動の強化をもたらすとした（Greif 2006, pp.8, 384）。だがこれらの制度論は、近代経済学のセントラルドグマである合理的個人という前提との親和性を保っているため、必ずしも本能的習慣を強調するヴェブレンによる思考習慣やコモンズによる法的制度などを抱合しているとは言い難い。

　ここから国際関係と国内政治経済の連関が浮かび上がってくる。つまり、カッツェンシュタイン（P. J. Kotzenstein）が示したように、対外経済政策を一つの起因とした国家と社会の分裂や不協和音という側面を抱合しつつ、資本や労働のグローバルな運動と国内統治の正当性というものが、相互に可変的なものであるとの分析枠組みが出されたのである。だが東西冷戦構造の崩壊とともに、米ソの二極性（bipolarity）が瓦解し、2001年に始まるブッシュ政権以降に顕在化するアメリカの一極性（unipolarity）を直視せざるを得なくなると、国家間におけるゲームのナッシュ均衡としての国際関係の描写も反駁に曝されることとなる。なぜなら、冷戦構造が崩壊したのにもかかわらず、いかにして共変的であるはずの自由貿易と金融自由化を軸とした国際市場が安定的に継続しているのかについて、構造的リアリズムの分析枠組みでは内在的に説明することに困難がつきまとうためである。

　構造的リアリズム理論の瑕疵が次第に観取されることによって、自由市場がもたらす作用を重視した構造的リベラリズム（structural liberalism）または自由主義的国際秩序（liberal international order）という分析枠組みが再び脚光を浴びることとなる。その中でもアイケンベリー（G. J. Ikenberry）は、リアリストの理論的骨子である覇権という非対称的な権力構造による強制的な均衡ではなく、以下の5点を構造的リベラリズムの特徴として銘記する。①国際社会の秩序を保つための安全保障上の相互拘束（security co-binding）②連邦主義というオープンアクセスのアメリカの政治構造が政策決定過程に対する関与を担保することにより、協調的かつ統合的にシステムの正当性の強化がもたらされるという側面（penetrates reciprocal hegemony）③ヴェストファーレン体制とは異なり、日本やドイツなどに代表されるシステムを補完する国家の存在（semi-sovereign and partial great powers）④開放経済がもたらす比較優位

---

(11) 国際法に基づく統治とは、法的独立制を保つエンティティー間で履行される相互承認を意味する。ヴェストファーレン型統治とは、領域内の権力構造から外的アクターを排除するものである。国内統治とは、国家内における公的権力が国境内における政治体を有効にコントロールする能力を指す。相互依存型統治とは、人や資本、財、アイデア、情報などの国境を越えた動きに対して公的権力が制限をかける能力と定義される。Krasner（2009）pp.179-180.

(12) Katzenstein（1978）pp.17-19.

(13) Ikenberry（2006）pp.90-105.

と相互依存（economic openness）⑤対立を緩和し、統合を促進する市民としてのアイデンティティー（civic identity）。これらの制度的特徴が「相互利益」を供与しながら、国家権力の自律性を担保する開放的かつ緩やかなルールを基礎とした自由主義的国際秩序を生み出し、各国民国家が能動的に内包されていくとした。[14]

　構造的リアリズムとの対比としてここで重要な点は、国際的な自由市場から得られる便益と、それを推進するアメリカの「オープンアクセス」という特徴を持った連邦主義が国民国家の自発的な協調を引き出すという点である。

3　自由主義的国際秩序とトリレンマ論の衝突

　しかしながら、国際的な自由市場の拡大を評価する自由主義的国際秩序論は、国家主権と民主主義、ハイパーグローバリゼーションを同時に達成することが不可能であるとの政治的トリレンマを提唱したロドリック（D. Rodrik）の議論との鋭い対立を見ることになる。[15]これは、国際的に跋扈する自由市場が国家主権と民主主義プロセスという国内政治を侵食するという側面をいかに扱うのかという難題を再度突きつけるものであった。つまり、この政治トリレンマは自由主義的国際秩序論が抱える世界市場と国民国家の衝突という側面を捨象する危険性を指摘し、再検討を促すものであるとも評価できる。一方でこの政治トリレンマ論にも問題が残る。ロドリックはその歴史分析の中で、ブレトン＝ウッズ体制はグローバリゼーションを制限しつつ国家主権と民主主義を両立させることが可能であったとする（「ブレトン＝ウッズ妥協（Bretton Woods Compromises）」）。だが後に見るように、ブレトン＝ウッズ体制下で行われた通貨管理という議会制民主主義過程から乖離した政策が国内の財政金融政策の修正を促していく過程に着目すると、このロドリックの議論も再考を要するものであると言えよう。

　以上に概観したように国際関係理論は、歴史の変遷を踏まえつつ制度論的アプローチなどをも組み込みながら、ヘゲモニーという概念を精緻化することによってアドホックに変成してきたとも考えられる。だが、構造的リアリズムの枠組みでは、国内統治と国際経済が共変的なものと見なすも、国民国

---

(14)　Ikenberry（2011）p.18.
(15)　Rodrik（2011）chap.9.

家の制度的かつ歴史的分析という視点が欠けるため、その動態的な連関過程を描出するに至ってはいない。一方で、自由主義的国際秩序も国際的な市場と国民国家の相克という側面を軽視したがために、自由市場がもたらしうる便益を過度に評価した議論に結実していると言える。ここから、国際関係論の根底に横たわる国家の国際システムに対する従属統合かあるいは積極的な統合かというダイコトミーを超え、対内および対外経済政策の「共変性」あるいは「相克」を歴史的に再検討する意義が見出されるのである。

　本節の最後に、ブレトン＝ウッズ体制期の歴史を分析するにあたり、経済学的な視点も指摘しておく必要があるだろう。国際および国内経済政策の関係を経済学で示したのが、マンデルの理論をもとにした、いわゆる国際金融のトリレンマ（固定為替相場、自由な資本移動、金融政策の自立性の三要素を同時に満たすことが不可能）であり、国際金融と国内経済政策の分析枠組みに、未だに大きな影響を与えている。その中でもボルドー（M. D. Bordo）は、国際金融のトリレンマ論を踏襲し、資本移動を過度に規制することなく通貨価値の管理を目指した外為介入は、各中央銀行のインフレ抑制政策を妨げなかった点でトリレンマを回避する試みであったと評価する。だがしかし、アイケングリーン（B. Eichengreen）などが指摘するとおり、第二次世界大戦以降の通貨管理は、国内および国際的な機関を巻き込みつつ複雑な政治過程の中で調整されていた側面も明らかであり、トリレンマの回避という単純化は看過しえない。

　したがって、以下にブレトン＝ウッズ体制後期における通貨管理と英米の財政金融政策の歴史を例に取りながら、国民国家と世界市場の共変性または相克についての考察を行う。なお、紙幅の関係から一次資料は最低限の利用に留めるものとする。

第２節　ブレトン＝ウッズ体制期における通貨管理の黎明（1958-64年）

　本節と次節では、主にイギリスとアメリカの通貨管理政策が両国の財政金融政策、ひいては社会的な側面といかにリンクしていたのかを、ブレトン＝

（16）　Bordo, Humpage and Schwartz（2015）pp.3, 24-26.
（17）　Cairncross and Eichengreen（1983）.

ウッズ体制期の政治経済に着目しながら考察する。

1　基軸通貨の衰勢

　1958年末に顕在化したアメリカの金流出は、ブレトン＝ウッズ体制の綻び
を如実に表すものであった。アメリカによる対外経済援助と軍事支出、対外
民間投資を通じて流出する資本と表面化する貿易赤字からドルの信用に疑問
が持たれ始めたのである。[18] また、1958年に西ヨーロッパ諸国において、事実
上の通貨の交換性回復が果たされたことにより、各中央銀行が金選好を強め
アメリカの金準備の流出に歯止めが効かなくなったことも影響した。結果と
して、1957年の355億ドルの経常収支黒字が吹き飛び、1959年には213億ドル
の赤字へと転落することになる。[19] これにより、第二次世界対戦直後の国際金
融市場におけるドル不足への対処という問題は、過剰なドルをいかにコント
ロールするかという課題へと転換し、新たな通貨管理政策の必要性に迫られ
ることとなった。[20] ドルの信用に綻びが生じる一方で、統計データは1959年か
ら1971年のブレトン＝ウッズ体制が安定期または全盛期であったことを指し
示している。[21] この統計が示す静謐なシステムと断続的に生じる危機というパ
ラドックスは、下記に述べるように国際的かつ国内的な調整を伴った財政金
融政策によって生み出されたものであった。

　金流出を伴う基軸通貨としての信用が揺らぐ中で、アイゼンハワー大統領
の当初の試みは、西ドイツに対する軍事援助の縮小により財政支出の削減を
図ることであった。しかし、駐屯兵の削減は西ドイツの核軍備化を招くとい
うアデナウアー西独首相からの反発に遭い頓挫することになる。[22] 軍事支出の
削減が思うように進まず、決定的な打開策を見出せないアメリカ政府を横目
に、国際金融市場の通貨投機圧力は高まりを見せ、金価格は不安定な動きを
示した。それに対して、1960年３月にはイングランド銀行（BOE: Bank of En-

---

(18)　Meltzer（2009）p.26.
(19)　James（1996）pp.154-155. なお、流動性ベースの経常収支赤字は1959年に387億ドル
　　　まで膨らんでいた。また、1961年にはアメリカの対外ドル債務が金準備を超過する事
　　　態に陥っていた。
(20)　Cohen（1977）pp.98-99.
(21)　Bordo（1993）pp.4-28.
(22)　Gavin（2004）pp.34-35, 45-50.

gland）が、ロンドン金市場における金価格の高騰に対処するため金売り介入
を図った。だが、アメリカ連邦準備制度（Fed: Federal Reserve）がオペレーシ
ョンに必要な費用負担に難色を示したため、BOE は介入規模の縮小を余儀
なくされた。その結果、アメリカ大統領選挙期間中である10月20日には、ロ
ンドン金市場において金価格が40ドルを突破し、ドル価値の暴落が喫緊の問
題として認識されることになる。この金危機により、ケネディ上院議員はフ
ィラデルフィアで金価格の維持という公約を発表することに至る。その
後、12月27日には、ケネディの作業部会の議長を務めるジョージ・ボール
（Under Secretary of State: 国務次官）が、通貨管理全般に関する報告書を提出し
たが、国際金融制度の急進的な改革案が含まれていたため破棄された。その
ため、1961年 1 月18日に代替的にアラン・スプロール（前ニューヨーク連銀
総裁）がイニシアチブを取った報告書が作成され、その後のケネディ政権の
財政金融政策運営に影響を与えていくことになる。[25]

2　通貨管理体制確立の余波

　一方で、ロバート・ローザ（Under Secretary of the Treasury for Monetary Affairs:
金融担当財務次官）が外周的防御（outer perimeter defense）と呼んだ、国家を超
えた金融セーフティーネットの発展も見られるようになる。1961年 3 月に、
ニューヨーク連邦準備銀行が先物市場においてマルク売り介入を行い、翌年
には各中央銀行間で 3 か月物の連邦準備スワップライン（通貨スワップ）を
張り巡らせた。また、それに続いて TB（財務省短期証券）に転換可能な外貨

(23)　A Statement by Senator John F. Kennedy on the Balance of Payments, Philadelphia, Pennsyl-
　　vania, October 31, 1960 in Roosa（1967）, Appendix I, pp.265-270. 公約の内容は、他国のア
　　メリカに対する貿易障壁の撤廃や柔軟な財政金融政策、人的資本の発展等を含むもの
　　であった。
(24)　11月には各中央銀行が協調的にロンドン金市場で金売り介入を行うことで、金価格
　　の高騰は一時的に終息を見ることになった。この協調的オペレーションは、ロンドン
　　金市場においてヨーロッパの中央銀行が金融目的のために金現送点（35.20ドル）を越
　　える価格で金を購入しないという「紳士協定」を含むものであり、後の金プールの基
　　盤となった。Strange（1976）p.76; Schwartz（1987）p.342; Schenk（2010）p.246.
(25)　Roosa（1967）, Appendix II, pp.271-299を参照。この報告書は減税や輸出振興、レギュ
　　レーション Q（銀行預金金利の上限規制）の廃止などの国内金融制度改革、オペレー
　　ションツイストなどの国債管理政策を含むものであった。

建て非市場債を発行することで、アメリカの短期資本流出を招くことなく、スワップラインの債務返済が図られた。これら一連の政策により、アメリカは国際金融市場にあふれたドルの回収に乗り出したのである[26]。

　国際的な通貨管理スキームが構築されていく一方で、イギリスとアメリカ両国の金融調整は複雑な様相を呈していた。それは、第二次世界大戦中に国際金融市場に蓄積された準備通貨としてのポンド（スターリング残高）がドルに転換されると、そのドルがアメリカ財務省に持ち込まれて金に交換され、金流出（ドル減価）を招くという裁定取引構造が関係していた。そのため、イギリスとアメリカはドルだけでなくポンド価値の安定化を追求する必要にも迫られていたのである。さらに、国際的な金市場はロンドンに集約されていたため、ドル価値の維持および1オンス35.20ドルを閾値とする金価格の金現送点範囲内への封じ込めには、イギリスの協調的な政策を引き出す必要性があったことも事態を複雑にさせた[27]。

　1961年のベルリン危機以降、通貨投機圧力が強まると、協調的に各中央銀行が金を拠出し、BOEが代理機関としてロンドン金市場に直接介入を行うという金プール（gold pool）が確立された。それに続いて、先述の連邦準備スワップが拡張されていく。その際、当時のマクミラン英首相は、ドル売り金蓄積を通じて、ドル準備の減少による通貨減価のリスク回避と国際金融市場でのポンドの復権を目指していたが、イギリス財務省とBOEからの圧力を受け修正を迫られていた[28]。その結果、アメリカ財務省からのイギリスの金取得の権利保証（earmark）の確約を交換条件として金プールが制度化されることとなる[29]。まさに通貨管理政策という舞台上での攻防が繰り広げられていたのである。

---

(26)　Coombs（1976）pp.71-72; Schwartz（1987）p.340.

(27)　金現送点とは、金の価格（1オンス35ドル）に保険などの輸送にかかる費用を加えたものであり、一般的に35.20ドルとされていた。しかし、金プールの制度化の際に、中央銀行向けに二重金価格が設定されたことや、1968年に民間と中央銀行の間で二つの金市場が生み出されたこともあり、ブレトン＝ウッズ期において金現送点は変動していたと評価することも可能である。

(28)　The National Arcives, Kew（以下「UKTNA」という）, PREM11/4203, From the Prime Minister to the Chancellor: The Almighty Dollar, 22 May 1962. PREM11/3302, Gold Exchange Standard: A danger to the West, 7 July 1962.

　同時期には、財政金融政策をめぐって Fed およびディロン米財務長官と大統領経済諮問委員会（CEA: Council of Economic Advisors）の間における対立も鮮明になっていたが、この金プールと連邦準備スワップラインの制度化は、アメリカの政治体制にまで影響を与えることになる[30]。例えばケネディは、1961年夏にマーティン連邦準備制度理事会議長の交代を考慮していたが、ディロンと共にイギリスを端緒とした国際的な金融協力を引き出すことに成功したことで、マーティンは再任され、Fed の地位を高めることにつながったとされる。その後、この国際的な金融調整は、アメリカの財政政策へも影響を及ぼしていくことになる。それが顕在化するのが、ケネディがベルリン危機に費やされる軍事支出を増税で調達しようと試みた際である。ケネディの増税案に反対するウォルター・ヘラー（CEA 委員長）は、ポール・サミュエルソン（MIT）をケネディ説得のために送り込んだことで、急転直下軍事支出のファイナンスは増税ではなく公債発行によって賄うことになった[31]。だが、その代償としてケネディは1962年の 1 月に次財政年度の均衡予算を公約させられることとなる。これら国家を超越した中央銀行間の金融調節スキームは、IMF-GATT 体制および OECD の権限を補完するものであったと考えられるが、その後この「通貨管理のセーフティーネット」は自由市場の代弁者として関係各国への財政金融政策に影響を与え始めることになる。

　ほかにも、通貨管理をめぐる問題は外交の分野にまで影響を与えていたことも指摘しておかなければならない。その一つがイギリスの EEC 加盟問題である。ドルおよびポンドの防衛には、経常収支黒字国である西ドイツの経済政策上の譲歩が必要と認識されていたが、EEC という存在が防塁となり

---

(29) この金プールは極秘事項として扱われ、英米両国の政府内においてもオペレーションの実態を知るものは限定されていた。その後、IMF を媒介とした特別引出権（Special Drawing Rights: SDRs）や一般借入れ取り決め（General Arrangements to Borrow: GAB）の創設を含む多角的な国際金融調整スキームの議論が進展することになるが本章では取り扱わない。

(30) 対立の構造としては、ディロン、マーティン、ローザがヘラー、ボール、ロストウ（国務省政策企画本部長）の減税政策に反対する形であった。ローザはカナダの通貨切下げを例にとり、ケネディに減税政策の回避を迫っていた。また、ディロンとローザは多角的な金融制度改革案を骨抜きにする一方で、通貨投機の際の流動性供給スキームの拡張に集中した。

(31) Hargrove and Morley（1984）pp.199-200.

アメリカの要求は、国防費負担の一部引上げなど部分的にしか受け入れられない状況が続いていた。そこで、イギリスとアメリカは、西ドイツに展開されていた米英駐屯兵の引上げ案を示唆させながら、西独マルクの切上げを求めた。さらにアメリカは、イギリスを EEC に加盟させることで、西ドイツやフランスの経済政策に間接的に影響を及ぼすことを意図していた[32]。しかし、イギリスの第一次 EEC 加盟申請はドゴール仏大統領に阻まれ、通貨価値維持のための新たな政策は模索され続けていくことになる[33]。

　一方で、イギリスの金融政策も通貨管理に適応すべく改革を進めていた。この改革に影響を与えたのがケインズの流動性理論を発展させ、金利政策を通じた流動性ポートフォリオ調整の有効性などについて論じる1959年のラドクリフ報告である。この報告に関連する政策案としては、アメリカのオペレーションツイストの導入と同様にイギリスでも長期金利の引下げが模索されたことが挙げられるだろう[34]。この長期金利の引下げを、マクミラン首相は地方自治体の公債発行負担の緩和と住宅金融の促進、民間投資の拡大を通じた輸出振興による経常収支赤字の回復に利用しようと試みていた[35]。だが皮肉にも、政府による補助金を通じた長期金利の操作は、イギリスが自ら舵取りに積極的に参加していた GATT によって制限されていたために、長期金利操作改革の主導権は徐々に BOE に握られ、インフレ抑制と健全な国債市場（gilt-edged market）の維持という観点から骨抜きにされていった。結果としてイギリスの対内的な経済政策は短期金利操作と選択的信用統制を中心とした

---

(32) John F. Kennedy Presidential Library, Lord Harlech Oral History Interview, 1965, p.51.

(33) Ellison（2007）．マクミラン英首相は英仏の核技術協力などを持ち出し、ドゴール仏大統領の懐柔を図ったが、イギリスの EEC 加盟によるアメリカの影響力の増大を懸念したドゴールが拒否権を発動したとされる。

(34) オペレーションツイストとは、短期金利を引き上げることで海外短期資本を呼び込み、長期金利の引下げにより国内の民間投資の活性化を図るものである。近年のアメリカにおいては、2011年に国債満期構成の長期化を通じて長期金利を引き下げることが目指された。

(35) そのほかに、国内預金と海外預金を分離させることも考慮されていた。これは海外預金者に対する短期金利を高く設定することで、資本流入を促進させることを意図したものであった。一方で、輸出者に対しては商業銀行と保険会社から優遇金利にて融資を受ける制度が設立された。また、BOE は長期金利を 5-5.5% の範囲内で推移させることに一時的に同意していたことも合わせて指摘しておく。

金融政策、そして財政支出の増減を経常収支の動向に順じて往復させるストップゴー（stop-go）という呪縛から逃れることはできなかったのである。

第 3 節　通貨管理をめぐる攻防とその帰結（1964-71年）

1　通貨管理による国内統治とその限界

　その後ジョンソン米大統領政権期になると、多角的な国際金融調節だけでなく、英米間における相互的かつ高圧的な金融調整が始まることになる。この両国における衝突が鮮明に現れたのが、1964年初頭にヒューム英首相とモウドリング英財務大臣が政策金利の 1 パーセントの引上げによってポンド投機を抑制したうえで、予算規模の増大を目指した際である。この金利引上げがアメリカからイギリスへの資本流出を促進させ、ドルの減価圧力を高めかねない潜在的な脅威であると懸念したジョンソンは、イギリスに政策金利の凍結を強硬に求めた。また資本流出のみならず、交渉過程の中でヘラーは、イギリスの政策金利の引上げがマーティン Fed 議長やドル防衛を求める勢力の影響力を強め、アメリカの財政政策運営に影響を及ぼすことに対して懸念を表明していた。[36]　このことから、両国は経常収支勘定の回復という目的だけでなく、自らの財政政策の遂行と政治闘争のために、国際通貨管理をめぐって対立を深めていたことがわかる。

　この通貨管理における英米の衝突は、後のウィルソン英労働党政権にも引き継がれていくことになる。決定的な一次資料に欠けるが、1964年にウィルソンが労働党の党首として訪米した際に、ジョンソン大統領と会合を持ち、政権を奪取した暁にはポンド切下げを阻止するという「秘密協定」を結んだとされている。[37]　これは、上述のようにポンド切下げがポンド売りドル買いを喚起し、そのドルを用いてアメリカ財務省から金が流出していくのを防ぐためであったと考えられる。また、イギリス労働党政権にとっても、1949年のポンド切下げがその後の保守党の長期政権を招いた一因になったこともあり、

（36）UKTNA, PREM11/4772, Note for the Record, 27 February 1964. この交渉後、ヒューム首相は政策金利の 1 ％ の引上げを断念することになった。

（37）　この秘密協定に言及した研究や証言は数多く存在するが、その一覧は Dumbrell（1996）p.211を参照。

通貨切下げ阻止を優先せざるを得ない状況に直面していたとも評価される。[38]
同時に、為替操作のみならず金利操作をめぐっても米英は関係を強めていた。
ウィルソンは首相就任直後、ジョンソンへの公電を通じて、アメリカの財政
金融政策への影響を最小限に留めるようにイギリスの短期金利を調整するこ
とを表明している。[39]つまり、米英の通貨管理は複雑な政治状況に翻弄されな
がらも、二国間での調整を経て確立してきたことがわかる。

　米英における金利操作や通貨価値の維持などの枠組みが構築されていく一
方で、イギリスでは1964年の経常収支赤字が8億ポンドと見込まれたことに
加え、労働党政権発足後の秋季予算の発表を受けて、激烈なポンド投機に見
舞われた。ここではBOEが主体となり、16の中央銀行とBISから30億ドル
のクレジットラインを3日間で取り決め、政策金利の5％から7％への引
上げと、輸入課徴金を導入することで乗り切ることに成功した。[40]しかし、こ
のポンド危機とそれに付随する国際金融援助は後の労働党政権の財政政策を
著しく制限することにつながっていく。

　この労働党政権による税制改革は、「ソーシャリストタックス」と評価さ
れる。[41]その骨子は、税のループホールを塞いで公正性を高めつつ、再分配強
化の財政運営を目指したことにあった。だが、1965年の2月にIMFのシュ
ワイツァー専務理事とキャラハン財務大臣との間で会談が持たれ、輸入課徴
金の撤廃と緊縮予算を求められたことにより、税制改革は暗転していく。[42]ま
た、各中央銀行から抜本的な外貨準備を増強するための政策を求める圧力が
強まり、さらにBOEが海外金融機関から「頭に銃口を突きつけられている」
との認識を示したように、ポンド防衛のための施策は国内外から強硬に要求

(38) Bale (1999). 加えて、ベイルは国際金融システムの保持のためにイギリスがポンド
　　切下げ阻止を行ったとの評価を行っている。
(39) Foreign Relations of the United States, 1964-68, vol. Ⅷ, doc. 233, Message from Prime
　　Minister Wilson to President Johnson, November 19, 1964。一方で、ウィルソンはイギリス
　　がIMFからの借り入れ（stand-by）を申請する際の援助もアメリカ側に要請していた。
(40) このポンド投機の激化とポンド切下げ回避をめぐる政策評価については Oliver
　　(2011)、Oliver (2012)、Newton (2009) における論争を参照。
(41) Whiting (2000) p.172. この税制改革は、税の公正と現代化、そして富の分配を目指し
　　たものであると評価される。
(42) UKTNA, T171/ 801. Record of discussion on 3rd February, 1965 between Chancellor and
　　Managing-Director of I.M.F.

されていくことになった。[43]

　この国内外からの圧力は、後の緩やかなデフレ予算へと影響を及ぼしてい
くが、これに対して労働党政権はインセンティブを持たせた税制改革によっ
てポンド投機への対応を試みることになる。その一つがニコラス・カルドア
によって練られた「ソーシャリストタックス」の軸とされる法人税とキャピ
タルゲイン税改革を利用したポンド投機への対処である。[44]それまでは、法人
税は所得税（41.25％）と超過利潤税によって構成され、配当は2.5％の利率
で課税されていた。この両税を法人税に統合し、企業間配当課税を課すこと
で、配当から企業投資への誘因を作ることが改革の主目的であった。[45]また、
マクミラン政権の際に導入された短期キャピタルゲイン税を拡張し、長期キ
ャピタルゲイン税の導入も図った。これらの税制改革は金融から企業投資へ
の誘導を図るものであり、大胆な税制改革を喧伝することによって国際的な
緊縮予算圧力を受け流すことも意図されていた。だが、法人税改革案の中の
企業間配当課税は BOE からの抵抗に遭い、海外企業に対する法人税も二重
課税問題からアメリカの批判を招くことにつながった。さらに、キャピタル
ゲイン税改革をめぐっても、多額の国債保有主体である機関投資家からの反
発に労働党政権は直面した。この金融市場との摩擦が原因となり、1976年の
IMF 危機の際と同様、ロンドンの金融市場における国債の不買運動（buyer's
strike）が起こったことで国債金利上昇の兆しが見られ、キャラハンと財務省
は税制改革の譲歩を余儀なくされていった。[46]

---

(43)　Bank of England Archive, G1/556, Conversation with Sir Denis Rickett, 29th January 1965.

(44)　この税制改革における両税は政権奪取前の労働党大会より練られたものであった。
Kaldor Papers, King's College, Cambridge（以下「Kaldor Papers」という）NK11/1/47-48,
Labour Party, Taxation Working Party, Minutes（4）31 January, 1964. Kaldor Papers,
NK11/1/58-59, Labour Party, Taxation Working Party, RD.623 / January, 1964. また翌1966年
には、SET（Selective Employment Tax）と呼ばれる賃金税が導入され、産業の現代化
と輸出振興が促進されることになる。

(45)　税制改革の素案を練ったカルドアは、企業間配当課税が税逃れの温床となっている
との認識も示していた。Kaldor Papers, NK/3/19/294, The letter to Mr. D. G. Hartle, Royal
Commission on Taxation, from Kaldor, 26th October 1964.

(46)　1976年の IMF 危機の際に生じた国債の不買運動によって、最低貸出金利（minimum
lending rate）は9％から11.5％へと上昇した。この際、ロンドンのシティはニューヨー
クの金融機関などに対してイギリス国債を買い入れないよう勧告していたとされる。
Burk and Cairncross（1992）p.52.

　結果として、企業間配当課税は骨抜きにされ、キャピタルゲイン税の課税ベースは想定よりも狭められ、ソーシャリストタックスは単年度の企業減税として現出した。労働党政権は、長期的な税制や構造改革によって経常収支赤字を克服し、ポンドの安定に努めることを念頭においていたと評価されるが、[47]政権奪取直後にその道は深い霧の中に包まれたのである。その後、当初の素案から逸脱した税制改革を受け入れた労働党政権は、ジョージ・ブラウン（Department of Economic Affairs）を軸として、労働組合に制定的な賃金上昇の抑制や凍結を受容させる作業に強いられることになる。しかし、この所得政策への傾斜は労働党政権と産業組合との関係を徐々に冷え込ませていくことにつながった。

2　ポンド切下げとブレトン＝ウッズ体制の崩壊

　他方で、ベトナム戦争の泥沼化によりインフレが世界的な問題へと認識され始めると、国際的な通貨管理は新たな段階へ進んでいく。物価上昇と財政支出の拡大によってドル信用の揺らぎに直面したアメリカは、ポンド防衛の見返りとしてイギリスに対してベトナムへの派兵を求めた。だが、ウィルソン首相はアメリカの継続的な援助を基礎としたポンド防衛策の確保と海外政府支出の削減を重視し、ベトナム派兵を回避するため SUNFLOWER とコードネームが付された秘密外交政策を行った。米国務省と水面下で接触しながら休戦に向けて動いたのである。[48]しかしながら、ベトナムに降り注ぐ爆弾の雨は止まず、財政支出の拡大と戦時経済ブームによりインフレ率が急騰し、ドルは通貨投機の濁流に飲み込まれることとなった。

　一方でイギリスも1967年の第三次中東戦争の勃発と秋以降に激化する港湾ストライキによる輸出停滞によって外貨準備が減少し、ポンド投機が再燃する。[49]そして、ついに1967年の11月に英政府はポンドの切下げを決断することになる。[50]この切下げに伴い、法人税増税や国防費縮小などの財政措置が取

---

(47)　Bale（1999）.

(48)　Boyle（2003）.

(49)　Cairncross（1996）.

(50)　この決定の背景には、EEC 加盟にポンドの切下げとスターリング残高の解消が不可欠とするフランス（ポンピドゥー首相とドゴール大統領およびミュルヴィル外務大臣）からの圧力の存在も指摘されている。

られ、また翌1968年には所得税引上げなど9.4億ポンドの増税と7億ポンドの財政支出削減の緊縮予算を強いられることになった。しかし、ポンド切下げ以降もJカーブ効果などの影響もあり、イギリスの貿易赤字は劇的に縮小することなく、輸入物価の上昇から逆に実質賃金の低下を招くことにつながった。このことが一因となり、1968年には社会不安と労働組合争議が一気に噴出し、その後の保守党政権への道を開くこととなる。[51]

　国際的な視点に目を転じれば、ポンドの切下げ回避の失敗は、ドル信用の失墜につながり、ブレトン＝ウッズ体制の崩壊へと突き進んでいくことになる。[52] アメリカにおいてはベトナム戦争に対する反戦デモや公民権運動が激化の一途を辿り、インフレの顕在化と共にドルに対する投機も激しさを増した。そして1968年には、ロンドン金市場における公定価格が民間向けと政府向けに分離され金の二重価格市場が生み出されることになる。ここに、ブレトン＝ウッズ体制の根幹である金とドルのリンクが断絶し、たび重なる通貨管理政策のもとで覆い隠されていた金融システムの綻びが表出するのである。その後も1969年まで、フランスの通貨切下げの断行や西独の国境税調整、マルクの切上げなどによりブレトン＝ウッズ体制の維持が図られたが、国際金融市場における投機が収束することはなかった。そして遂にニクソン米大統領は、対外経済政策と対内政策の自律性を天秤にかけた結果、[53] 自国の政策の遂行を目的として金窓口の閉鎖を通告することにより、ブレトン＝ウッズ体制は一つの終焉を見ることとなった。

---

(51) Crouch（1978）pp.207-213. 1968年から激化する労使紛争と1969年に生じる賃金爆発（wage explosion）の経済的背景には、ポンド切下げによる物価上昇に加え、所得政策の緩和によって抑制されていた賃上げ需要が高まったことや、労働党政権時代に行われた増税とデフレ予算による可処分所得の減少に対する不満があった。

(52) Cairncross and Eichengreen（1983）.

(53) Gowa（1983）1971年の8月15日の米財務省による金窓口の閉鎖により、金ドル体制であるブレトン＝ウッズ体制は崩壊したが、変動相場制への移行は1973年まで待たなければならない。

おわりに

　このブレトン＝ウッズ体制期における英米の財政金融政策をめぐる歴史と、国際関係理論から得た視点を対照させて本章を閉じる。

　まず、リアリズムに見られるように、国益最大化を目指す合理的なアクターである国民国家の不均等な権力構造のもとでの均衡という観点からシステム全体を分析する国際関係理論の限界が見て取れるだろう。確かに、基軸通貨としてのドルを背景としたアメリカの強大な経済力に従属するという形で国民国家が「秩序」に組み込まれていくという側面も否定することはできない。だがしかし、その基軸通貨としてのドルの「絶頂期」は、皮肉にも絶え間ない国民国家間の部分的協調と国民国家に従属しない BIS や超国家的な金融調整スキームにより支えられていたことも看過しえない。

　また、構造的リアリズム論を特徴づける、制度のメンバーシップから得られる便益により国民国家が能動的にシステムに組み込まれていくという議論を一概に適用するのにも困難がつきまとうだろう。イギリスを例に取れば、ポンド防衛のために行われる通貨管理政策は、自国の財政政策を侵食することで所得政策への傾斜をもたらし、EEC 加盟やベトナム戦争派兵の拒否を図るうえで足枷になっていることを認識していたからである。それにもかかわらず、イギリスがシステムの保持に固執したのは、複雑な政治過程や制度構造により、合理的に費用便益計算をすることが不可能であるという要因も影響している。そして、逆説的にもポンド切下げによって通貨管理政策という負担から解放されたイギリスは、実質賃金の低下から労働争議が激化した結果、賃金インフレや労働組合争議という新たな問題に直面することになる。

　さらに、自由主義的国際秩序論の一つの根幹である、自由市場から得られる便益を享受する形での秩序の形成という議論にも疑問を持たざるを得ない。先に述べたとおり、ロドリックは国家主権と自由市場をもとにしたグローバリゼーション、そして民主主義のトリレンマを指摘した。これは、ラギーの埋め込まれた自由主義論を拡張して国際的な自由市場と国内的なケインジアン政策の相克に焦点を当て、現代的に言い換えたものであるとも理解できる。この対内経済政策と対外経済政策の衝突という点を自由主義的国際秩序論は覆い隠す危険性を孕んでいる。上記に概観したように歴史をひもとけば、英

米の財政政策は、不断に国際金融市場や通貨管理政策の調整過程から侵食を受け、修正を迫られていたことは明白である。

　では、いかにブレトン＝ウッズ体制を理解すればよいのであろうか。それは、利害が分散した多様な組織によって成り立つ国家が、国内政策と国際的な政策の衝突を緩和するバッファーとして国際金融調整を行っていたという点が重要である。そしてこの議会制民主主義プロセスの外部または「外縁」に位置する国際金融調整という経路を媒介として、各国の財政金融政策のみならず外交政策が修正あるいは統制されつつ、国民国家は不安定ながらにも均衡していたことになる。だが、この緩衝材が機能不全に陥ってくると、対内および対外経済政策の間における亀裂が表面に晒されるのである。上述したように、アメリカでは他国の金融調整を引き出すことで自国の財政政策の自律性を担保しようと試みた。また、イギリスはポンド防衛の代償として財政政策の修正が行われたが、その見返りに外交軍事政策では効果的な成果をあげることが可能となった。西ドイツは、部分的な経済的譲歩により、無防備に東西冷戦構造の中へ晒されることを避けたといえよう。しかし、1967年のポンド切下げからブレトン＝ウッズ体制の崩壊にかけて、国際的な金融セーフティーネットが機能するために必要な政治調整の求心力が弱まるにつれ、それまで覆い隠されてきた財政金融政策の矛盾が国内レベルで噴出し、制度や社会が動態的に転換していくことにつながるのである。

　最後に、本章から得られる知見は閉鎖経済モデルを前提とした財政や金融政策研究とは対照的に、外部要因とされていた国際金融協調や通貨管理を分析対象として内部化することにより、財政金融政策の変遷を描写する有意性にある。この国際金融のパラダイムシフトを分析対象に据える手法は、1970年以降から急速に自由化され肥大化した国際金融市場と、今まさに転換されつつある現代の国家単位を超えた財政金融政策の連関を考察するのに一つの視座を与えうるものである。

参考文献

Bale, Tim（1999）"Dynamics of a Non-Decision: the 'Failure' to Devalue the Pound, 1964–7," *Twentieth Century British History*, Vol.10, No.2, pp.192–217.

Bordo, Michael D.（1993）"The Bretton Woods International Monetary System: A Historical Overview," in Michael. D. Bordo and Barry Eichengreen, eds., *A Retrospective on the Bretton Woods System: Lessons for International Monetary Reform*, Chicago: The University of Chicago Press, Chapter 1, pp.3–108.

Bordo, Michael D., Owen F. Humpage and Anna J. Schwartz（2015）*Strained Relations: US Foreign-Exchange Operations and Monetary Policy in the Twentieth Century*, Chicago: The University of Chicago Press.

Boyle, Kevin（2003）"The Price of Peace: Vietnam, the Pound, and the Crisis of the American Empire," *Diplomatic History*, Vol.27, No.1, pp.37–72.

Bull, Hedley（2012）*The Anarchical Society: A Study of Order in World Politics*, New York: Columbia University Press.

Burk, Kathleen and Alec Cairncross（1992）*Goodbye Great Britain: The 1976 IMF Crisis*, New Haven: Yale University Press.

Cairncross, Alec（1996）*Managing the British Economy in the 1960s: A Treasury Perspective*, Basingstoke: Macmillan.

Cairncross, Alec and Barry Eichengreen（1983）*Sterling in Decline: The Devaluations of 1931, 1949 and 1967*, Oxford: Basil Blackwell.

Capie, Forrest（2010）*The Bank of England 1950s to 1979*, Cambridge: Cambridge University Press.

Cohen, Benjamin J.（1977）*Organizing the World's Money: The Political Economy of International Monetary Relations*, New York: Basic Books.

Coombs, Charles A.（1976）*The Arena of International Finance*, New York: John Wiley & Sons.

Crouch, Colin（1978）"The Intensification of Industrial Conflict in the United Kingdom," in Colin Crouch, and Alessandro Pizzorno, eds., *The Resurgence of Class Conflict in Western Europe since 1968, Volume 1: National Studies*, Basingstoke: Macmillan, Chapter 6, pp.191–256.

Daunton, Martin（2002）*Just Taxes: The Politics of Taxation in Britain,1914–1979*, Cambridge: Cambridge University Press.

Dumbrell, John（1996）"The Johnson Administration and the British Labour Government: Vietnam, the Pound and East of Suez," *Journal of American Studies*, Vol.30, No.2, pp.211–231.

Ellison, James（2007）*The United States, Britain and the Transatlantic Crisis: Rising to the Gaullist Challenge, 1963–68*, Basingstoke: Palgrave Macmillan.

Gavin, Francis J.（2004）*Gold, Dollars, and Power, The Politics of International Monetary*

Relations, 1958-1971, Chapel Hill: The University of North Carolina Press.

Gilpin, Robert.（1987）*The Political Economy of International Relations*, Princeton: Princeton University Press.

Gowa, Joanne（1983）*Closing the Gold Window: Domestic Politics and the End of Bretton Woods*, London: Cornell University Press.

Greif, Avner（2006）*Institutions and the Path to the Modern Economy: Lessons from Medieval Trade*, Cambridge: Cambridge University Press.

Hargrove, Erwin C. and Samuel A. Morley eds.（1984）*The President and the Council of Economic Advisers: Interviews with CEA Chairmen*, Colorado: Westview Press.

Ikenberry, G. John（2006）*Liberal Order and Imperial Ambition: Essays on American Power and World Politics*, Cambridge: Polity Press.

─────（2011）*Liberal Leviathan: The Origins, Crisis, and Transformation of the American World Order*, Oxford: Princeton University Press.

James, Harold（1996）*International Monetary Cooperation Since Bretton Woods*, New York: Oxford University Press.

Katzenstein, Peter J.（1978）"Introduction: Domestic and International Forces and Strategies of Foreign Economic Policy," in Peter J. Katzenstein ed., *Between Power and Plenty: Foreign Economic Policies of Advanced Industrial States*, Wisconsin: The University of Wisconsin Press, Chapter 1, pp.3-22.

Keohane, Robert O.（1984）*After Hegemony: Cooperation and Discord in the World Political Economy*, Princeton: Princeton University Press.

Kindleberger, Charles P.（1973）*The World in Depression 1929-1939*, Berkeley: University of California Press.

Krasner, Stephen D.（2009）*Power, the State, and Sovereignty: Essays on international relations*, Abingdon: Routledge.

Lundestad, Geil（2003）*The United States and Western Europe since 1945: From "Empire" by Invitation to Transatlantic Drift*, Oxford: Oxford Unvesity Press.

Meltzer, Allan H.（2009）*A History of the Federal Reserve, Vol.2, Book 1-2, 1951-1986*, Chicago: The University of Chicago Press.

Newton, Scott（2009）"The Two Sterling Crises of 1964 and the Decision Not to Devalue," *The Economic History Review*, Vol. 62, No.1, pp.73-98.

North, Douglass C.（1990）*Institutions, Institutional Change and Economic Performance*, Cambridge: Cambridge University Press.

Oliver, Michael（2011）"The Management of Sterling, 1964-1967," *The English Historical Review*, Vol.126, No.520, pp.582-613.

─────（2012）"The two sterling crises of 1964: a comment on Newton," *The Economic History Review*, Vol.65, No.1, pp.314-321.

Pemberton, Hugh（2005）*Policy Learning and British Governance in the 1960s*, Basingstoke: Palgrave Macmillan.

Pierson, Paul（2000）"Increasing Returns, Path Dependence, and the Study of Politics," *The American Political Science Review*, Vol.94, No.2, pp.251-267.

Polanyi, Karl（2001）*The Great Transformation: The Political and Economic Origins of Our Time*, Massachusetts: Beacon Press.

Rodrik, Dani（2011）*The Globalization Paradox: Why Global Markets, States, and Democracy Can't Coexist*, Oxford: Oxford University Press.

Roosa, Robert V.（1967）*The Dollar and World Liquidity*, New York: Random House.

Ruggie, John G.（1998）*Constructing the World Polity: Essays on International Institutionalization*, London: Routledge.

Schenk, Catherine R.（2010）*The Decline of Sterling, Managing the Retreat of an International Currency 1945-1992*, Cambridge: Cambridge University Press.

Schwartz, Anna J.（1987）*Money in Historical Perspective*, Chicago: The University of Chicago Press.

Strange, Susan（1976）*International Economic Relations of the Western World 1959-1971, Vol.2, International Monetary Relations*, London: Oxford University Press.

Waltz, Kenneth（1979）*Theory of International Politics*, Massachusetts: Addison-Wesley.

Whiting, Richard（2000）*The Labour Party and Taxation: Party Identity and Political Purpose in Twentieth-Century Britain*, Cambridge: Cambridge University Press.

金子勝（1997）『市場と制度の政治経済学』東京大学出版会。

第14章

「制度」の政治経済学に関する一考察
——財政史的考察方法をその出発点にして

茂住政一郎

はじめに

　筆者は以前、財政社会学の方法を考察する一環として、財政史的考察方法の検討を行った。その論考では、ゴルドシャイトとシュンペーターによる財政史的考察方法の提唱を出発点として、財政社会学や財政史研究の重要性に言及してきた日本の財政学の系譜の整理、ヴィーコの流れをくむ歴史哲学、およびデュルケームやウェーバーの社会学の理論を摂取することによって、財政史的考察方法を定式化することを試みた（茂住 2015）。しかし同論考では、同じように歴史分析を強調してきた「制度の政治経済学」あるいは「制度論」には、ほぼ言及することができなかった。「制度」とは何か、なぜ「制度」に着目するのか、「制度」と歴史分析がなぜ結びつくのか。本章では、そういった問いを念頭に置きつつ、制度論の整理を通じて、財政社会学を考えていくうえで新たな論点を発見することを試みる。

第1節　財政史的考察方法の整理

　「財政史的考察方法」は、ゴルドシャイト（R. Goldscheid）、シュンペーター（J. A. Schumpeter）によって提唱され、財政社会学の根幹に据えられた分析方法である。第一次世界大戦後のドイツ財政学は、その理論の固定化と体系化に伴い、財政と社会諸概念との関係を問う視点を失い、現実の財政問題と理論の背離が進行していた。そのような状況において、ゴルドシャイトは、「虚構」の上に築かれていた既成財政学を排し、現実に根ざした財政論を構

築することを目的として、財政社会学を提唱した。彼にとっての財政社会学
は、財政史に学びつつ、現代の国家財政と社会発展の相互作用によって生ず
る「現にある姿」を明らかにし、同時に社会的価値を提示するという規範論
的な課題を一挙に果たす試みであった（大島2013）。一方シュンペーターは、
無批判にその前提が捉えられてきた財政理論の演繹的な方法、非科学的なイ
デオロギーに満ちた主張が飛び交う状況を批判していた。そこで彼は、予算
上の数字の変化という表面的な事実の根底に横たわる社会的過程が社会学的
に重要な展望であると考え、財政と国家、経済、社会、人々の心理や慣習と
いった諸要素の変化と関連が財政に与えた影響、そのことがこれらの諸要素
に与え返した影響、および取られうる対策を見出す学問として、財政史的考
察方法に基づいた財政社会学を提唱したのである（Schumpeter 1918＝1983）。

　以上を踏まえると、財政社会学の目的は、現実に根ざした財政論を構築す
ること、現実の財政と社会に関する問題がなぜ生じたか明らかにすること、
それら現実の問題を解決するために取られうる政策を見出すこととなる。そ
のためには、予算に表れる現実の財政状況、および社会的状況が生じる過程
を、歴史的に考察することが必要である。その際注目すべきは、①国家、経
済、社会、人々の心理や慣習がどのように変化したか、②その変化が財政に
どのような影響を与え、それによって財政がどう変化したか、③その結果が
さらに国家、経済、社会、および人々の心理や慣習にどのような影響を与え
たかであると言えるだろう。そして、以上の課題を乗り越えるための方法が、
「事象そのもの」を分析対象とした財政史的考察方法である。

　財政史的考察方法では、ある国家の財政と社会の特質がなぜ生まれたのか、
および、それらの特質が形成された時代から今日までの歴史的発展過程を、
史料によって明らかにされた史実に基づいて分析し、自らの手で再構成する
ことが求められる。この方法により、ある特定の時処における「人々の心
性」が、その財政制度と社会を、なぜ、どのように生み出したのかを明らか
にする。

　その際、この分析は、統計や先行研究整理を通じて、現在の財政問題と社
会状況を把握するところから始められる。次に、現代の観点から見て研究す
る価値のあると思しき時期に注目して、その財政問題の発展過程を、多数の
人々の心性と行動によって生じた制度と歴史的諸事実に着目し、史料に基づ

いて再構成していく。そして、なぜ現代の財政的状況が生まれたのかを考察
する。以上の手順を踏み、既存財政学批判、現状批判、政策批判を通じて、
観察者の持つ政策的価値と現状認識を反省し、そのうえで形成された新たな
政策的価値と財政問題の認識に基づく財政学の再構築を試みる。以上が、事
象そのものを分析対象とした財政史的考察方法の役割であると、拙稿では結
論づけた（茂住 2015）。

　ただし、この財政史的考察方法については、すでに制度論の成果を摂取し
た方法の具体化が行われている（赤石 2008; 井手 2011, p.100; 2008）。その試み
では、財政社会学を、国家を起点とした分析方法と考える。この（租税）国
家は、租税による共同需要の共同充足という原理によって編成され、社会の
構成員それぞれが相互に影響を与えあって成立する「階層的な政治関係」と
して捉えられる。この視点に立ち、第一に、財政支出の内容、課税水準や負
担配分のあり方が、経済主体の活動、政治家ないし投票者の行動様式、公共
サービスや課税に対する人々の心理や思考、社会構造などに与える影響を問
い、それらの変化がいかにして現実の財政現象を再規定し、絶えざる社会の
変容をもたらし、結果としての均衡をもたらすのかというマクロ・レベルで
の社会動態の分析を重視する（マクロの財政史）。次に、このマクロ・レベル
での社会動態を絶えず変化させる原動力の一つとして、政府の経済活動と経
済、政治、社会それぞれの領域における価値や論理に規定された個人ないし
それらから構成される集団との相互作用が規定される要因を、メゾ・レベル
での意思決定過程の分析を通じて明らかにすることを重視する（ミクロの財
政史）[1]。このメゾ・レベルの分析を通じたミクロの財政史分析を行う際に注
目されるのが、人々の行為、動機、性向を規定する制度、および人々の相互
作用を通じた制度の歴史的変化である。

　以上の整理を踏まえると、制度が人々の心性と行為に影響し、その結果が
制度の再形成に、また、社会の動態に影響を与える可能性を重視する必要が
あるだろう。次に、それら各段階の相互作用が、予算過程を通じて、どのよ
うな財政政策の結果をもたらしたのかが重視されるべきであろう。更に、メ
ゾ・レベルで生じた結果が、マクロ・レベルでの社会動態にどのような影響
を与え、財政という観点から見たその社会の特質を生み出したかという点が
重視される必要があるだろう。以下では制度論の整理を行っていくが、その

際、①制度はどのように定義づけられているか、②人々の心性と制度の関係がどのように位置づけられているか、③歴史分析の重要性がどのように位置づけられているのか、といった点を勘案しつつ制度論の研究蓄積が財政社会学にどのように寄与しうるか考察する。

第 2 節　アメリカ初期制度主義者の提唱した制度の政治経済学

　制度論は、アメリカ制度学派からその発展が始まったことが知られている[2]。この学派の理論はドイツ歴史学派に強く影響を受けており、初期アメリカ制度主義者である、アダムズ（H. C. Adams）、イーリィ（R. T. Ely）、セリグマン（E. R. A. Seligman）らの提唱した政治経済学からその発展が始まる[3]。

（1）レギュラシオン学派は、これと似た主張を展開する。彼らは、制度の多様なあり方が多様な資本蓄積の動態を生むと考え、諸制度の変化がもたらすその動態の分析を重視する。一方、コンヴァンシオン学派は、諸個人を制約する「慣行」に着目し、それが制度と個人間に介在すると考える。そして、合理的な個人を前提とし、ゲーム理論に依拠しつつ、諸個人による慣行の解釈により制度変化が生じる側面を重視する（Batifoulier 2001=2006）。この二つの学派は互いの批判的検討を通じて、マクロ・レベルとミクロ・レベルにおける発生と変化の時間性の違いを区別し、この二つの段階の動きをメゾ・レベルで結びつける「全体個人主義（holindividualisme）」を採用するという点で一致が見られる（Boyer and Saillard 1995=2002）。レギュラシオン学派は、各アクターの行動すなわちミクロ・レベルの結果がマクロ・レベルの長期的動態へ影響するには、諸制度を媒介にしたメゾ・レベルでの動きが不可欠と考え、その因果関係ないし構造を分析することを重視する。そして、メゾ・レベルにおける諸制度、成長の容態、社会の構造的危機の相互作用、および経済的進化の因果関係の分析を通じて、危機における解決策を見出すことができると彼らは考える（Boyer 1986=1990; 2004=2005）。一方、コンヴァンシオン学派内でも、資本主義体系の長期的な歴史分析を行うアナール派の業績を摂取し、分析の範囲を、ミクロ・レベルからホーリズム的で歴史的な次元を伴うマクロ・レベルに拡張する試みが行われている（ボルタンスキ・シャペロ 2005a; 2005b）。

（2）アメリカ制度学派が登場する背景には、19世紀末における産業革命の進行とその弊害が存在した。この歴史的文脈については、Mehrotra（2013）が参考になる。また、当該期における政治経済的状況については、Bensel（2000）を参観されたい。

（3）以上の三名は、旧ドイツ歴史学派の影響を強く受けていた。例えば、イーリィは、クニース、ロッシャー、ヒルデブラントの名前を挙げ、彼らの歴史的手法の重要性を説いていた（Ely 1884, p.43ff.）。一方セリグマンは、彼らに加えて、ドイツ財政学三巨星の一人、ワグナーの影響を受けていた。ワグナーの政治経済学に関する見解は、Wagner（1947, p.486ff.）を参照されたい。

　この三者は、多種多様な欲求（wants）を持つ多面的な存在として人間を捉える。このような人間は、各種の欲求を満たすために相互依存的な関係を形成し、その目的に沿った集団ないしは社会を構成し、各種の生活を営む。彼らは、このような集団を「制度（institution）」と呼ぶ。また、そのような生活のうち、経済的欲求を充足するための人間の生活を「経済生活」と彼らは呼び、「各々の努力によってその欲求を満たそうとする個人、およびその個人と他者で構成される社会における相互依存関係によって引き起こされる社会現象の経済的側面」と定義するのである（Seligman 1905, p.3ff.; Ely 1901, p.85ff.; Adams 1886, p.3f.）。

　イーリィによれば、制度は、習慣や法によってあまねく人々の間での平等な関係が保たれたとき、最も望ましい形態となる。その状態を達成するためには、独立した諸個人が政治的に団結することが必要となり、その最終的な形が国家や社会であるとイーリィは考える（Ely 1901, p.8ff.）。一方セリグマンは、このように形成された国家や社会は、人間の知的道徳的状況や価値観に影響し、そのことが人間が自らの欲求が満たされたと感じるかどうかを大きく左右すると考える。そして、彼にとって、この国家や社会の状況、それに影響される個人の知的道徳的状況、および人間の行動は、時間とともに変化する歴史の産物であった。こうして、社会、制度、諸個人の価値観の静態的側面（現存する経済的諸現象の因果的諸力を含む相互関係）と動態的側面（経済社会の進化的な動き）の双方に着目し、一方では現在の社会をあるがままに考察し、他方ではいかにして現在の社会が形成されたのか、その「進化」の傾向と法則とは何かを、諸個人の価値観と制度の相互関係および変化を分析することで明らかにすることを説く。そうすることで、社会の進化の本質、およびそれを方向づけ、導く方策とは何かを問うことが、彼らの政治経済学の目的であった（Seligman 1905, p.3ff.; Ely 1901, p.91ff.）。

　以上を踏まえると、初期アメリカ制度主義者は、制度を「諸個人の欲求と

（4）ここでの institution は「機関」などと訳した方が適切なのかもしれない。しかし、本稿の問題意識といわゆる（新）制度論との関係を意識して論述を進める関係で、イーリィとセリグマンの言う institution も、ここでは「制度」と訳すこととした。

（5）アダムズは、人間の経済的欲求を、生存に関する「必要」と、生活の安楽や便益といった、「開化された存在である人間が求めるもの」に分けている。

価値観に沿って、その充足を目的として形成された集団」と捉えていた。次に、制度と諸個人との相互関係に着目することで、現在の経済生活という社会現象がいかにして生じたのか、その特質は何であるかを歴史的に分析することを重視していた。そして、その分析を通じて、その観察者がより良いと考える方向に社会を形成するための方策を提示することが、彼らの政治経済学の最大の目的であった。

第3節　アメリカ制度学派による制度の政治経済学の見方

　一方、アメリカ制度学派の代表格、ヴェブレン（T. Veblen）とコモンズ（J. R. Commons）は、制度により明確な定義を与えている。

　彼らにまず共通するのは、（新）古典派経済学批判が議論の出発点となっていることである。ヴェブレンや、ヴェブレン流の旧制度経済学の刷新を行ったホジソン（G. M. Hodgson）は、（新）古典派経済学が合理的な個人を前提とし、規範的アプローチと事実の分析を混同している点、経済法則を均衡において静態的に考察する点、個人の選好を外生的で不変と捉えている点を批判する（Hodgson 1988=1997, p.26ff.; Veblen 1919, p.46ff.）。またコモンズは、（新）古典派経済学の諸理論が前提とする、個々人の利己心の調和が神の見えざる手によってもたらされるという考えを批判する（Commons 1934=2015, p.243ff.）。

　この文脈で彼らは、経済社会を正確に捉えるためには、新古典派経済学の前提に依拠するのではなく、制度に着目することが重要であると唱える。ヴェブレンは、社会的共同体における支配的な「思考習慣」を制度と定義し、それが時代に適応できなくなったときに新たに制度が形成され、時代に適応すると捉える。彼は、この一連の流れを「制度の進化」と呼び、この制度の進化の総体を、社会や経済と考えていた。そして、思考習慣としての制度が個人の行動から生じ、さらに個人の行動を条件づけ、それぞれが現実とのズレに適応し、漸次的に変化していく長期的な累積過程を考察することをヴェブレンは提唱する（Veblen 1919）。また、ホジソンは、制度を、伝統、習慣

_____

（6）ヴェブレンの制度経済学は、とりわけシュモラーの影響を強く受けていると言われている（Chavance 2007=2007）。シュモラーの思想については、Schmoller（1911=2002）を参照されたい。

ないし法的制約によって、持続的かつ定型化された行動パターンを作り出す傾向のある「社会組織」と定義する。その一方で彼は、諸個人間の相互作用が諸制度を形成し、これら諸制度が諸個人の合目的性や選好にも影響を及ぼすと考える。そして、ヴェブレンと同様、ホジソンも、諸制度と現実のずれによって社会が不安定化すると考え、進化論アプローチを採用し、諸制度の変化に関する多様な累積的過程と、制度が構成する経済・社会構造を分析することを重視するのである（Hodgson 1988=1997）。

　一方、イーリィの弟子であるコモンズは、人々の集団や組織を、自発的意思を持った人々で構成され、将来へ向けて活動を継続する「ゴーイング・コンサーン（going concern）」と呼ぶ。経済、政治、文化、各カテゴリーのゴーイング・コンサーンの中では、集団的人間的な意思によって、人々の利害対立を解決する秩序を生み、個人と集団の活動を方向づけるワーキング・ルールが作られる。コモンズは、このワーキング・ルールを「制度」と定義し、その下で行動する多数の異質なゴーイング・コンサーンの集合体を社会と捉える。そして、ある時代状況に従って、人々の思考や行動によって決められ、それが更に集団的行動を規定するワーキング・ルールとしての制度の下で社会が発展する過程の分析を、コモンズは重視するのである（Commons 1934=2015）。

　このように見ていくと、いわゆるアメリカ制度学派は、（新）古典派経済学の見方を批判し、そのオルタナティブとして、習慣やルールといった、ある集団の構成員の思考や価値観に基づいて形成され、逆に思考や行動に制約を加える「集合的な意識」を制度と捉え、その進化の累積過程の結果を社会と捉えていることがわかる。そして、メゾ・レベルの人々の集合的な意識の分析を通じた制度の形成過程、および制度と人間の相互作用の結果、制度や人間が時代に繰り返し適応していく過程の分析が重視されている。

　しかし、以上の見方には、人々によって形成された制度がなぜ人々の相互作用を形作れるのか、また、人々がなぜその制度を遵守するのかという疑問が残る（赤石 2008）。この点について、制度を「ゲームのルール」と捉えることで乗り越えようとしたのが、新制度派経済学である。ノース（D. North）は、人間を「限定合理性」や「機会主義」の下、組織内で行動する個人と捉える。この人間観に基づき、ノースは、「行動を制約するために人間が作っ

たルール」を制度と定義し、個人や組織といったプレーヤーが制度を「解釈」することで制度とプレーヤーの相互作用が構造化されると考える。そして彼は、この制度構造が政治経済的状況に適応することで発展する過程をフィードバックプロセスと呼び、そのあり方が、ある国の長期的な経済史を規定すると考えるのである（North 1990=1994）。

　一方、合理的選択制度論と歴史的制度論の方法を勘案しつつ、ノースらと同様に制度を捉える理論として比較制度分析がある。青木昌彦は、「持続的均衡を作り出そうとする諸個人の相互作用や諸情報の集約」を制度と捉え、これをゲームにおいて複数存在する均衡点とする。この諸制度は、過去に形成された、ゲームのルールやモデルの前提となるため、ゲーム理論を基礎におく制度分析は、歴史的な（比較）分析が必要となると青木は考える（青木2008）。一方グライフ（A. Grief）は、ルール、予想、規範、組織を、人間が共同で生み出す行動の規則性を与えるものと制度と捉える。そして、これら諸制度が、アクターの行動と組織に与える影響を、長期的な歴史的過程を通じて考察することを重要視するのである（Grief 2006=2009）。

第4節　新制度派経済学と比較制度分析に対する若干の疑問

　しかし、以上に代表される新制度派経済学や比較制度分析の考え方については、いくつかの疑問が浮かぶ。

　第一に、歴史分析に与えられる位置づけが補完的なものにとどまっている点である。例えば、チャン（H.-J. Chang）は、新制度派経済学の諸理論が、合理的個人を前提とし、制度の確立と変化の要因について非常に単純化して見ているため、経済発展と制度の間に生じる時系列的な因果関係が無視される傾向にある点を批判する（Chang 2011）。また、ハンセンら（B. A. Hansen and M. E. Hansen）は、制度経済学の「過去に関する体系的な研究」という側面を重視し、歴史的文書や資料に依拠した優れた歴史理解と制度変化に関する経験的分析が、経済学的分析に組み込まれる必要があると述べる（Hansen and Hansen 2016）。こうして、なぜ特定の制度配置が生じ、進化したのか、およびそれがいかにして人々が行った選択に影響を与えたかを理解したうえで、より現実に根ざした経済理論を構築することを、彼らは強調するのである。

　次に、彼らの考える制度の定義が曖昧な点である。例えば、制度と非制度の間の概念的な区別をつける基準は何なのか、経験的に制度を測定し、評価することが可能なのか、ゲームのルールや予想、組織、均衡とは現実の世界ではいったい何を指すのか、といった指摘がある。ヴォイト（S. Voight）は、これらの点について、法律や習慣など、明確に定義することが可能なもののみ制度として参照すべきであると主張する（Voigt 2013）。また、マクロスキー（D. N. McCloskey）は、ゲームのルールやルーティン、均衡といった制度の捉え方だけでは説明できない現象が現実には多数起こり、ノースや青木、グライフらがさまざまな概念を混ぜ合わせて「制度」という用語を使い、彼らの分析に沿うようにその意味を狭めて用いていると批判する（McCloskey 2016）。[7]

　更に、ここまでの制度論はみな、合理的な個人を前提として議論を展開しているように思われる。しかし、個人が現実世界における均衡点をなぜ知ることができるのか。また、ある均衡点に到達し、それが社会をドライブさせるのは、ある制度形成に関わった諸個人がみな一様に合理的な行動をした結果なのか。加えて、個人の利益追求や思考の単なる合計が、そのままある集団の利益や意識となり、メゾ・レベルでの動向がマクロ・レベルにおける動きにいかにしてつながるのか。以下ではこれらの批判や疑問を念頭に置きつつ、さらなる制度論の整理を行っていく。

第5節　政治学および社会学の分野における新制度論

　まず、新制度派経済学の分野で注目されつつあるのが、倫理、社会通念、イデオロギーが、制度変化や人々のアイデアに与える影響である。マクロスキーは、新制度論者が無視、あるいは経済的なインセンティブより下位に位置づけてきた倫理、社会通念、イデオロギーが、自由、尊厳に関する社会全体における理念の変化を促し、その変化が制度および現代社会の変化を促進

（7）例えばマクロスキーは「インフォーマルな制約（informal constraints）」という用語法を例に挙げ、それが制約であるならば、それはすでにインフォーマルではないこと、またそれが本当にインフォーマルならば、その理論は語義矛盾に陥ると述べている。また、彼女の主張に対する批判については Greif and Mokyr（2016）を参照されたい。

する側面を重視する（McCloskey 2016）。一方ボウルズ（S. Bowles）は、倫理や社会規範が市場のはたらきに不可欠であり、倫理や社会規範の制約を受ける人々の制度への反応を理解することが必要であるとする。また、このような制約は、人々の過去の経験や評価に基づくものであり、そのことが人々の現状の見方にバイアスをかけるとボウルズは考える。こうして彼は、この人間の認知過程と倫理的な制約の相互作用のもとで決まる政策の過程の分析を重視するのである（Bowles 2016=2017）。

　以上の議論をふまえると、どのようなメカニズムのもと、倫理や社会規範が人々や制度に影響を与え、それによって制度変化が起こるのかを説明する必要が生ずると考えられる。また、人々の相互作用と国家や社会の動態を描こうとする財政社会学の問題意識を勘案すると、以上の制度変化が国家や社会の動態にどのように影響したのかという点を議論する必要があると言えるだろう。

　以上の疑問に答える一助となりうるものとして、新制度派経済学や政治学、社会学の分野における新制度論を批判的に摂取したピアソン（P. Pierson）の理論がある。彼はまず、制度の自己強化過程と正のフィードバック過程によって生ずる「経路依存」と、正のフィードバック過程を経て、選択肢全体から一部のものが取り除かれ、事象や過程の帰結に変化を与え、その後の長期的過程において制約を与えると考える「配列論」に基づいて制度の粘着性を理解する。次に、ある因果連鎖の帰結として制度変化が起こるまでの「制度変化の緩慢かつ長期的過程の考察」を重視する。最後に、合理的かつ戦略的に行動するアクターが制度を生み出す過程に着目する「アクター中心機能主義」の視点を引き継ぎつつ、ある制度配置が決まった時点から、学習や競争といった適応過程を経て制度が発展する「制度の起源と変化」を重視する。以上のピアソンの理論は、ある特定の時期に各アクターの行動とその相互作用で制度配置が形成され（ミクロの歴史分析）、現時点も含むその後の時間的推移や社会変動の長期的過程にその結果が影響を与える過程やメカニズムの分析（マクロの歴史分析）の必要性を強調するのである（Pierson 2004=2010）。

　ただし、この分析枠組みでは、各アクターがなぜそのような制度を生み出そうとしたのかという疑問に答えることができない。この疑問に答えるための一助となり得るのが、制度変化においてアイデア（idea）の果たす役割に

着目する理論である。ブライス（M. Blyth）は、制度を変化させる要因として、アイデアに積極的な位置づけを与える。ブライスによれば、通常諸個人は、制度が不安定な状態に陥っている時に、どのような制度が構築されるべきか、またどのような方策が最も合理的か判断することができない。そこで各アクターは、各々の持つアイデアを用いることで、初めて現状とそれが生じた因果関係を解釈し、取るべき行動と目指すべき目標を見出し、制度変化を引き起こすことができるとブライスは考える。その際、各アクターは、各々のアイデアに基づいて、企業、労働者、国家といった集団行動をとる連合体を形成し、その連合体の中で解決すべき問題そのもの、そのための策、およびこの連合体の集団的行動の結果形成されるべき制度を定義する。そして、それら連合体のエージェントがアイデアに基づいた制度の青写真を提供することで、現存の制度の置き換えを試み、制度変化が促される一方、各エージェントの予想を方向づける慣習や申し合わせを生み出すことによって、制度を長期間安定させるとブライスは考えるのである（Blyth 2002）。

　このブライスの議論を摂取した新制度論として、言説的制度論（Discursive Institutionalism）がある。これは、行動主体のアイデアを、一般性のレベル（政策に固有なもの、より広いプログラムを含むもの、基礎的な哲学を構成するもの）およびタイプ（利益を構成する認識的アイデアおよび価値に訴える規範的アイデア）によって分ける。次に、アイデアの内容を伝える「言説」が、政策形成における政策主体間の調整、あるいは政治アクターと市民の間で作用し、その過程が制度を変化・維持させると考える。こうして、アイデアおよび言説を制度的文脈に位置づけ、アイデアおよび言説が影響する制度変化の動態的な側面に着目し、行為諸主体（誰が、何を、誰に対して言うか）によって、アイデア（何が言われているか）が広まる文脈（どこで、いつ、どのように、なぜ）とその構造（何が、どこで、どのように言われているか）について、言説的制度論は取り扱うのである（シュミット 2009）。

　以上の議論はアイデアを持ったアクターが言説等を利用して合理的に行動し、安定的な結果を生み出すことを想定するものである。これに対して、制度変化にアイデアと言説が影響を与える側面を重視する一方、以上の二つの要素に基づいた行動によって生じた制度変化と安定性が、逆にその後の不安定性の要因を生み出すようにエージェントが情報の形を変化させることで、

政策秩序が社会的に構築される可能性を重視する社会心理学的制度論（Social Psychological Institutionalism）がある。[8]この理論は、①「解釈的な指導者たち（interpretive leaders）」が特定の政策思想に自らの価値観のバイアスのかかった基礎を打ち立てる、政策秩序の「主義に基づいた構造化（principled construction）」、②副次的に生じた経済的安定によって、高度な知識を兼ね備えた制度的なエージェントが主義に基づいて構造化されたアイデアを議論から排除し、その代わりの政策モデルを精製する「知識的な収斂（intellectual conversion）」、③その政策モデルが、政策立案者を新たな動きの源泉に対して盲目的な状態にし、その結果生じる「置き違えられた確実性（misplaced certainty）」のもと、新たな危機が生ずると考え、その過程の分析を重視するというものである（Widmaier 2016）。

　以上の整理を振り返ると、まず、アイデアを持つ各アクターの相互関係の中で、ある制度が形成され、ある制度配置が決定される過程を明らかにすることが最も重要となる。その際、各アクターは、歴史的に変化してきた倫理、規範、社会通念、および既存の制度に制約を受けており、それらと自身のアイデアに基づいた思考や行動を通じて制度形成に関わるという点に着目した制度形成過程の分析を行う必要がある。次に、一度形成された制度が自己強化や正のフィードバック過程の中で粘着性を持つ一方、変化する時代の状況に適応するという制度変化の長期的過程の分析を行う必要がある。その際、この制度変化の長期的過程が、各アクターや彼らの持つアイデア、および倫理、規範、社会通念にどのような影響を与え、また影響を受け、それぞれの要素が変化していくのかという点に注意を払うことが求められる。最後に、以上の分析を行う際、アイデアや言説に基づいて合理的に行われたはずの制度形成が、その後の不安定な状況につながるという非合理的な結果、あるいは企図したものとは異なる結果につながる可能性を念頭に置く必要があるだろう。

（8）Widmaier（2016）では、社会心理学的制度論は、集合的に保持されたアイデアが社会的・経済的・政治的世界を形成すると考え、制度および実践の両者に対する影響力を重視する「構成主義理論」と、言説的制度論を統合したものと述べられている。アイデアと構成主義理論の関係についてはブライス（2009）が簡便である。

おわりに

　金子勝は、経済学が前提としてきた、「市場＝私的部門＝個人」対「非市場＝公的部門＝国家」というダイコトミーを批判し、個と全体、公と私を結ぶ中間領域の役割を重視する。彼はこの中間領域を、生産要素の市場化の限界をすくい取る役割を持つ、制度の束と多重フィードバックによって形成される「セーフティネット」と捉える。また金子は、生産要素の市場化の限界を理由に市場経済が自己完結できず、従来の制度に基づいた慣習的行動パターンが対応できなくなる時に生じるさまざまな問題によって制度が再形成されると考える。そこで、一国における制度の束とその多重フィードバックに基づく制度の変化を、その国における歴史的動態と捉え、それを各国の歴史と条件に合わせて帰納的に実証することを強調する。そして、この歴史実証を通じた、現状分析、実践的なインプリケーションの提示、およびこれらを踏まえた倫理的規範の提供が、彼の「制度の政治経済学」の目的とされるのである（金子 1997; 金子 児玉 2004）。

　ここまでの制度論の整理は、以上の金子の制度の政治経済学および、財政社会学と通底する問題意識を持ちつつ、それぞれの分析枠組みをより具体化することにつながることになると思われる。ただし、以上の整理を通じても、若干の疑問が残ることは否めない。

　まず、制度論に通底するダーウィニズムに依拠した進化論的な見方である。制度論では通常、時代の状況に適応する形で制度変化が起こると考えられている。しかし、なぜある制度変化の結果到達した均衡点を、適応の結果到達した点と結論づけられるのか。例えば、社会心理学的制度論の整理で見たように、制度変化の結果は、のちの時代における不安定性につながる要因をもたらす可能性がある。この点を踏まえると、最終的に決まる制度配置は、「時代状況への適応」というよりは、あくまで制度変化の結果に過ぎないのではないだろうか。

　ピアソンの理論におけるミクロの歴史分析や財政社会学におけるミクロの財政史分析をどのように捉えるかという点に、この疑問を乗り越える鍵があると思われる。ミクロの歴史分析や財政史分析では、人々の相互作用のもとである特定の制度が形成される過程を分析する。本論での制度論の整理から、

制度は集団的な心性と捉えられる。合理的な個人によって形成された集団で
あれば、その集団の心性はその集団を形成する個人に帰すことができる。こ
れに対しシュンペーターは、このような功利主義的な見方を批判する民主主
義的決定に表れるような集団的心理は、ある段階で諸個人の心性の単なる合
計とは全く異なるものに変化すると捉える（Schumpeter 1950=1995）。このよ
うに考えると集団の中の諸個人が合理的あるいは非合理的な行動をとった結
果、集団的心理ないし集団的な心性としての制度が形成される過程、その結
果がもともとの目標といかに一致あるいは乖離したかを明らかにするところ
に、ミクロの歴史分析の重要性があると思われる。この場合、マクロの歴史
分析は、このように分析されたミクロの歴史分析の積み重ねとして捉えられ
るべきだと言えるだろう。[9]

　次に、なぜ制度分析が重要なのか、という点である。例えば、新旧を問わ
ず制度経済学の諸理論は、主流経済学に対する批判、あるいはオルタナティ
ブの学問として、それぞれの学問体系を位置づけている向きがある。しかし、
オルタナティブは、「主流」との対抗関係のもとで初めてオルタナティブた
りえる。だとするならば、あらゆる分野において、それ自体で存在意義のあ
る学問体系を構築する必要があるのではないだろうか。そのためには、「批
判」という言葉の意味を問い直したうえで、いかなる哲学的基礎に基づいて
学問体系を構築するかという論点が一層重要性を増すように思われる。この
点は、なぜ制度に着目するのか、なぜ制度論が歴史分析を重視するのか、ま
た、なぜ現実に根ざした財政学を構築するために財政史的考察方法に基づい
た財政社会学が必要とされるのかという点と無関係ではないだろう。

　例えば、ヴェブレン以降のアメリカ制度学派は、一度隆盛したのち、新古
典派経済学にその地歩を奪われた。その理由について、ホジソンは、ヴェブ
レンとその他少数を例外とした制度主義者が、政治・経済的諸制度の性質や
機能に関する記述的な仕事やデータ収集に集中し、諸データの列挙と、産業

（9）　このような集団的心理ないし集団的心性に関する分析の位置づけは、民主主義が進
　　展し、さまざまな局面で民主主義社会を動かすこととなった「群衆心理」に着目する
　　ボン（ボン 1993）、集合した人間が社会的な次元で起こす、個人レベルでは起こすこ
　　とのない行動が社会変動に与える影響を重視したスメルサーの「集合行動」（Smelser
　　1968=1974）に共通するものであると思われる。

の発展段階を詳細に書くだけに止まっていたこと、その基礎をなす「理論」を発展させるという固有の課題がなおざりにされていたことを指摘している（Hodgson 1988=1997, p.19ff.）。同様に村松怜は、今日の財政学の領域において、マルクス主義財政学に基づかない、より実証的な財政史研究が盛んになる一方、より現状分析的・政策論的含意を持つ財政史研究が求められている現状を指摘している（村松 2015）。以上のような指摘を踏まえると、ある社会の現状とそれを形成し、規定している要因を見つけ出し、問題とされている状況を解決するための手段を提示すること、そして、そのための理論を構築することが、歴史的考察方法に依拠した社会科学に一層強く求められると考えられる。そして、経済学や財政学といった道徳科学としての性格を持つ社会科学においては、ある事象を説明するのみならず、ある政策的価値に基づいて構築された既存の理論を、現状分析に基づいて刷新していくということが求められるのではないだろうか。[10]

　例えば、セリグマンやイーリィにとって、「物事がいかなるものか（＝現状分析）」と「かくあるべきか（＝倫理的目的）」は密接不可分なものであった。イーリィは、倫理的目的が人間の生活を形作る最も重要な要素だと考えていた。そして、現状分析と倫理的目的の双方を取り扱うことで、人間が何を望んできたかを明らかにし、社会のために我々が何を望むべきかという議論に決着をつけるのが、彼の政治経済学の目的であった（Ely 1901, p. 109ff.）。この現状分析について、セリグマンは、すでに明らかにされている（と思われている）一般原則ないしは特質から現状分析を始めるか、事実の調査を通じてそれらに到達するかという問題について、この双方は切っても切り離せないと考えていた。彼は、それまでに起こった変化の包括的な理解によって現在を理解する一方、ある物事がある人間にとって価値を持つためには一般原則や特質を知る必要があると考えていた。それゆえ彼は、一般原則や特質に基づいた事実の認識と、諸事実の調査に基づく一般原則や特質の理解、双方の結びつきを重視していたのである（Seligman 1905, p.23ff.）。

　この点は、昨今の科学哲学の分野において、議論の分かれる点である。例えば、筆者の財政史的考察方法に関する論考では、経験主義的と評されるバ

---

(10) この記述は、筆者が、現実を説明する政治理論や社会理論の重要性を軽視していることを意味しているわけでは決してない。

ーリン（I. Berlin）の歴史哲学に言及した（茂住 2015、p.642ff.）。この議論は、バーリンを経験主義的と評し、批判的に捉える、ポパー（K. Popper）による反証主義の提唱（Popper 1957=1961）、さらに、この反証主義を批判的に摂取したバスカー（R. Bhasker）とチャルマーズ（A. Chalmers）などによる実在論の提唱へとつながる（Bhasker 1978=2009; Chalmers 1999=2013）。このような科学哲学の議論の流れを踏まえつつ、セリグマンらから連綿と続き、制度論や財政社会学とも通底する問題意識は、財政社会学と財政学の関係を考えるうえでも、引き続き議論されるべき重要な論点である。

　本章は、制度の政治経済学の整理を通じて、以上に掲げた論点の提示を試みる、非常にささやかな論稿であった。しかし、その問題意識の大部分に応えるには、より一層議論を深めていかねばならない。これは、筆者に残された、今後取り組み続けていかなければならない、非常に大きな課題である。

参考文献

Adams, Henry C.（1886）*Outline of Lectures upon Political Economy: Prepared for the Use of Students at the University of Michigan and Cornell University*, Second Edition, Ann Arbor: Press of Register Publishing House.

Batifoulier, Philip（2001）*Théorie des conventions*, Economica.（海老塚明・須田文明監訳（2006）『コンヴァンシオン理論の射程——政治経済学の復権』昭和堂）

Bensel, Richard F.（2000）*The Political Economy of American Industrialization, 1877–1900*, New York: Cambridge University Press.

Bhasker, Roy（1978）*A Realist Theory of Science*, The Harvester Press.（式部信訳（2009）『科学と実在論——超越論的実在論と経験主義批判』法政大学出版局）

Blyth, Mark（2002）*Great Transformation: Economic Ideas and Institutional Change in the Twentieth Century*, New York: Cambridge University Press.

Bowles, Samuel（2016）*The Moral Economy: Why Good Incentives Are No Substitute for Good Citizens*, New Haven: Yale University Press.（植村博恭・磯谷明徳・遠山弘徳訳（2017）『モラル・エコノミー——インセンティブか善き市民か』NTT出版）

Boyer, Robert（1986）*La Théorie de la Régulation: Une analyse critique*, Paris: La Découverte.（山田鋭夫訳（1990）『レギュラシオン理論』藤原書店）

———（2004）*Une théorie du capitalisme est-elle possible?*, Paris: Odile Jacob.（山田鋭夫訳（2005）『資本主義 vs 資本主義——制度・変容・多様性』藤原書店）

Boyer, Robert and Yres Saillard（1995）*Theorie de la régulation: l'état des savoirs*, Paris:

La Déouverte & Syros. = translated by Carolyn Shread（2002）*Regulation Theory: The State of the Art*, London: Routlege.

Chalmers, Alan F.（1999）*What Is This Called Science?* 3rd Edition, University of Oueensland Press.（高田紀代志・佐野正博訳（2013）『科学論の新展開——科学と呼ばれているのは何なのか？』恒星社厚生閣）

Chang, Ha-Joon（2011）"Institutions and Economic Development: Theory, Policy and History," *Journal of Institutional Economics*, Vol.7, No.4, pp.473-498.

Chavance, Bernald（2007）*L'Economie Institutionnelle*, Paris: La Decouverte.（宇仁宏幸・中原隆幸・斉藤日出治訳（2007）『入門制度経済学』ナカニシヤ出版）

Commons, John R.（1934）*Institutional Economics: Its Place in Political Economy*, New York: Macmillan.（中原隆幸訳（2015）『制度経済学（上）——政治経済学におけるその位置』ナカニシヤ出版）

Ely, Richard T.（1884）*The Past and the Present of Political Economy*, Baltimore: N. Murray, Publication Agent, Johns Hopkins University.

──────（1901）*An Introduction to Political Economy, New and Revised Edition*, New York: Eaton & Mains.

Greif, Avner（2006）*Institutions and the Path to the Modern Economy: Lessons from Medieval Trade*, Cambridge: Cambridge University Press.（岡崎哲二・神取道宏監訳（2009）『比較歴史制度分析』NTT 出版）

Greif, Avner and Joel Mokyr（2016）"Institutions and Economic History: A Critique of Professor McCloskey," *Journal of Institutional Economics*, Vol.12, No.1, pp.29-41.

Hansen, Bradley A. and Mary E. Hansen（2016）"The Historian's Craft and Economics," *Journal of Institutional Economics*, Vol.12, No.2, pp.349-370.

Hodgson, Geoffrey M.（1988）*A Manifesto for a Modern Institutional Economics*, Cambridge: Polity Press.（八木紀一郎・橋本昭一・家本博一・中矢俊博訳（1997）『現代制度派経済学宣言』名古屋大学出版会）

McCloskey, Deirdre N.（2016）"Max U versus Humanomics: A Critique of Neo-Institutionalism," *Journal of Institutional Economics*, Vol.12, No.1, pp.1-27.

Mehrotra, Ajay K.（2013）*Making the Modern American Fiscal State: Law, Politics, and the Rise of Progressive Taxation, 1877-1929*, New York: Cambridge University Press.

North, Douglass（1990）*Institutions, Institutional Change, and Economic Performance*, Cambridge: Cambridge University Press.（竹下公視訳（1994）『制度・制度変化・経済成果』晃洋書房）

Pierson, Paul（2004）*Politics in Time: History, Institutions, and Social Analysis*, New Jersey: Princeton University Press.（粕谷祐子監訳（2010）『ポリティクス・イン・タイム——歴史・制度・社会分析』勁草書房）

Popper, Karl R.（1957）*The Poverty of Historicism*, London: Routledge.（久野収・市井三郎訳（1961）『歴史主義の貧困——社会科学の方法と実践』中央公論社）

Schmoller, Gustav（1911）*Volkswirtschaft, Volkswirtshaftslehre und–methode.*（田村信一訳（2002）『国民経済、国民経済学および方法』日本経済評論社）

Schumpeter, Joseph A.（1918）*Die Krise des Steuerstaats*, Graz and Leipzig: Leuschner & Lubensky, translated in Schumpeter（1954）"The Crisis of the Tax State," *International Economic Papers*, No.4.（木村元一・小谷義次訳（1983）『租税国家の危機』岩波書店）

─────（1950）*Cpitalism, Socialism, and Democracy*, Third Edition, London: G. Allen & Unwin.（中山伊知郎・東畑精一訳（1995）『資本主義・社会主義・民主主義』東洋経済新報社）

Seligman, Edwin R. A.（1905）*Principles of Economics: With Special Reference to American Conditions*, New York: Longmans, Green, and Co.

─────（1926a）"The Social Theory of Fiscal Science I," *Political Science Quarterly*, Vol. 41, No. 2, pp.193–218.

─────（1926b）"The Social Theory of Fiscal Science II," *Political Science Quarterly*, Vol. 41, No. 3, pp.354–383.

Smelser, Neil J.（1968）*Essays in Sociological Explanation*, New Jersey: Prentice-Hall, Inc.（橋本真訳（1974）『変動の社会学──社会学的説明に関する論集』ミネルヴァ書房）

Veblen, Thorstein（1919）*The Place of Science in Modern Civilization*, New York: Russel & Russel.

Voigt, Stefan（2013）"How（Not）to Measure Institutions," *Journal of Institutional Economics*, Vol.9, No.1, pp.1–26.

Wagner, Donald O.（1947）*Social Reformers: Adam Smith to John Dewey*, New York: The Macmillan Company.

Widmaier, Wesley W.（2016）*Economic Ideas in Political Time: The Rise and Fall of Economic Orders from the Progressive Era to the Global Financial Crisis*, New York: Cambridge University Press.

青木昌彦（2008）『比較制度分析序説──経済システムの進化と多元性』講談社。

赤石孝次（2008）「財政社会学の課題と発展可能性」横浜国立大学経済学会『エコノミア』第59巻第 2 号、 5 -34頁。

井手英策（2008）「財政社会学とは何か？」横浜国立大学経済学会『エコノミア』第59巻第 2 号、35-60頁。

─────（2011）「調和のとれた社会と財政──ソーシャル・キャピタル理論の財政分析への応用」井手英策・菊池登志子・半田正樹編『交響する社会──「自律と調和」の政治経済学』ナカニシヤ出版。

大島通義（2013）『予算国家の〈危機〉──財政社会学から日本を考える』岩波書店。

金子勝（1997）『市場と制度の政治経済学』東京大学出版会。

金子勝・児玉龍彦（2004）『逆システム学——市場と生命のしくみを解き明かす』岩波書店。

シュミット, V.（2009）「アイデアおよび言説を真摯に受け止める——第四の『新制度論』としての言説的制度論」小野耕二編著『構成主義的政治理論と比較政治』ミネルヴァ書房、75-110頁。

ブライス, M.（2009）「構成主義理論と政治経済学——レバレッジド・バイアウトの理由とアプローチ」小野耕二編著『構成主義的政治理論と比較政治』ミネルヴァ書房、33-74頁。

ブロック, M.、讃井鉄男訳（1956）『歴史のための弁明——歴史家の仕事』岩波書店。

ボルタンスキ, L.／É. シャペロ、海老塚明・伊藤祐訳（2005a）「資本主義の精神（上）」『思想』第978号、132-148頁。

————（2005b）「資本主義の精神（下）」『思想』第979号、132-148頁。

ボン, G. L.、櫻井成生訳（1993）『群集心理』講談社。

村松怜（2015）「『近代財政』の再検討」慶應義塾経済学会『三田学会雑誌』第107巻4号、613-628頁。

茂住政一郎（2015）「既存財政学批判と財政社会学——その方法的根幹としての『財政史的考察方法』の検討」慶應義塾経済学会『三田学会雑誌』第107巻4号、629-649頁。

索引

BOE（イングランド銀行） 273-275, 277, 279, 280

Centra voor werk en inkomen 192

Discursive Institutionalism 299

Fed（アメリカ連邦準備制度） 274, 276, 278

GDP ギャップ 99, 100

going concern 295

holindividualisme 292

idea 298

MLD（平均対数偏差） 12, 13, 18

Social Psychological Institutionalism 300

VAR モデル 91

Wet Pemba 191

あ行

アイデア 298

空き家問題 129

アクター中心機能主義 298

アメリカ制度学派 292, 294

アメリカ連邦準備制度 274

安全性のゆとり幅 247, 250, 258

医師誘発需要 59

泉地区 134

5つの調和 158

一般財源 43-45, 49, 50, 52, 54-56

一般性移転支払い 160

移転的基礎控除 200, 202, 206, 208, 214, 216

医療費 39

イングランド銀行（BOE） 273

埋め込まれた自由主義 267, 283

上乗せ・横出し 62

大きな政府 250

オランダ病 175, 178

オランダモデル 175-180, 182, 193

オルドマン＝テンプルの三原則 215

温泉

　――組合 148

　――事業のあり方についての検討委員会 144

　――使用料 135

　――審議会 134

　町営――事業 131

　市営――事業 133, 138

か行

介護費 39

科学的発展観 158

隠れた失業者 180

過少利用 130

課税の中立性 215

加速度減価償却制度 224

貨幣機能代替手段 247

　――の階層的供給構造 257, 261

　――への「信認」 259

貨幣数量説 84, 100

神の見えざる手 75

環境保全 165

観光関連事業 145

機会主義 295

基準財政収入額 162

基準財政需要額 43, 52, 54, 55, 162

規制緩和 76, 252, 259

基礎控除 212, 214

キャピタルゲイン 280

旧ドイツ歴史学派 292

供給加入金 135

競争原理 59, 74

寄与度分解 13, 18-22

均衡性移転支払い 162, 164

近代的土地所有権 129

金プール 275, 276

金融
　　——革新　　247, 251, 257, 258, 262
　　——グローバル化　　262
　　——自由化　　252, 259

クラウディングアウト　　82, 98

ケアマネジャー　　70
経済生活　　293, 294
経済のグローバル化　　85
経常収支比率　　43-45, 49, 50, 56
契約　　73
経路依存　　298
ゲームのルール　　295
結婚のペナルティ　　204
結婚へのギフト　　207
言説的制度論　　299
源泉統合　　133
限定合理性　　295

広域化等支援方針　　109
公営住宅　　34
公債費負担比率　　44, 45, 49, 50
構造的リアリズム（リベラリズム）　　266,
　　269, 270, 271, 283
公的年金　　31, 32
公平　　61
合理的経済人　　72
ゴーイング・コンサーン　　295
国際金融のトリレンマ　　272
国民皆保険（制度）　　60, 105
国民健康保険　　103
個人単位課税（方式）　　199, 202, 204, 205,
　　215, 216
コック政権　　175, 178, 186, 194
固定効果モデル　　114
ゴミ屋敷問題　　129
雇用・所得センター　　192
コンヴァンシオン学派　　292
混合介護の弾力化　　59
混合診療の禁止　　59

さ行

サービス付き高齢者住宅　　64
最後の貸し手　　250, 254
財政
　　——請負　　156
　　——権の統制　　165
　　——史的考察方法　　289
　　——社会学　　289, 290, 301
　　——力格差　　156

シーリング（予算）　　82, 86, 91, 99, 100
ジェンダー平等化　　199, 200, 203, 214
資格証明書　　108
自家用　　138
思考習慣　　294
市場　　66
　　——化の限界　　256, 261
　　疑似（的）——　　78
　　社会——　　78
　　準——　　78
市町村国保　　103
市町村債　　44, 45, 49, 50, 54, 56, 57
児童手当　　200, 203, 209-214
ジニ係数　　13, 14, 71
資本主義経済の内生的不安定化（性）
　　246, 256, 261
社会心理学的制度論　　300
社会保険（制度）　　77, 119
社会保険料　　33
習近平　　155
私有源泉　　133
集合的な意識　　295
自由主義的国際秩序　　266, 269-272, 283
住宅手当　　40
住宅費　　27, 30, 33
　　——負担（率）　　28, 34, 35
集団的心理（心性）　　302
収納対策　　108
　　——緊急プラン　　108
住民税　　33
就労不能者数抑制法　　188
受療機会の平等　　60
情報の非対称性　　60

初期アメリカ制度主義　　292, 293
所得再分配　　71
所得税　　33
寝具乾燥　　63
人口減少　　27
人口高齢化　　3, 4, 9, 18
人事権統制　　165
新常態　　155
（人々の）心性　　290-292, 302
新制度派経済学　　295
信認（期待）　　258, 260, 261
進歩党　　205, 206, 209
信用の構造化　　260

水道温泉課　　144

生活援助　　64
生活支援　　77
政治選抜トーナメント方式　　165
政治的トリレンマ　　271
税収返還　　156
制度（論）　　289, 291, 293, 294, 297, 302
　　──経済学　　269
　　──の起源と変化　　298
　　──の政治経済学　　289
　　──の束　　301
　　──変化の緩慢かつ長期的過程の考察
　　298
政府間財政関係　　156
セイフティーネット　　256, 258, 262, 301
世帯の小規模化　　119
1987年税制改革　　208, 209, 212
専攻移転支払い　　160
先行ペンバ法　　191
全国消費実態調査　　5, 9, 28, 31, 33, 37
潜在能力　　76
全体個人主義　　292
選定療養　　61

相対的貧困率　　37
ソーシャリストタックス　　279, 280
租税回避（裁定）　　208
租税支出　　220

措置制度　　66

た行

ダーウィニズム　　301
第1次ルベルス政権　　183
第三の道　　177, 187
滞納　　103
タイム・パス・アプローチ　　183
多賀地区　　134
多重フィードバック　　301
他人の「期待」　　259
団塊ジュニア（世代）　　16, 18, 23, 24

地域間格差　　155, 157
地方交付税　　43, 44, 54, 56, 162

通所介護　　64

デイ・サービス　　64
逓増的収益プロセス　　269
低年金　　30
デフレーション　　81, 86

ドイツ歴史学派　　292
等価可処分所得　　5, 10, 11, 15, 17
同居家族　　63
特定療養費制度　　61
特別・公営企業会計　　143
特別養護老人ホーム　　39

な行

ニクソンショック　　267
二元的所得税　　200-202, 207, 208, 210,
　　211, 215, 216
西山地区　　135
二分二乗方式　　207
入湯税　　145
ニューノーマル　　155
認知症　　72

は行

配偶者控除　　204
配食　　63

配列論　298
覇権安定論　266-268

比較制度分析　296
非市場的領域　256, 258, 261
人々の心理　290
ひとり親世帯　35
評価療養　61
平等　61
開かれた源泉利用　132
貧困率　28, 31, 32, 38, 39

フィードバックプロセス　296
夫婦合算課税　202, 204
不確実性　246
福祉用具　74
普遍主義　199, 210, 211
ブレトン＝ウッズ体制　265, 266, 268,
　　271-273, 281, 282, 284
ブロック補助金的　165
分権化改革　184
分税制改革　156

平均対数偏差（MLD）　12
ペンバ法　191

法人税　280
ボーナス償却制度　226
保険
　　──外診療　60
　　──外併用療養費制度　61
　　──者努力支援制度　110
　　──料収納率　104, 107
ポンド切下げ　281

ま行
マクロの財政史　291
マクロの歴史分析　298, 302
招かれた帝国　268

ミクロの財政史　291
ミクロの歴史分析　298, 301, 302
未婚化　4, 24, 29
未届けの有料老人ホーム　67
南熱海　144

持家社会　27
持家率　28, 29, 32

や行
有効需要の減少　98
有効需要の不足　84

抑止的システム　249, 251

ら行
ライフサイクル　27

リアリズム　266-268, 283
リーマンショック　107
流動性逼迫　248, 257
寮・保養所　138

ルベルス政権　175, 178, 184, 187, 193
ルベルス連立政権　186

レギュラシオン学派　292
連邦歳入法　228
　　──179条　228
連邦準備スワップ　274-276

老朽管　145
ろ過循環式　146

わ〜
ワーキング・ルール　295
和諧社会論　158
ワセナール合意　175-178, 181, 183, 186

執筆者紹介

四方理人（しかた まさと）〔編者、はしがき、第1章〕
　関西学院大学総合政策学部准教授
　1978年生まれ。慶應義塾大学大学院経済学研究科博士課程単位取得退学。博士（経済学）。
　専門分野：社会政策、労働経済。
　主要業績：「社会保険は限界なのか？——税・社会保険料負担と国民年金未納問題」『社会政策』（第9巻第1号、2017年）；「家族・就労の変化と所得格差——本人年齢別所得格差の寄与度分解」『季刊社会保障研究』（第49巻第3号、2013年）；「非正規雇用は『行き止まり』か？——労働市場の規制と正規雇用への移行」『日本労働研究雑誌』（608号、2011年）ほか。

宮﨑雅人（みやざき まさと）〔編者、はしがき、第3章〕
　埼玉大学大学院人文社会科学研究科准教授
　1978年生まれ。慶應義塾大学大学院経済学研究科博士課程単位取得退学。博士（経済学）。
　専門分野：財政学、地方財政論。
　主要業績：「東日本大震災被災自治体の財政に関する分析」日本地方財政学会編『「地方創生」と地方における自治体の役割』（勁草書房、2017年）；「2000年代における投資的経費に関する研究」日本地方財政学会編『地方分権の10年と沖縄，震災復興』（勁草書房、2012年）ほか。

田中聡一郎（たなか そういちろう）〔編者、はしがき、第2章〕
　関東学院大学経済学部講師
　1979年生まれ。慶應義塾大学大学院経済学研究科博士課程単位取得退学。修士（経済学）。
　専門分野：社会保障論。
　主要業績：『社会政策——福祉と労働の経済学』（有斐閣、2015年、共著）；「市町村民税非課税世帯の推計と低所得者対策」『三田学会雑誌』（第105巻第4号、2013年）；「生活保護受給世帯の中学生の学習・生活実態」『社会政策』（第5巻第2号、2013年）ほか。

結城康博（ゆうき やすひろ）〔第4章〕
　淑徳大学総合福祉学部教授
　1969年生まれ。法政大学大学院社会科学研究科博士課程修了。博士（政治学）。
　専門分野：社会保障論、社会福祉学。
　主要業績：『在宅介護——「自分で選ぶ」視点から』（岩波新書、2015年）；『孤独死のリアル』（講談社現代新書、2014年）；『日本の介護システム——政策決定過程と現場ニーズの分析』（岩波書店、2011年）ほか。

佐藤一光（さとう　かずあき）〔第5章〕
　岩手大学人文社会科学部准教授
　1979年生まれ。慶應義塾大学大学院経済学研究科博士課程修了。博士（経済学）。
　専門分野：財政学、環境経済学。
　主要業績：『環境税の日独比較――財政学から見た租税構造と導入過程』（慶應義塾大学出版会、2016年）；"Input Output Analysis on Chinese Urban Mine," in Masashi Yamamoto and Eiji Hosoda eds., *Economics of Waste Management in East Asia*, Routledge, 2016；「なぜ東京で子育てをするのは大変なのか？」饗庭伸・東京自治研究センター編『東京の制度地層――人びとの営みがつくりだしてきたもの』（公人舎、2015年）ほか。

大津　唯（おおつ　ゆい）〔第6章〕
　国立社会保障・人口問題研究所社会保障応用分析研究部研究員
　1987年生まれ。慶應義塾大学大学院経済学研究科博士課程単位取得退学。修士（経済学）。
　専門分野：社会保障論、医療経済学。
　主要業績：「「地域医療介護総合確保基金」の現状と課題――都道府県計画の集計に基づく検討」『会計検査研究』（第56号、2017年）；「国民健康保険の加入・脱退状況と医療費」『医療経済研究』（第27巻第1号、2015年）；「医療扶助費の決定要因に関する分析――都道府県別パネルデータを利用して」『社会政策』（第4巻第3号、2013年）ほか。

高柳友彦（たかやなぎ　ともひこ）〔第7章〕
　一橋大学大学院経済学研究科講師
　1980年生まれ。東京大学大学院経済学研究科博士課程修了。博士（経済学）。
　専門分野：近現代日本経済史。
　主要業績：『歴史を学ぶ人々のために――現在をどう生きるか』（岩波書店、2017年、共著）；『熱海温泉誌』（出版文化社、2017年、共著）；「近現代日本の源泉利用――地域社会による対応」『歴史と経済』235号、2017年）ほか。

徐　一睿（じょ　いちえい）〔第8章〕
　専修大学経済学部准教授
　1978年生まれ。慶應義塾大学大学院経済学研究科博士課程修了。博士（経済学）。
　専門分野：財政学、中国経済。
　主要業績：「中国の都市化進展と社会資本整備財源――公私連携（PPP）の可能性」『専修大学社会科学研究所社会科学年報』（第51号、2017年）；『中国の経済成長と土地・債務問題――政府間財政システムによる「競争」と「調整」』（慶應義塾大学出版会、2014年）；『中国の財政調整制度の新展開――「調和の取れた社会」に向けて』（日本僑報社、2010年）ほか。

島村玲雄（しまむら れお）〔第9章〕

熊本大学大学院人文社会科学研究部講師

1986年生まれ。慶應塾大学大学院経済学研究科博士課程単位取得退学。修士（経済学）。

専門分野：財政学、地方財政論。

主要業績：「オランダにおける所得税と社会保険料の統合の意義について──1990年改革を中心に」『「社会保障・税一体改革」後の日本財政　第10巻』（有斐閣、2014年）；「第8章　オランダの社会扶助──最低賃金制度を中心とした最低生活基準」『最低生活保障と社会扶助基準──先進8ヶ国における決定方式と参照目標』（明石書店、2014年）；「オランダにおける2001年税制改革──ボックス課税と給付付き税額控除の導入背景」『「なぜ」財政再建ができないのか　第9巻』（有斐閣、2013年）ほか。

倉地真太郎（くらち しんたろう）〔第10章〕

後藤・安田記念東京都市研究所研究員

1989年生まれ。慶應義塾大学大学院経済学研究科博士課程単位取得退学。修士（経済学）。

専門分野：財政学。

主要業績：「反税運動と移民排斥運動にみる福祉ショービニズム──デンマークにおける「租税同意」の歴史的経緯から考える」塩原良和・稲津秀樹編著『社会的分断を越境する』（青弓社、2017年）；「デンマークの社会扶助──現金援助金の給付水準決定方式と給付基準の変遷」山田篤裕・布川日佐史・『貧困研究』編集委員会編『最低生活保障と社会扶助基準』（明石書店、2014年）；「北欧諸国における租税政策の相互関係──デンマークとスウェーデンにおける二元的所得税の導入を事例として」日本財政学会編『「社会保障・税一体改革」後の日本財政』（有斐閣、2014年）ほか。

吉弘憲介（よしひろ けんすけ）〔第11章〕

桃山学院大学経済学部准教授

1980年生まれ。東京大学大学院経済学研究科博士課程単位取得退学。修士（経済学）。

専門分野：財政学、租税政策。

主要業績：「オバマ政権下の包括税制改革提案を巡る議論とその特徴──第112議会における下院歳入委員会提出報告書を題材として」『桃山学院大学経済経営論集』（第57巻3号、2016年）；「アメリカの消費ベース課税思想──1990年代以降の議論を中心に」宮本憲一・鶴田廣巳・諸富徹編著『現代租税の理論と思想』（有斐閣、2014年）；「付加価値税なき国、アメリカの増税政策」井手英策編著『危機と再建の比較財政史』（ミネルヴァ書房、2013年）ほか。

横川太郎（よこかわ たろう）〔第12章〕
東京経済大学経済学部准教授
ケンブリッジ大学開発学研究所客員研究員（2016年4月〜2018年3月）
1983年生まれ。東京大学大学院経済学研究科博士課程修了。博士（経済学）。
専門分野：金融制度論、現代資本主義論。
主要業績：「アメリカのファンド資本主義化と金融危機」柴田徳太郎編『世界経済危機とその後の世界』（日本経済評論社、2016年）；「サブプライム金融危機とミンスキー・クライシス――流動資産のピラミッド構造の形成とその破綻」『季刊経済理論』（第52巻3号、2015年）；「ミンスキーの『資金運用者資本主義』と投資銀行――1980年代以降のアメリカ投資銀行業を中心に」『季刊経済理論』（49巻1号、2012年）ほか。

土橋康人（どばし やすと）〔第13章〕
King's College London, Department of Political Economy, PhD Candidate
1985年生まれ。慶應塾大学大学院経済学研究科博士課程中途退学。修士（経済学）。
専門分野：政治経済学、財政金融論。
主要業績：「日銀の「非伝統的金融政策」と財政――「量的・質的金融緩和」の影響とは何か」小西砂千夫編『日本財政の現代史3――構造改革とその行き詰まり 2001年〜』（有斐閣、2014年）。

茂住政一郎（もずみ せいいちろう）〔第14章〕
横浜国立大学大学院国際社会科学研究院准教授
1987年生まれ。慶應義塾大学大学院経済学研究科博士課程修了。博士（経済学）。
専門分野：財政学、財政社会学、アメリカ財政史。
主要業績："The Ideas of Tax Reformers, the Expenditure–Taxation Nexus, and Comprehensive Tax Reform in the United States, 1961-1986," in Gisela Hüerlimann, W. Elliot Brownlee and Eisaku Ide eds., *Worlds of Taxation: The Political Economy of Taxing, Spending, and Redistribution since 1945*, London: Palgrave Macmillan, Forthcoming; "The Kennedy-Johnson Tax Cut of 1964, the Defeat of Keynes, and Comprehensive Tax Reform in the United States," *Journal of Policy History*, 30（1）, 2018; "A Prelude to the Flood of Red Ink: From a Study of Comprehensive Tax Reform in the 1950s to the Federal Tax Reform of 1962 in the United States," *Keio Economic Studies*, Vol. 52, 2016ほか。

収縮経済下の公共政策

2018 年 3 月 30 日　初版第 1 刷発行

編著者─────四方理人・宮﨑雅人・田中聡一郎
発行者─────古屋正博
発行所─────慶應義塾大学出版会株式会社
　　　　　　　〒108-8346　東京都港区三田 2-19-30
　　　　　　　TEL　〔編集部〕03-3451-0931
　　　　　　　　　　〔営業部〕03-3451-3584〈ご注文〉
　　　　　　　　　　〔　〃　〕03-3451-6926
　　　　　　　FAX　〔営業部〕03-3451-3122
　　　　　　　振替　00190-8-155497
　　　　　　　http://www.keio-up.co.jp/
装　丁─────後藤トシノブ
印刷・製本───株式会社加藤文明社
カバー印刷───株式会社太平印刷社

慶應義塾大学出版会

金融政策の「誤解」—"壮大な実験"の成果と限界
早川英男著　第57回（2016年度）エコノミスト賞を受賞！　　◎2,500円

失業なき雇用流動化
—成長への新たな労働市場改革
山田久著　　◎2,500円

人手不足なのに なぜ賃金が上がらないのか
玄田有史編　　◎2,000円

正規の世界・非正規の世界
—現代日本労働経済学の基本問題
神林龍著　　◎4,800円

環境税の日独比較
—財政学から見た租税構造と導入過程
佐藤一光著　　◎4,800円

中国の経済成長と土地・債務問題
—政府間財政システムによる「競争」と「調整」
徐一睿著　　◎2,700円

表示価格は刊行時の本体価格（税別）です。